AF377878

ENGELSTALIGE LITERATUUR NA 1945

DEEL 2: PROZA ANDERE CONTINENTEN

ENGELSTALIGE LITERATUUR NA 1945

DEEL 2: PROZA
ANDERE CONTINENTEN

Elke D'HOKER & Ortwin DE GRAEF (red.)

PEETERS
2004

*De samenstellers dragen deze bundel graag op aan Vik Doyen,
die als eerste hoogleraar Amerikaanse letterkunde aan de
Katholieke Universiteit Leuven een voorgangersrol heeft gespeeld
voor de studie van de Amerikaanse literatuur en cultuur in België.*

INHOUDSTAFEL

INLEIDING

Theo D'HAEN

De samenstellers van deze bundel hebben niet de ambitie om de Engelstalige literatuur die na 1945 geschreven werd buiten de Britse eilanden uitputtend in kaart te brengen. Wel hebben zij geprobeerd een aantal auteurs voor te stellen die representatief zijn voor de talrijke en uiteenlopende stromingen en stijlen die deze literatuur rijk is. Daarbij hebben zij zich, net als in de twee andere bundels *Engelstalige literatuur na 1945* (*Proza: De Britse Eilanden* en *Kritiek en essay*), ook laten leiden door de expertise die in België en Nederland voorhanden is. Een bijkomende doelstelling van deze trilogie is immers om ook de ruime en goede academische kennis over de Engelse literatuur die in onze universiteiten en hogescholen bestaat, voor een groter publiek beschikbaar te maken. Al te vaak blijven die kennis en expertise beperkt tot een kleine groep studenten en internationale onderzoekers, en dat terwijl er in Vlaanderen en Nederland een uitzonderlijk groot lezerspubliek is dat Engelstalige romans, in het origineel of in vertaling, verslindt.

Met het werk van Henry James, aan het eind van de negentiende en het begin van de twintigste eeuw, had de Amerikaanse roman zich de evenknie getoond van zijn puur "Engelse" tegenhanger. F. Scott Fitzgerald, Ernest Hemingway, John Steinbeck, en William Faulkner maakten vervolgens dat die Amerikaanse roman nog voor de Tweede Wereldoorlog zijn Engelse neefje overvleugelde, althans in de ogen van velen die ook buiten het Verenigd Koninkrijk de Engelstalige literatuur volgden. Hoewel de sterren van Hemingway, Faulkner, en Steinbeck ook na die Tweede Wereldoorlog nog nauwelijks verbleekt waren — getuige de Nobelprijzen die hen te beurt vielen in 1948, 1952 en 1962 respectievelijk — toch was er duidelijk een wisseling van de Amerikaanse literaire wacht.

Vooreerst traden een aantal briljante jonge auteurs aan die de ervaring van de Tweede Wereldoorlog in hun proza verwerkten, zoals Norman Mailer met *The Naked and the Dead* (1948) en Gore Vidal met *Williwaw* (1946). Mailer nam in de jaren vijftig tot tachtig herhaaldelijk de temperatuur van Amerika met romans zoals *An American Dream* (1965) en *Why Are We In Vietnam?* (1967), en werken die zich bewogen op het randje van de reportage, de autobiografie en de fictie, zoals *The Armies of the Night* (1968), *Miami and The Siege of Chicago* (1968) en *The Executioner's Song* (1979). Ook Gore Vidal ontpopte zich tot een ware chroniqueur van de Amerikaanse zeden, politiek, en literatuur van de afgelopen vijftig jaar. Zijn talrijke romans, na enkele stilistisch-experimentele hoogstandjes, zoals in het dubbelluik *Myra Breckenridge* (1968) en *Myron* (1974), houden een grotendeels realistische lijn aan en zijn nadrukkelijk historisch van inslag. Een derde prominente verslaggever van de naoorlogse Amerikaanse ervaring is John Updike, die vooral bekend staat om de manier waarop hij het leven van de betere middenklasse in de blanke voorsteden in kaart brengt, met name dan in zijn beroemde "Rabbit"-reeks, met de steeds weerkerende hoofdpersoon Harry "Rabbit" Angstrom, de modale blanke Amerikaanse man.

De grootste indruk maakten echter de joods-Amerikaanse schrijvers Saul Bellow, Bernard Malamud en Philip Roth. Vooral Bellow groeide uit tot de spreekbuis van het Amerika van de jaren vijftig tot zeventig met romans als *The Adventures of Augie March* (1953), *Henderson the Rainking* (1959), *Herzog* (1964), *Mr. Sammler's Planet* (1970) en *Humboldt's Gift* (1975). Bellow kreeg in 1976 de Nobelprijs. In retrospect kunnen we stellen dat de joods-Amerikaanse roman eigenlijk de voorbode was van de opeenvolgende "etnische" golven die de Amerikaanse literatuur sindsdien hebben overspoeld. De collectieve schuld die de Westerse wereld voelde over het lijden van het joodse volk onder de Nazis droeg ongetwijfeld bij tot het succes van Bellow en zijn joodse collega's. Toch was er meer aan de hand. Het diaspora-gevoel dat spreekt uit het werk van Bellow, het onbehagen in de cultuur waaraan zijn werk uiting geeft, werden, zij het waarschijnlijk minder bewust dan dat het geval was bij hun joodse medeburgers, vanaf de jaren vijftig gedeeld door de meeste Amerikanen. Het hele Westen werd immers meegesleurd in steeds sneller elkaar opvolgende golven van modernisering, die gepaard gingen met een geografische en culturele, en volgens sommige critici ook morele, ontworteling. Het zijn deze fenomenen die vanaf de jaren zestig, maar vooral vanaf de jaren tachtig, zouden leiden tot wat men nu gewoonlijk als de "postmoderniteit" bestempelt, en tot het postmodernisme in de literatuur.

Bellow ontleedt vooral de psychische problemen die deze ontworteling met zich meebrengt. De vrijmoedigheid waarmee de veel jongere Philip Roth het seksuele leven van het Amerikaanse jodendom aanpakt in zijn eersteling, *Goodbye, Columbus* (1959), en kort daarna in *Portnoy's Complaint* (1969), maakten hem onmiddellijk zowel beroemd als berucht. Sindsdien echter heeft Roth zich ontwikkeld tot een der veelzijdigste Amerikaanse auteurs van de afgelopen halve eeuw, en hij won nog vrij onlangs de Pulitzer Prize voor *American Pastoral* (1997).

Halverwege de jaren zestig diende zich een nieuwe lichting aan in de Amerikaanse literatuur: de postmodernisten. In het postmodernisme staat de taal als kennisinstrument centraal, en dan vooral de macht van de taal om een haast autonome wereld te scheppen, naast of zelfs in de plaats van, de verondersteld "echte" wereld. Zo laat Robert Coover aan het einde van *The Universal Baseball Association, Inc., J.H. Waugh, Prop.* (1968) de reële wereld samenvallen met een honkbalcompetitie, waarbij zijn eigen boek de Bijbel wordt van die honkbalwereld. Ook John Barth herschrijft de Bijbel, en meer bepaald het Nieuwe Testament, in *Giles Goat-Boy* (1966), waarin Jezus wordt herboren in de figuur van een herdersjongen op een twintigste-eeuwse Amerikaanse universiteitscampus. In *Letters* (1979) herschrijft Barth dan weer de Amerikaanse onafhankelijkheidsstrijd. Herschrijven is trouwens een favoriete techniek van de postmodernisten, omdat ze zo kunnen aantonen dat "de" waarheid zoals die ons door "de" geschiedenis wordt aangereikt slechts één versie inhoudt van wat ook anders kan worden verteld zonder daarom minder "waar" te zijn. Voor eigentijdse critici, wier horizon grotendeels werd gevormd door de literaire meesterwerken van het realisme en modernisme, leek het alsof de postmodernisten slechts onnozele taalspelletjes speelden. Voor deze critici stelden de postmodernisten al die waarden op losse schroeven die de Westerse wereld koesterde, en vooral dan Amerika als meest recente, en machtigste, incarnatie van die Westerse wereld. Voedsel voor die visie troffen ze in het werk van Thomas Pynchon, wiens allereerst gepubliceerde verhaal, "Entropy", de wereld beschreef als een systeem dat onherroepelijk vast moest lopen en in chaos ontaarden. De romans die Pynchon publiceerde in de jaren zestig en zeventig, *V.* (1963), *The Crying of Lot 49* (1966) en *Gravity's Rainbow* (1973), worden bijna eenparig gerekend tot het beste wat het postmodernisme heeft voortgebracht. Met zijn latere romans kende Pynchon minder succes. Ook de andere auteurs die traditioneel tot het postmodernisme worden gerekend (hoewel zijzelf zich nooit als groep affirmeerden, en de meesten onder hen steeds uitdrukkelijk het betreffende etiket afwezen), Kurt Vonnegut Jr, William Gaddis, William Gass, Donald Barthelme en Richard Brautigan, hebben veel van hun glans verloren.

De ster van een auteur die begin de jaren zeventig de Amerikaanse literatuur op kousenvoeten binnensloop met *Americana* (1971), en vervolgens met *Ratner's Star* (1976), *White Noise* (1985) en *Libra* (1988) een reeks ijzersterke romans neerzette, met als voorlopig orgelpunt *Underworld* (1997), is daarentegen voortdurend gerezen. Die auteur is Don DeLillo, die nu naast Pynchon wordt gezien als misschien wel de invloedrijkste blanke mannelijke auteur van het laatste kwart van de twintigste eeuw. Aan dit duo kunnen we sinds kort ook James Ellroy toevoegen. Deze auteur, die begin jaren tachtig debuteerde met rauwe misdaadverhalen heeft zich gaandeweg ontwikkeld tot een gedreven kroniekschrijver van het Amerika van de tweede helft van de twintigste eeuw. In zijn romans legt hij sterk de nadruk op de verwevenheid van de politiek, de georganiseerde misdaad, en de media. Pynchon, DeLillo en Ellroy mochten in geen geval ontbreken in dit boek.

Dat ik daarnet zo sterk de nadruk legde op het feit dat Pynchon, DeLillo en Ellroy blanke mannen zijn, is omdat wellicht de grootste verandering die de Amerikaanse roman de afgelopen decennia heeft ondergaan het steeds groeiende aandeel betreft van vrouwen en "ethnics". Bij de bespreking van de joods-Amerikaanse schrijvers wees ik er reeds op dat deze groep in zekere zin de weg baande voor andere etnische schrijvers. Er was al één etnische groep die kon bogen op een rijke literaire traditie: de zwarten, of zoals men ze nu bij voorkeur noemt, de Afrikaans Amerikanen. Richard Wright had met zijn *Native Son* heel blank Amerika de gordijnen ingejaagd in 1940. Ralph Ellison deed dat dunnetjes over met *Invisible Man* in 1952, en in datzelfde jaar blies ook James Baldwin zijn partij mee met *Go Tell It on the Mountain*. Diezelfde Baldwin trok ook in zijn essays fel van leer tegen de politieke achterstelling van het zwarte bevolkingsdeel van Amerika, bijvoorbeeld in *The Fire Next Time* (1963), geschreven naar aanleiding van de rassenrellen van de jaren zestig. Vanaf het begin van de jaren tachtig traden echter vooral Afrikaans-Amerikaanse vrouwen op de voorgrond: Alice Walker, die met *The Color Purple* (1982)

een reusachtig verkoopsucces kende, nog aangewakkerd door de verfilming ervan door Steven Spielberg, en vooral ook *Toni Morrison*,
met haar magistrale roman *Beloved* (1988), en die in 1993 de Nobelprijs kreeg. Deze beide zwarte vrouwen kunnen worden beschouwd als
representatief voor een hele reeks andere vrouwen, ook van andere
etnische komaf, die de afgelopen vijfentwintig jaar het mooie weer
hebben gemaakt in de Amerikaanse literatuur, zoals de Aziatisch-
Amerikaanse Maxine Hong Kingston en Amy Tan, of de (gemengd)
Indiaanse Louise Erdrich. Ook blanke vrouwen claimden een grotere
rol dan hen traditioneel was toebedeeld, denken we maar aan twee voor
de rest zo verschillende auteurs als Joyce Carol Oates en Susan Sontag.

De Amerikaanse literatuur kan worden gezien als een eerste afsplit-
sing van de oerstam van de Engelse literatuur. Sedert het einde van de
Tweede Wereldoorlog is dat voorbeeld echter veelvuldig nagevolgd
door wat nu gemeenzaam de "postkoloniale" literaturen worden
genoemd: literaturen geschreven in de taal van een vroegere koloniale
macht, maar door inwoners van de nu onafhankelijke vroegere kolo-
nie. Zo zijn er bloeiende Engelstalige literaturen ontstaan in Canada,
Australië en Nieuw-Zeeland, India, de Caraïben, en een heleboel Afrikaanse landen. Uit Canada wordt in dit boek nader ingegaan op het
werk van Margaret Atwood, een schrijfster die niet enkel zelf een aantal grote romans heeft geschreven, maar die met haar meer theoretische geschriften tevens flink aan de weg heeft getimmerd waar het
erop aankomt te bepalen wat nu precies een eigen Canadese literatuur
is of zou moeten zijn. Met Janet Frame maken we de overstap naar
het zuidelijke halfrond. Vanzelfsprekend moeten deze twee vrouwen
ook hier weer symbool staan voor een heleboel landgenoten, zoals de
Australiërs Peter Carey en Keri Hulme, en de Canadezen Timothy
Findley, Robert Kroetsch, Alice Munro en Carol Shields. Ook uit
Canada komt Michael Ondaatje, een uitstekend voorbeeld van wat
men tegenwoordig wel eens de "diasporische" auteur noemt: Ondaatje
stamt uit Sri Lanka, woont sedert lange tijd in Canada, en geldt meer
en meer als een Engelse schrijver, vooral sinds hij met *The English
Patient* de Bookerprijs won. Nu hebben hem dat wel meer auteurs
van niet-Engelse afkomst nagedaan. De bekendste is wellicht Salman
Rushdie. Die laatste geldt voor deze bundels als "Brits" auteur, maar
hij had natuurlijk net zo goed als "Indiaas" kunnen te boek staan, en
wie weet, binnenkort, nu hij zich in New York heeft gevestigd, wellicht

als "Amerikaans"? Hetzelfde geldt voor een heleboel uit India afkomstige schrijvers die vaak sedert jaren elders wonen: Vikram Seth, Shashi Tharoor, Rohinton Mistry en Amitav Ghosh, om maar enkele van de bekendste te noemen. Overigens telt India zelf nog steeds heel wat Engelstalige schrijvers, zoals Kamala Markandaya, Anita Desai, Ruth Prawer Jhabvala, of Arundhati Roy, om het maar bij wat bekende vrouwen te houden. En wat te doen met V.S. Naipaul, ook al een recente Nobelprijswinnaar? Is hij een Antilliaans of Caraïbisch auteur? Indiaas? Engels?

Uit de grootste Afrikaanse staat met een Engels koloniaal verleden, Nigeria, komt Chinua Achebe, de "grand old man" van de zwarte Engelstalige Afrikaanse literatuur. Ook hier borrelen spontaan andere namen op: de eveneens uit Nigeria afkomstige Ben Okri, of de Somaliër Nuruddin Farah. Ook André Brink, een Zuid-Afrikaan die zijn romans eerst in het Afrikaans schrijft en ze dan zelf vertaalt naar het Engels, maar die in de ogen van de Engelstalige wereld doorgaat voor een Engels auteur, had tot de mogelijkheden behoord. Of de eerste Zuid-Afrikaanse schrijver om de Nobelprijs te winnen: Nadine Gordimer. Het is echter wellicht passend af te sluiten met een andere Zuid-Afrikaan die zonder meer een waardige tegenhanger is voor Achebe: J.M. Coetzee, de meest recente Nobelprijslaureaat.

Omdat we hopen om naast studenten en critici, vooral de geïnteresseerde lezer aan te spreken, zijn de essays in deze bundel nadrukkelijk inleidend gebleven. Alle medewerkers hebben getracht leven en werk van 'hun' auteur op een informatieve en onderhoudende wijze voor te stellen. Naast een biografische schets en een overzicht van het oeuvre, bevatten de essays veelal een thematische bespreking van één of meer romans, een contextuele situering van de auteur in het literaire veld en een algemene appreciatie van het oeuvre. Tevens wordt met verscheidene citaten geprobeerd een goed stilistisch beeld van het werk van de auteur op te roepen. Voor de citaten werd de Nederlandse vertaling gebruikt zo die voorhanden was, zoniet is de vertaling van de hand van de auteur van de bijdragen zelf. De essays worden telkens afgesloten met een beknopte bibliografie van zowel het werk van de auteur, als van de secundaire literatuur die over dit werk verschenen is. We hopen dan ook dat de lezer in deze essays niet alleen een uitdieping van zijn of haar lectuur vindt, maar ook een aansporing om verder te lezen.

CHINUA ACHEBE
(1930-)

Jean-Pierre KHANDI MAKOSO

IBO-ENGELS

Chinua Achebe heeft vele eretitels gekregen, waaronder die van "vader van de moderne Afrikaanse literatuur". Vele Afrikaanse critici zeggen ook van hem dat hij een arend is, het enige dier dat, volgens het Ibo spreekwoord, de top van de iroko boom kan bereiken. Hij is een pionier, in de zin dat hij een van de eerste Afrikaanse schrijvers is die zijn romans in het Engels schreef en daarvoor internationale faam verwierf. Bovendien heeft zijn manier van schrijven ook school gemaakt bij verschillende generaties van jongere auteurs, zoals John Munonye, Timothy Mofolo Aluko, Flora Nwapa, Elechi Amadi, I.C. Aniebo, Nkem Nwanko en Buchi Emecheta. Allen schrijven zij in een Engels dat nauw aansluit bij het Afrikaanse idioom. Ze schrijven veelal over het Afrikaanse verleden, haar waarden en cultuur. Deze drie componenten vinden we ook telkens weer in Achebe's werk: hij gaat na hoe de Europese kolonisatie de gemeenschap en het individu beïnvloedde, tast de mogelijkheden af van kruisbestuivingen tussen het Engels en de Afrikaanse talen, en onderzoekt welke verplichtingen de schrijver in Afrika heeft tegenover zijn of haar gemeenschap.

Om Chinua Achebe's werk te begrijpen moeten we eerst even ingaan op zijn persoonlijkheid, zijn motivatie om te schrijven, en zijn pogingen de koloniale, pre- en postkoloniale geschiedenis en realiteit te begrijpen. Achebe werd geboren in 1930 in Ogidi in Oost-Nigeria, het gebied van de Ibo's. Zijn ouders waren christenen. Achebe begon aan de studie geneeskunde, maar schakelde al snel over op Engels. Hij werd journalist en vervolgens docent aan verschillende universiteiten in verschillende continenten. In een gesprek met Phanuel Akubueze Egejuru spreekt Achebe over de invloeden op zijn werk als schrijver en docent:

> Mijn belangrijkste inspiratiebron is de Ibo cultuur, met haar traditionele orale literatuur. Daaronder hoort de retoriek, maar gezien dat tenslotte een meer individuele kunde is, is ze niet zo goed bewaard als de spreekwoorden, anekdoten en verhalen. De Ibo kosmologie, haar manier om naar de wereld te kijken, heeft mijn denken sterk beïnvloed. Maar de huidige werkelijkheid van Nigeria [...] is zo belangrijk als de Ibo man van de negentiende eeuw. Ik kreeg een koloniale opvoeding met daarin enkele vormen van Engelse literatuur. Mijn vader was een leraar in de kerk, en thuis spraken we veel over het Christendom, we lazen de bijbel en zongen hymnen. Dat is allemaal een deel van mijn erfgoed, dat ik probeer te interpreteren.

Achebe's kennismaking met de Britse literatuur verliep overigens niet zonder confrontaties. De jonge schrijver was geschandaliseerd door het beeld dat sommige Europeanen van Afrika ophingen. Vooral Joseph Conrads *Heart of Darkness* en Joyce Cary's *Mister Johnson* brachten Achebe tot het besef dat er in de westerse filosofie een verlangen is om Afrika gewoon te gebruiken als contrastbeeld voor Europa, als een negatief dat tegelijk veraf en vaagweg vertrouwd is; en waartegen Europa's geestelijke superioriteit duidelijk afsteekt.

Europese schrijvers vervormden het beeld van Afrika en zijn inwoners door het zwarte continent voor te stellen als de bron van alle kwaad en het toonbeeld van "on-beschaving". Bovendien, zo merkte Achebe op, werd de Afrikanen een geschiedenis van henzelf voorgehouden die diametraal tegengesteld was aan oudere versies. Als een gevolg daarvan hebben Afrikanen geleerd zichzelf en hun cultuur te verachten. En dus besliste de auteur om "de volkeren van Afrika, aan wie door allerlei ontvreemdingen het zwijgen opgelegd was, te 'verderverhalen'" en "de weegschaal van verhalen van alle volkeren bij te stellen". Achebe droomde van een wereld "waar elk volk zelf mag bijdragen in een poging tot zelfdefinitie", een wereld "waar wij geen slachtoffers zijn van de versies van andere mensen" (*The Atlantic*).

En dus begon hij verhalen te vertellen, want om mens te zijn, moet je niet enkel een verhaal hebben, maar het ontwikkelen, het creëren. Zoals het Ibo spreekwoord zegt: "totdat de leeuwen hun historici hebben, zal het verhaal van de jacht altijd enkel de jagers verheerlijken". Achebe wilde zijn romans dan ook zo maken dat het verhaal van de jacht ook de pijn, de strijd, de moed van de leeuwen zou weergeven. In zijn bundel essays, *Morning Yet on Creation Day* (1975), zegt Achebe dat hij al blij is als zijn lezers zouden inzien dat "hun verleden – met al zijn gebreken – niet een lange nacht van primitiviteit was, waarvan de eerste Europeaan hen in naam van God kwam bevrijden" (p. 60). Achebe's verhaal is er één van cultureel zelfbewustzijn, vrijheid, en een zoektocht naar identiteit. Hij herinnert de Afrikanen eraan dat zij een cultuur hadden voor de blanken arriveerden. Hij ziet dit als een noodzakelijke voorwaarde opdat het Afrikaanse bewustzijn zich in vrijheid zou kunnen ontwikkelen. Een andere belangrijke essaybundel is *Hopes and Impediments* (1988). Hij bevat journalistieke stukjes uit Achebe's universiteitsjaren, beschouwingen over sociale, politieke en culturele aspecten van zijn samenleving, en vooral over de Biafraanse oorlog die de Ibo geteisterd heeft. Tenslotte merkt men ook aan de verklaringen die Achebe geeft van belangrijke concepten uit de Ibo mythologie dat zijn creatief werk sterk in deze realiteit geworteld is. Zo speelt de *chi*, het lot van het individu, dat zijn of haar bestemming van *Chukwu*, de hoogste godheid, krijgt, een belangrijke rol in Achebe's verhalen. De *chi* kan zich in een bepaalde mede- of tegenstander incarneren, die de hoofdpersoon confronteert met de zwakke punten in zijn eigen persoonlijkheid. Naast essays schreef Achebe ook kortverhalen en gedichten. Deze gaan vaak over het lot van het Ibo volk tijdens de Biafraanse oorlog, maar bieden ook reflecties op uiteenlopende thema's als artistieke gevoeligheid, waanzin, religie, en cultuur.

TRAGISCHE HELDEN

Omdat Chinua Achebe echter in de eerste plaats één van de belangrijkste romanciers van de voorbije eeuw is, zal ik me in wat volgt op zijn vijf belangrijkste romans concentreren: *Things Fall Apart* (1958), *No Longer at Ease* (1960), *Arrow of God* (1964), *A Man of the People* (1966), en *Anthills of the Savannah* (1987). Zijn eersteling, *Things Fall Apart*, bracht de auteur veel internationale prijzen, studiebeurzen en subsidies. Het is een klassieker geworden binnen de moderne Afrikaanse literatuur en staat dan ook op de verplichte literatuurlijsten van middelbare scholen en universiteiten, niet enkel in Afrika maar her en der ter wereld – het boek is overigens in meer dan dertig talen vertaald. *Things Fall Apart* is een reactie op Joyce Cary's *Mister Johnson* en was bedoeld als Achebe's verzoening met zijn verleden, de rituele terugkeer en het eerbetoon van een verloren zoon.

Things Fall Apart is het verhaal van Okonkwo, een onfortuinlijke man die spilzieke ouders heeft maar door hard werk de hoogste positie bereikt in zijn stam, tot de blanken komen en hem ten val brengen. Zijn zelfmoord is een weigering om de nieuwe, koloniale orde te aanvaarden. De critici zien Okonkwo dan ook vaak als een tragische held die weggespoeld wordt door het tij van het noodlot en ze lezen de roman als een kritiek op de Westerse cultuur die met mokerslagen de traditionele waarden tenietdoet. De manier waarop Achebe zijn held schildert is echter dubbelzinniger dan dat. Okonkwo's gemeenschap van voor de kolonisatie wordt inderdaad voorgesteld als een coherent en gestructureerd geheel, ondanks interne spanningen. Maar Okonkwo zelf begaat grove fouten. In zijn grenzeloze ambitie en verlangen naar macht, schendt hij de sociale code van zijn dorp. Zo slaat hij zijn vrouwen op dagen dat dit niet toegelaten is en doodt hij zelfs een jongen die hem vader noemt. Daarop moet Okonkwo voor zeven jaar in ballingschap gaan, maar wanneer hij terugkomt heeft de blanke cultuur de rol van de dorpsoversten overgenomen. Okonkwo ziet geen perspectief meer voor zijn leven en pleegt zelfmoord.

Hoewel Okonkwo bij het begin van het verhaal voorgesteld en geaccepteerd wordt als een man met het potentieel van een held, blijkt zijn verlangen om zichzelf te realiseren sterker dan dat om de bestaande morele en sociale orde te verdedigen. Dit wordt overduidelijk wanneer de blanken zich in Umuofia vestigen. Okonkwo wil dan niet zozeer de oude waarden herstellen, maar zijn eigen macht, zelfs tegen de wil van de gemeenschap in. Daardoor wordt zijn zelfmoord niet enkel een protest tegen de blanken, maar veeleer tegen zijn eigen gemeenschap. Het is dus zijn egotisme dat hem eerst op een piëdestal zet en later naar zijn graf brengt.

Okonkwo is op zoek naar datgene wat hem angst inboezemt of hem uitdaagt, omdat hij wil bewijzen dat hij zichzelf kan "maken" en handhaven. Hij negeert daarbij de autoriteit van zijn vader en die van de goden, en wil zelf de wereld beheersen. Dit verlangen stelt hem in de paradoxale positie van de anti-heroïsche held: om een echte held te worden moet hij ophouden er één te zijn. Precies omdat Okonkwo verblind wordt door zijn obsessie om niet (als zijn vader) als mislukkeling beschouwd te worden, wil hij zich opwerken als held; maar deze obsessie brengt hem er toe in te gaan tegen de gemeenschap die hem als held dient te erkennen. Zijn dood is dan ook een sociale mislukking die gemaskeerd wordt als historisch protest ten behoeve van de gemeenschap. De discrepantie tussen de protagonist en zijn gemeenschap komt het best tot uiting in hun houding tegenover het vrouwelijke: terwijl Okonkwo de vrouwelijke waarden verwerpt, kiezen de andere families net de vrouw Chielo om priesteres te zijn van de meest gerespecteerde godin van het dorp.

De titel van de roman is ontleend aan een gedicht van W.B. Yeats, "The Second Coming", dat geciteerd wordt bij het begin van de roman. In dit gedicht mijmert Yeats over geschiedenis als een cyclische beweging rond twee bobijnen, waarbij de omslagpunten gemarkeerd worden door rampen. Zo bracht de geboorte van het Jezuskind een nieuwe episode van licht na een tijd van donkerte, maar deze positieve periode was gemarkeerd door Herodes' moord van onschuldige kinderen. Op die katastrofe volgden volgens Yeats twintig eeuwen "christelijke cultuur", die rond 2000 ten einde zou lopen. Achebe neemt Yeats' schema over maar draait de interpretatie om: voor Achebe is de "heidense" periode die van de zuiverheid, terwijl de christelijke het brute geweld binnenbracht. Bij de omslag heersen paradoxale toestanden: wat orde is voor de Britse administratie is chaos voor de gemeenschap van Umuofia en vice versa.

In *Things Fall Apart* toont Achebe hoe het lot van het individu bepaald wordt door interne en externe krachten. Geschiedenis en maatschappij blijken sterker dan de enkeling. De "blanke beschaving" fungeert daarbij als een katalysator van spanningen die al in het dorp aanwezig zijn. Onder druk van deze confrontatie moeten bepaalde krachten buigen of barsten. Okonkwo's geobsedeerde vasthouden aan het traditionele zal hem breken: in de opstand van het individu tegen de geschiedenis ligt zijn tragisch lot besloten. Zijn anachronistisch gedrag heeft soms iets heroïsch, als van iemand die met de geschiedenis worstelt; maar hij is ook laf omdat hij elke verandering van de hand wijst, en daarmee alle culturele ontwikkelingen blokkeert. Wie met Okonkwo sympathiseert zal vooral oog hebben voor de toch talrijke passages waarin de blanke beschreven wordt als een roofdier, een besmettelijke ziekte, een lepralijder, albino, sprinkhaan, gier, etc. Anderzijds blijkt dat de impact van de blanke wel destructief is maar ook noodzakelijk. In een interview met Soyinka zei Achebe, "het leven loopt voort en indien je weigert om verandering te aanvaarden, dan zal je, hoe tragisch dat ook moge zijn, opzij geduwd worden" (Duerden,

p. 14). Hiermee parafraseert de schrijver het Ibo spreekwoord: "Wanneer het lijden aan je deur klopt en je zegt dat er geen stoel is voor hem, dan zal hij zeggen dat dat geen probleem is, omdat hij zijn eigen zitje meegebracht heeft." Verandering is onvermijdelijk.

Dit blijkt ook uit Achebe's tweede roman, *Arrow of God*, waar een protagonist opnieuw verandering afwijst met tragische gevolgen. *Arrow of God* vertelt het verhaal van Ezeulu, priester van de beschermgodin Ulu, het levensprincipe van de Ibo gemeenschap. Omdat zijn eigen koppige gedrag tegenover de blanke districtscommissaris door de gemeenschap afgekeurd wordt, voelt Ezeulu zich geraakt in zijn persoonlijke trots en bijgevolg ook in zijn godin. Hij weigert zijn taak op te nemen en het begin van de oogsttijd af te kondigen. Daarop lopen nog meer mensen over naar de christelijke god. Achebe lijkt hier Ezeulu's persoonlijke ambitie sterk te hekelen: die vindt zijn eigen macht belangrijker dan het welzijn van de gemeenschap of van de god.

Achebe gaat hier dieper in op de relatie tussen een priester en zijn god in het Ibo denken. Dit suggereert dat mens en god afhankelijk zijn van elkaar, want de mens heeft god gemaakt en die godheid is dus afhankelijk van de mens. Ibo goden zijn antropomorf, en de macht van de traditionele god hangt af van de efficiëntie waarmee hij menselijke problemen kan oplossen. Zijn bestaan is gebaseerd op vertrouwen. De god verder willen doorgronden is een teken van *hubris*, en dit is het probleem van Ezeulu. Hij wil de grenzen van de goddelijk macht leren kennen, maar zijn nieuwsgierigheid en trots komen hem duur te staan wanneer hij zijn godheid teveel op de proef stelt. Ezeulu is nochtans een "modernist": een progressieve intellectueel die de nieuwe politieke orde ook wel wil aanvaarden, maar enkel indien deze hem niet in zijn trots en zijn waardigheid raakt.

Generatieconflicten

In *No Longer At Ease* onderzoekt Chinua Achebe de vragen waarmee de nieuwe generatie Afrikaanse intellectuelen te kampen heeft, in het bijzonder de vraag hoe ze hun Europese opvoeding en hun traditionele verplichtingen kunnen verzoenen? Het hoofdpersonage van de roman, Obi, keert terug uit Engeland met het vaste voornemen zich niet in te laten met de gecorrumpeerde elite in zijn land. Meer nog:

hij wil optreden tegen de gewoonte van staatsambtenaren om smeergeld te aanvaarden. Maar op zeker ogenblik neemt ook hij steekpenningen aan, en wordt vervolgens aangeklaagd en gearresteerd. De roman analyseert de omstandigheden die Obi, een veelbelovende jongeman, ertoe brachten om het slachtoffer te worden van precies de gewoonte die hij wou uitroeien. De verteller analyseert daarbij de verschillende gangbare opvattingen. Enerzijds is er het Afrikaanse geloof (dat Obi deelt) dat een westerse opvoeding volstaat om succes en morele integriteit te bereiken; anderzijds is er de Europese mythe die gelooft dat de Afrikaanse corruptie een kwestie van genen en klimatologische condities is. Zoals men kan verwachten deelt Achebe's verteller deze standpunten niet. Hij legt de verklaring van Obi's mislukking zowel in diens karakter als in de sociale en historische context van zijn opvoeding. De jonge Obi groeit immers op in een maatschappij die verdeeld is tussen moderne en traditionele waarden. Obi's vader is zo christelijk dat hij zijn moeder verbiedt haar zoon de lokale verhalen te vertellen zodat het kind de traditionele cultuur leert verachten. Geen wonder dat Obi gedesoriënteerd geraakt. In zijn essays schrijft Achebe dan ook, "mensen maken verhalen die mensen maken; of beter, verhalen maken mensen die verhalen maken" (*Hopes and Impediments*, p. 201). Obi mist precies dit discours dat hem een evenwicht en een persoonlijkheid kan geven.

Bovendien is zijn familiale erfenis er één van isolement en geloofsverzaking. Zijn overgrootvader Unoka was een mislukkeling in de ogen van de traditionele gemeenschap, zijn grootvader Okonkwo (die we kennen van *Things Fall Apart*) pleegde zelfmoord, en zijn vader weet na zijn bekering niet meer waar hij staat in de gemeenschap. Ook Obi treft schuld: er is een grote discrepantie tussen zijn zo sterk beleden idealisme en zijn labiel karakter. Zelf komt hij aan het einde van de roman tot besef dat hij niet genoeg waarden in huis had om de anarchie in zijn omgeving het hoofd te bieden. Kortom, Achebe toont aan dat Obi's tragische ontwikkeling onafwendbaar is. Hij heeft een te sterke tegenstander uitgedaagd, zijn *chi* die in de gemeenschap geïncarneerd is. Het lot van Obi is dat van een man die geboren wordt op een moment dat zijn maatschappij nog op zoek is naar eigenheid en coherentie. Bovendien dragen persoonlijke tekortkomingen ertoe bij dat Obi zijn rol van pionier in die omstandigheden niet kan waarmaken. De tijd is nog niet rijp voor helden als Obi.

Een zelfde ambiguïteit vinden we ook bij Odili Samalu in *A Man of the People*. Ook hij is ontgoocheld door de nieuwe klasse van Afrikaanse leiders en haar honger naar macht en luxe. Hij daagt de corrupte machthebbers uit maar blijkt uiteindelijk zelf hun fouten te herhalen. Zo treedt er in de roman gaandeweg een identificatie op tussen het leven van zijn oude chef Nanga en de ambities van de jonge Odili. De roman suggereert dat de nieuwe generatie machthebbers niet beter is dan de oude. Achebe's kritiek is dus niet alleen gericht tegen de oude politieke garde maar ook tegen het naïeve idealisme van eigengereide jonge intellectuelen.

Tenslotte is er de roman *Anthills of the Savannah*, waarin de notie van geschiedenis en het belang van de schrijver in een samenleving centraal staan. Het is het verhaal van een oudere gezant die naar de hoofdstad trekt om de rechten van zijn volk, de Abazon (een fictieve provincie in Afrika), te verdedigen bij de rijke man die de provincie in de hoofdstad moet vertegenwoordigen. Hij vraagt om het heropenen van de waterputten die op bevel van het staatshoofd gesloten waren nadat de Abazon geweigerd hadden de presidentiële campagne te steunen. De oude man blijkt een geïnspireerd verteller te zijn. Hij vertelt aan een groep Abazonezen dat ze voor hun rechten moeten opkomen door verhalen te vertellen: "Het verhaal is onze begeleider, zonder dat zijn we blind" (*Anthills of the Savannah*, p. 121). De verteller vertelt ook het verhaal van de luipaard en de schildpad. De schildpad kan van de luipaard bedingen dat ze, voor ze beginnen te vechten, sporen van hun gevecht zullen nalaten. Misschien was ons gevecht nutteloos, zegt de schildpad, maar zo zullen diegenen die na ons komen tenminste kunnen zien dat ik geprobeerd heb me te verdedigen. De gezant wordt echter gestraft voor deze "onbeschaamdheid" en gevangen genomen. Ikem Osodi, hoofdredacteur van de lokale krant en vroegere vriend van het staatshoofd, is pas ontslagen omwille van zijn politieke denkbeelden. Hij neemt het op voor de oude gezant en probeert de universiteitsstudenten duidelijk te maken dat schrijvers altijd een bedreiging zijn "voor alle verdedigers van de macht": "Ze boezemen alle usurpators, die de menselijke vrijheid willen beperken, angst in" (p. 121). Osodi wordt gedood en in de revolutie die daarop volgt wordt de president aan de kant gezet.

In deze roman benadrukt Achebe opnieuw het belang van verhalen in de tribale samenleving. De titel verwijst naar een Ibo spreekwoord dat zegt dat zelfs de ergste savannebranden de termietenheuvels niet vernietigen, zodat die de herinnering kunnen vasthouden aan wat ooit was en een perspectief kunnen bieden voor de mogelijke heropbouw van de toekomst. "Geschiedenis is een tekst", zegt Achebe, "Het is niet een tekst over wat gebeurd is, maar een die weergeeft wat men dacht dat gebeurd was." En dit brengt ons bij Achebe's standpunten over de rol van de schrijver.

DE SCHRIJVER ALS KRUISBESTUIVER

Voor Achebe moet de Afrikaanse schrijver een leraar zijn. Immers, "literatuur, oraal overgeleverd dan wel geschreven, geeft ons een bijkomende greep op de werkelijkheid" (*Hopes and Impediments*, p. 48). Literatuur laat ons toe om in de veilige, hanteerbare dimensies van de fantasie dezelfde aanvallen op onze integriteit te ervaren die ons in het werkelijke leven zullen overkomen. Precies deze oefeningen in zelfontdekking kunnen ons helpen deze uitdagingen aan te gaan – iets wat voor Obi niet mogelijk was, precies omdat hij een fictionele en historische context miste. Om zo'n valabele context te vinden, stelt Achebe, moet men de historische complexiteit van Afrikaanse samenlevingen in kaart brengen en de Europese mythe van het primitieve Afrika ontkrachten. Achebe richt zich dan ook vooral tot die jonge Afrikanen die geneigd zijn deze blanke stereotypen te verinnerlijken en hun eigen cultuur af te zweren ten voordele van de zogenaamd superieure Europese beschaving. Dat verhalen cruciaal zijn bij deze poging om het postkoloniale Afrika van een succesvolle toekomst te voorzien, blijkt uit de boodschap van de oude gezant in *Anthills of the Savannah*:

> Enkel het verhaal [...] leeft verder na de oorlog en de krijger. Het is het verhaal dat het geluid van de oorlogsdrums en de exploten van de moedige strijders overleeft. Het is het verhaal [...] dat onze nakomelingen ervoor zal behoeden, als blinde bedelaars tegen de punten van de cactusheg aan te lopen. (p. 48)

Achebe pleit voor een grote loyaliteit tegenover de tradities. Zij bewaren en bestendigen wat het volk of hun leiders tijdens hun tocht door de wereld hebben bereikt. Om hun pogingen indachtig te zijn moet er respect zijn voor de taal van de gewone mensen. Daarom stelt hij dat Afrikaanse schrijvers de Europese talen niet moeten gebruiken zoals de moedertaalsprekers:

> De prijs die een wereldtaal moet betalen is dat ze zich moet onderwerpen aan veel verschillende gebruikswijzen. De schrijver in Afrika moet het Engels zo gebruiken dat ze het dichtst bij de geest van zijn boodschap aansluit, maar zonder afbreuk te doen aan haar functie als internationaal medium. Hij moet een proberen een Engels te vormen dat tegelijk universeel is en drager van zijn unieke ervaring. (*Morning Yet on Creation Day*, p. 61)

In zijn zending als schrijver, leraar en visionair ziet Achebe de taal dus als zijn voornaamste instrument. Zijn werk is een indrukwekkende oefening in linguïstische handigheid. Hij gebruikt een Engels dat standaard Engels is maar waarin tegelijk het Afrikaanse idioom en Afrikaanse zegswijzen getranscribeerd zijn. Hiermee onderstreept Achebe ook zijn houding tegenover de Afrikaanse cultuur in het algemeen: respecteren zonder te verheerlijken, terugkeren naar het eigen verleden maar steeds met een open blik naar de toekomst.

Zoals Achebe's romans al aantoonden, impliceert deze houding ook een kritische ingesteldheid tegenover Afrika, en vooral tegenover de politieke situatie van het continent. Achebe wijst alle reactionaire vormen van nationalisme en totalitarisme van de hand. Hij pleit voor vruchtbare soorten van kruisbestuiving tussen culturen. In een recent interview met *The Atlantic* formuleert Achebe het als volgt:

> De wereld is een wijde plaats. Sommige mensen schijnen deze eenvoudige waarheid niet te kunnen vatten. Zij willen dat de wereld eruitziet in termen van wat zij kennen, met enkel mensen zoals zijzelf en hun vrienden, de hele aardbol zoals het verzorgde lapje grond waarop zij leven. Dit is een dwaas en blind verlangen. Diversiteit is niet iets abnormaals maar de essentie van onze planeet. De menselijke wereld manifesteert zichzelf in al zijn pracht precies door haar eindeloze variabiliteit. Hoffelijkheid is een redelijke eigenschap in dit soort wereld; kleingeestigheid is dat niet. (*The Atlantic*)

Compromis en cohabitatie zijn Achebe's sleutelwoorden. Een universele beschaving is mogelijk en wenselijk, maar moet gecreëerd door een uitwisseling van verhalen, en een uitwisseling van talen.

Tegenover het gender-vraagstuk neemt Achebe een dynamische en wisselende houding in. De vrouwenfiguren in zijn romans veranderen naargelang de periode waarin zijn verhalen zich afspelen. In de romans over het verleden en de traditionele Afrikaanse context zijn vrouwen veelal marginaal, verwaarloosd en misbruikt, wat sommige critici ertoe bracht Achebe af te schilderen als een seksistisch auteur die mannelijkheid verheerlijkt, die de wereld ziet in termen van traditionele rolverdelingen en die stereotypen creëert waarin discriminatie van en seksueel geweld tegen vrouwen benadrukt worden. Zijn boeken, aldus deze critici, missen een bemiddelende vrouwelijke component. Men mag echter niet vergeten dat Achebe's meer recente romans, die zich in een meer hedendaagse context afspelen, andere vrouwen tonen. Deze zijn geschoold en onafhankelijk, het zijn niet meer de ja-knikkende slachtoffers van een patriarchale samenleving. Beatrice in *Anthills of the Savannah* bij voorbeeld heeft een goede opleiding genoten, is mondig en onafhankelijk, en heeft moreel gezag en integriteit. Ze krijgt ook een positieve rol in het verhaal wanneer de mannen, die niet langer weten hoe het land uit een patstelling te leiden, op haar beroep doen.

Toen men Achebe, na de publicatie van *Man of the People*, vroeg hoe hij de verhouding tussen de Afrikaanse schrijver en politiek zag, antwoordde hij dat de schrijver niet denkt binnen het bestek van krantenedities, maar een ruimere visie moet ontwikkelen en verwoorden. Achebe's definitie van politiek is erg breed: ze omvat alles wat te maken heeft met de organisatie van mensen in een samenleving. En de auteur verduidelijkt dat er dus ook een politiek van het gezin, van liefdesrelaties, van religie kan zijn. Politiek betekent voor Achebe alle manieren waarop gezag en macht gehanteerd worden. Volgens deze definitie zijn inderdaad al Achebe's romans politiek geladen: ze helpen de Afrikanen om de uitdagingen aan te gaan die ze ontmoeten in de moeilijke passages in het leven, en in onmogelijke situaties zoals de futiliteit van de dood. Zo geeft het vertellen van verhalen, het ontwerpen van levenspatronen, het tonen van crisismomenten, mensen inderdaad "een bijkomende greep op de werkelijkheid, het leven en de wereld" (*Hopes and Impediments*, p. 48).

In dit politieke werk laat Achebe zich niet dicteren door derden. Hij verdiept zich in de complexiteit van de Ibo samenleving, laat zich inspireren door de vele zegswijzen die de dualiteit van de wereld illustreren, en herhaalt keer op keer dat "niets absoluut is" – vandaar ook zijn tegenstand tegen simplistische oplossingen en tegen politiek en religieus fanatisme. Geen wonder dat de meeste van zijn werken op een dubbelzinnige manier eindigen. Daarmee wil Achebe naar eigen zeggen ingaan tegen "het gezellige optimisme waarin de meesten onder ons, elitaire Nigerianen leven [...] Maar achter de suikeren façade van de huidige dispensatie sluipt het wilde beest van het fanatisme – religieus fanatisme, etnisch fanatisme en politiek fanatisme." Tegenover dergelijke vormen van fundamentalisme vormt een "verlichte en menselijke publieke opinie" het beste tegengewicht." In zijn gedicht "We lachten hem uit" stelt Achebe de kunstenaar tegenover zijn vijanden, de materialisten. De spreker is precies één van die materialisten en hij zegt over de visionaire kunstenaar:

> We lachten hem uit,
> onze hongerig kijkende idioot met jeukende
> vingers die veel verder kon zien
> dan alle anderen. We noemden hem
> visionair missionair revolutionair
> en, je weet wel, al die andere
> -nairs die de vrede vestigen, maar
> niets kon hem afschrikken.
> (*Beware Soul Brother*, p. 57)

In zijn essays "Africa and Her Writers" en "The Novelist as Teacher" zegt Achebe duidelijk dat de kunst ten dienste moet staan van de mens. Elke doctrine van "l'art pour l'art" wijst hij volledig van de hand. Achebe's misprijzen voor deze zogenaamde neutraliteit komt ook duidelijk tot uiting in het gedicht "Non-Commitment", waar hij Pontius Pilatus en Judas ironisch als "redelijke kerels" typeert. Maar een engagement voor de samenleving wil ook zeggen een engagement voor de aarde, voor de concrete realiteit. Hij waarschuwt in zijn gedicht "Beware Soul Brother" zijn collega-kunstenaars zowel tegen "de verleidingen van hemelvaartsdag, de dag van soezerige levitatie op de hoge winden van leeuwerikenzang" als tegen de materialistische plunderaars en de vernietigers van de aarde. De kern van zijn boodschap is de volgende:

> Onze voorouders, zielsverwant, waren wijzer
> dan ze ons doen geloven. Herinner je,

ze gaven Ala, de grote godin
van hun aarde, ook het gezag over
hun kunst, want ze begrepen maar
al te goed, die koppige mannen
van vergane dansen, waarnaar onze voet
moet terugkeren, welke schoonheden die ook
in de lucht geweven heeft, waar ze moet
terugkeren voor veiligheid en
om haar kracht te hernieuwen.
(*Beware Sould Brother*, pp. 29-30)

In politiek opzicht trekt Achebe vooral van leer tegen corruptie. De mensen verliezen het contact met de natuur, worden slordig en verkwistend, en laten zich leiden door eigenbelang, zodat de schrijver moet opboksen tegen een hele cultuur van kortzichtig, egoïstisch wanbeleid. Sommige critici verwijten Chinua Achebe dat de dubbelzinnigheid in zijn romans niet strookt met zijn visie dat de schrijver een leraar moet zijn. Achebe spreekt dat tegen en zegt dat een schrijver niet moet voorschrijven: "Het ligt niet in de natuur van de kunstenaar om te dicteren; dat is een positie die politici graag innemen; een kunstenaar daarentegen gelooft dat, indien je de situatie in alle eerlijkheid exploreert en blootlegt, je een geestesgesteldheid creëert die de mensen vanzelf tot de juiste soort van actie zal brengen."

Achebe's visie op de sociale rol van de zwarte schrijver in Afrika moest hem wel vroeg of laat betrekken in het debat over "zwartheid". Hij benadrukt telkens weer dat de schrijver het verre Afrikaanse verleden moet bestuderen, niet enkel om het beeld van de Afrikaanse cultuur voor westerlingen te corrigeren maar ook ten voordele van de eigen populatie. De oude cultuur had wel haar tekortkomingen maar ook haar waardigheid. Achebe's eulogie van het verleden is echter voedsel geweest voor een belangrijk misverstand met Wole Soyinka. Deze andere grote Afrikaan meent dat Achebe zijn talent vergooit aan mijmeringen over het verleden: "Chinua Achebe's werk projecteert eigenlijk geen sociale visie; het is vooral een evocatie van de momenten waarop [...] Afrika van zijn eigen verleden losgeweekt is." Waarop Achebe antwoordde dat hij het verleden niet verheerlijkt, maar enkel ziet als een noodzakelijk referentiepunt om de vraag naar de eigen identiteit te stellen. Daarbij toont "de vader" ook de negatieve aspecten van de oude cultuur: "Elke Afrikaanse schrijver die zichzelf ernstig neemt moet niet enkel de advocaat van God zijn, maar ook die van de duivel."

Of Achebe geslaagd is in zijn opzet de mensen aan het denken te zetten, kunnen wij niet beoordelen. Sommige critici verwijten Achebe te realistich te zijn, andere missen een marxistisch-theoretische onderbouwing, weer anderen vinden dat Achebe in herhaling valt en zijn verhalen te voorspelbaar worden. Hoe het ook zij, feit blijft dat Achebe een ontzettend groot aantal kritische romanciers heeft kunnen inspireren. Hij is een schakel geweest, heeft deelgenomen aan het voor hem zo vitale proces van verhalenvertellen. En hoewel hij nu om medische redenen in de VS woont, is hij nog steeds combattief in zijn oppositie tegen de Europese retoriek van toe-eigening en tegen alle nieuwe vormen van kolonisatie. Waar hij ook is wil hij meewerken aan een mogelijk ontwerp voor een Afrikaanse identiteit. Immers, zo zegt hij, "de hele essentie van reizen ligt in het terug thuiskomen."

BEKNOPTE BIBLIOGRAFIE

Primaire literatuur
Things Fall Apart, London: Heinemann, 1958. (*Een wereld valt uiteen*, vert.
    Jaap Dicker, Maasbree: Zelen, 1979.)
No Longer at Ease, London: Heinemann, 1960. (*Weerzien met vreemden*, vert.
    J. Lenders-Saverlbergh, Bilthoven: Nelissen, 1965.)
Arrow of God, London: Heinemann, 1964. (*Pijl van God*, vert. Jaap Dicker,
    Maasbree: Zelen, 1981.)
Man of the People, London: Heinemann, 1966. (*Een zoon van zijn volk*, vert.
    Paul Dircken, Bilthoven: Nelissen, 1967.)
Girls at War and Other Stories, London: Heinemann, 1972. (*Hoe meisjes oor-
    log voeren*, vert. Peter Abspoel, Amsterdam: In de knipscheer, 1991.)
Beware, Soul Brother: Poems, London: Heinemann, 1971
Morning Yet on Creation Day, London: Doubleday, 1975.
Anthills of the Savannah, London: Heinemann, 1987. (*Termietenheuvels in de
    savanne*, vert. Harrie Lemmens, Amsterdam: In de knipscheer, 1988.)
Hopes and Impediments: Selected Essays: 1965-1987, London: Heinemann,
    1988.

Secundaire literatuur
ABIOLA, Irele. *The African Experience in Literature and Culture*. London:
    Heinemann, 1981.
GIKANDI, Simon. *Reading Chinua Achebe: Language and Ideology*. London:
    James Currey, 1987.
SOYINKA, Wole. *Art, Dialogue and Outrage: Essays on Literature and Culture*.
    New York: Pantheon Books, 1993.
SOYINKA, Wole. "Interviews", in Dennis Duerden & Cosmo Pieterse (red.),
    African Writers Talking. London: Heinemann, 1978.
"Interview met Chinua Achebe", *The Atlantic* 8 februari 2000,
    http://www.theatlantic.com/unbound/interviews/ba2000-08-02 html,
    16/12/2002.

vertaald door Hedwig Schwall

MARGARET ATWOOD
(1939-)

Hilde STAELS

Hilde STAELS

EEN POLITIEK ENGAGEMENT

Margaret Atwood is een begrip in de Canadese literatuur. Deze veelzijdige auteur schreef tot dusver elf romans, elf poëziebundels, kortverhalen en essays die haar de status van een van de belangrijkste hedendaagse auteurs uit de Engelstalige literatuur hebben verleend. Voor zover er sprake kan zijn van een eenheid in het aanzienlijk oeuvre van deze Canadese schrijfster, zou men die kunnen situeren in Atwoods bijzondere belangstelling voor machtsverhoudingen en steeds terugkerende thema's zoals onderdrukking, onvrijheid en marginalisering. Atwoods politieke en morele interesse spitst zich onder andere toe op de koloniseringsproblematiek in Canada, die het best geïllustreerd kan worden aan de hand van haar romans. Deze problematiek wordt in enkele romans thematisch verbonden met de kolonisering van de vrouw in een patriarchale samenleving. De kolonise-ring door Groot-Brittannië, die tot het verleden behoort, werd na de tweede wereldoorlog vervangen door een culturele, politieke en economische kolonisering door de Verenigde Staten. De zoektocht naar een eigen identiteit en de drang naar onafhankelijkheid ten overstaan van een imperialistisch centrum of een patriarchale macht zijn om die reden centrale leidmotieven in Atwoods werk.

Atwoods politiek en ethisch engagement reikt echter verder. In haar essay "An End to Audience?" (1980) omschrijft zij haar kijk op het schrijverschap als volgt:

> De functie van de schrijver in de samenleving is die van een profeet, iemand die de waarheid vertelt; schrijven is niet enkel uitdrukking geven aan zichzelf maar aan de maatschappij en de wereld in het algemeen [...] de roman is een moreel instrument. *Moreel* impliceert politiek [...]

> Met "politiek" bedoel ik betrekking hebbend op macht: wie heeft
> het, wie wil het, hoe werkt het; in één woord, wie is geoorloofd
> iemand anders iets aan te doen [...] en hoe gebeurt het. (*Second Words*,
> p. 353)

Als actief lid van Amnesty International spreekt Atwood zich sedert
de jaren tachtig openlijk uit ter verdediging van de mensenrechten,
wat ook weerspiegeld wordt in romans als *Bodily Harm* en *The Handmaid's Tale*. Als lid van de Writers' Union of Canada en de schrijvers-
organisatie International P.E.N. ijvert zij voor de rechten en vrijheden
van kunstenaars. Met andere woorden, Margaret Atwood is een schrijfster die zich ook manifesteert als publieke persoon, wat haar aanzienlijke populariteit mee verklaart, in Canada maar ook daarbuiten.

In de jaren zeventig profileert Atwood zich tevens als de woord-
voerster van de Engelstalige Canadese literatuur. In enkele van haar
essays, die verschenen in de bundel *Second Words*, typeert zij de wijze
waarop deze literatuur voor 1970 werd behandeld als symptomatisch
voor de koloniale situatie. Er bestonden haast geen Canadese uitgevers van literatuur van eigen bodem en de Britse en Amerikaanse uitgevers beschouwden Canadese literatuur als oninteressant, want te
regionalistisch. In Engelstalige Canadese middelbare scholen en Universiteiten werden weinig of geen Canadese auteurs bestudeerd, en
ging alle aandacht uit naar Britse of Amerikaanse literatuur. Atwood
spreekt hier uit eigen ervaring, als studente Engelse literatuur aan de
Universiteit van Toronto. Een eerste aanzet tot rebellie tegen deze
marginalisering van de Canadese literatuur ontstond tijdens een golf
van cultureel nationalisme in de jaren zestig, toen Atwoods literaire
carrière begon.

Op grond van de bevinding dat men niet alleen in het buitenland,
maar ook in Canada geen notie heeft van het bestaan van een Canadese literaire traditie, beslist Atwood een studie te maken van het
vrijwel onbekende literaire erfgoed. Zij beschouwt het als de taak van
schrijvers in een culturele (ex-)kolonie de gemarginaliseerde literaire
en culturele traditie in eer te herstellen. *Survival* (1972) is de eerste
veelbesproken thematische studie van de Canadese literatuur waarin
Atwood een centraal thema van deze literatuur behandelt, met name,
de "survival" of het overleven. Zij komt tot de conclusie dat de mis-
kende Engelstalige literatuur, net als de Franstalige overigens, van
voor 1970 erg somber en pessimistisch is, en wordt gekenmerkt door

personages die als hulpeloze slachtoffers van onder meer de onherbergzame natuur, een bekrompen milieu, een repressieve religie, louter overleven. In meerdere van haar romans en kortverhalen zal Atwood dit negatieve Canadese zelfbeeld kritisch belichten en ironiseren.

In tegenstelling tot haar voorgangers, maar ook vele van haar tijdgenoten, heeft Atwood zelf nooit geleden onder een gebrek aan bekendheid. Haar gedichten en kortverhalen, maar vooral haar romans, kenden onmiddellijk succes, niet enkel in Canada, maar ook in Groot-Brittannië en de Verenigde Staten. In 1985, na het verschijnen van de roman *The Handmaid's Tale*, brak Atwood door op de internationale scène. Deze futuristische dystopische roman, waarin zij voornamelijk het religieuze fundamentalisme van Nieuw Rechts in de Verenigde Staten en Canada aan de kaak stelt, was eveneens de eerste in een reeks van romans die genomineerd werden voor de Booker Prize. In 2000 werd *The Blind Assassin* bekroond met deze prestigieuze literaire prijs. De belangstelling voor het werk van Margaret Atwood komt tot uiting op velerlei manieren: haar meest succesvolle romans werden vertaald in meer dan twintig talen, enkele ervan werden verfilmd of herschreven als theaterstukken. Naast *Surfacing* komt *The Handmaid's Tale* systematisch voor op de lijst van verplichte lectuur aan Britse en Amerikaanse universiteiten. Een Britse poll in de jaren negentig wees uit dat Atwood, samen met Angela Carter en Toni Morrison, één van de meest bestudeerde schrijfsters is aan Britse universiteiten. Noemenswaardig is ook de oprichting in de jaren tachtig van een Margaret Atwood Society, een internationale vereniging van academici, leerkrachten en studenten die het werk van Atwood bestuderen.

HET GEWELD VAN DE STEREOTYPIE

Reeds van bij het begin van haar schrijverscarrière in de jaren zestig was het werk van Margaret Atwood een gegeerd onderzoeksobject voor Angelsaksische feministische literatuurcritici. Hoewel Atwood haar populariteit in hoge mate te danken heeft aan deze vrouwelijke academici, had de medaille ook een keerzijde omdat haar veelzijdige, complexe teksten werden gereduceerd en ingepast in een vooropgesteld feministisch interpretatieraster. Haar fictie werd lange tijd vanuit een overwegend thematische belangstelling bestudeerd, met nadruk op de man-vrouw verhoudingen. Mannelijke critici vervielen in hetzelfde euvel door Atwood af te schilderen als verwoed mannenhaatster, waarbij ze geen onderscheid maakten tussen mogelijke opvattingen van de auteur en feitelijke uitingen van vrouwelijke hoofdpersonages die zichzelf als hulpeloze slachtoffers opstellen van een patriarchale samenleving. Zo werd Atwood zelf het slachtoffer van een type geweld dat zij in haar oeuvre aan de kaak stelt, met name de wijze waarop het ene individu het andere herleidt tot een ééndimensionaal beeld. Atwood heeft zich steeds gedistantieerd van het feminisme als beweging. Dit neemt echter niet weg dat zij zich interesseert voor de wijze waarop vrouwen in de orde van de taal worden gedefinieerd. De maatschappelijke positie van man en vrouw wordt immers gerepresenteerd in het heersende tekensysteem. De auteur stelt zich dan ook de vraag welke culturele denkbeelden van mannelijkheid en vrouwelijkheid, wat de Franse intellectueel Roland Barthes "mythen" noemt, de ongelijkheid van man en vrouw in de hand werken; op welke manier deze stereotiepe voorstellingen het complexe, steeds veranderende subject geweld aandoen.

In *Surfacing*, de roman waarin Atwood de culturele en economische kolonisering van Canada door de Verenigde Staten thematisch verbindt met de kolonisering van de vrouw, komt kolonisatie neer op een vorm van ideologische onderdrukking omdat een subject, een groep of een natie wordt geacht zich te identificeren met een imaginaire identiteit die aan de gekoloniseerde wordt voorgehouden als een spiegel. De spiegel, waarin de gekoloniseerde een beeld van zichzelf zou moeten herkennen, is een imaginaire constructie van de kolonisator. Zo houdt de Westerse patriarchale samenleving vrouwen een stereotiep beeld van ware vrouwelijkheid voor waarmee zij zich dienen te identificeren, met de bedoeling hen in een ondergeschikte positie te houden.

Even belangrijk voor Atwood echter is de wijze waarop de vrouwelijke hoofdfiguren in haar romans en kortverhalen zich verhouden tot het heersende denk- en waardesysteem. In hun zoektocht naar een eigen identiteit verwerven zij geleidelijk inzicht in hun medeplichtigheid aan dat systeem. Ze hebben de ideologische denkbeelden verworven en geïncorporeerd in hun droom- en verlangenwereld. De taal van de vrouwelijke hoofdfiguren is dan ook onvermijdelijk gecontamineerd

door de mythen en normen van de maatschappij waarin zij leven en
dit gegeven wordt door Atwood op een subtiele manier gecommuniceerd via het narratieve procédé van de ironie. Verder toont Atwood
ook hoe de hoofdpersonages falen in hun speurtocht naar een oorspronkelijke, authentieke identiteit. Het romantische geloof in een
recupereerbare zuivere identiteit wordt eveneens ondergraven door
middel van ironie, omdat het op haar beurt een mythe is.

Vormen van (zelf)onderdrukking

Het vakmanschap van Margaret Atwood komt tot uiting in de grote
variëteit aan vormexperimenten die haar romans vertonen en in het
poëtisch proza dat, net als bij haar landgenoot en tevens dichterromancier Michael Ondaatje, bijzonder rijk is aan connotaties. De
eenheid van de romans en hun diepere betekenisdimensies komen tot
stand door steeds terugkerende metaforen en symbolen. Een typisch
vormkenmerk in enkele van Atwoods romans bestaat in het genereren van een spanning binnen de tekst tussen twee vertelniveaus, waarbij een overwegend klassiek realistische verteltechniek met een chronologische, lineaire verhaalstructuur als het ware wordt ondergraven
door een ander, onderliggend vertelniveau waarbij irrationele, verdrongen gevoelens en gedachten worden verwoord. Deze taal van het
onderbewuste wordt gekenmerkt door beeldspraak of symbolen. Wanneer men de tekst benadert vanuit de eerder geschetste problematiek
van koloniscring, dan kan men in de spanning tussen de twee vertelniveaus de verhouding onderkennen tussen enerzijds de macht die het
imperialistische centrum of de heersende patriarchale orde uitoefent
op het spreken en denken van de vrouwelijke hoofdfiguur en anderzijds de gemarginaliseerde ervaringen van het onderdrukte subject.
Deze spanningsverhouding kan bijvoorbeeld geïllustreerd worden
aan de hand van *Alias Grace*, een roman die gebaseerd is op ware
gebeurtenissen. Het verhaal handelt over Grace Marks, een Ierse
immigrante die als huishoudster werkte voor de Canadese adellijke
'heer' Mr. Kinnear in het midden van de negentiende eeuw. Zij werd
samen met de stalknecht James McDermott beschuldigd van de
moord op haar werkgever en diens huishoudster-minnares. Tijdens de
rechtszitting beweerde Grace dat zij zich niets kon herinneren van de

moorden. McDermott werd opgeknoopt en omwille van Graces jeugdige leeftijd – zij was slechts zestien jaar oud- werd haar terdoodveroordeling in levenslange gevangenisstraf omgezet. Zij leefde in gevangenschap van 1843 tot 1872 en haar schuld werd nooit bewezen.

Atwood baseert zich voor haar roman op historische feiten, op documenten uit het verleden, die zij vermengt met fictieve gebeurtenissen, met de bedoeling het zogenaamde onderscheid tussen feit en fictie op te heffen. In Atwoods versie van het verhaal over Grace Marks speelt de New Englander Dr. Simon Jordan een cruciale rol, een Freudiaanse psychoanalyticus *avant-la-lettre*, die in tegenstelling tot Grace geen historische figuur is. Deze Amerikaanse expert in patiënten die lijden aan amnesie wil tijdens gesprekstherapeutische sessies, die plaatsvinden in de gevangenis, de ware aard van zijn patiënte doorgronden – is zij al dan niet krankzinnig? – en de waarheid omtrent de moord achterhalen. De woorden die hij bij de aanvang van de eerste sessie hanteert zijn kenmerkend voor de macht die hij op Grace wil uitoefenen. Hij wil uitsluiten wat hij niet kan beheersen:

> Ik ben hier om naar rede te luisteren. Maar als ik naar jou moet luisteren, moet je wel tegen me praten [...] Ik geef je mijn erewoord dat je mag blijven waar je bent zolang je tegen me blijft praten en niet je zelfbeheersing verliest en gewelddadig wordt. (*Alias Grace*, p. 45)

Rekening houdend met dit bevel tot redelijkheid weeft Grace een historisch realistische, chronologische vertelling, die niets prijsgeeft van haar diepere gevoelsleven. Zij overlaadt de analist met historische details over haar materiële levensomstandigheden als arme Ierse immigrante en zij reproduceert haar officiële identiteit, of de wijze waarop zij tot dusver werd gedefinieerd door de publieke opinie. Dit 'realistische' verhaal wordt echter ondergraven door Graces eigen of andere stem die uiting geeft aan verstilde, verdrongen gevoelens en gedachten. De andere stem komt symptomatisch aan de oppervlakte tijdens dagdromen en dromen. De onbewuste inhouden manifesteren zich op oncontroleerbare momenten door middel van het terugkerende, gewelddadige beeld van rode uit elkaar spattende pioenen. Soms vertelt Grace aan Simon wat zij in haar (dag)dromen ziet, maar deze beelden vormen een blinde vlek voor de psychoanalyticus-detective, omdat hij er de exacte betekenis niet van kan achterhalen. Wie Grace uiteindelijk is en of zij medeplichtig is aan de moord op Thomas Kinnear blijft een mysterie, voor de lezer en voor Simon:

> Toch is het nu eenmaal zo dat hij niets met zekerheid kan verklaren en tegelijkertijd de waarheid spreken, omdat de waarheid hem ontgaat. Liever gezegd, het is Grace die hem ontgaat. Ze zweeft voor hem uit, net buiten zijn bereik, terwijl ze zich telkens even omdraait om te kijken of hij haar nog volgt. (p. 369)

Alias Grace is een historiografisch metafictionele roman, een subgenre van de postmoderne roman. Het onderscheid tussen historische feiten en fictie wordt tenietgedaan, omdat beiden berusten op talige constructies, en de nadruk ligt op de onmogelijkheid om de definitieve waarheid te achterhalen. Zoals er slechts versies van de realiteit bestaan, zo zijn er slechts versies van Grace Marks, reducties van een complex, meervoudig hoofdpersonage. De roman is om die reden gestructureerd als een lappendeken van teksten die elkaar afwisselen, zoals lokale krantenartikels, een sterk ideologisch gekleurd literair relaas over de historische Grace Marks door de negentiende-eeuwse Canadese schrijfster Susanna Moodie, brieven van dokters over de historische Grace Marks, de schuldbekentenis van de echte Grace, de eerste persoonsvertelling van de fictieve Grace, en een derde persoonsvertelling die voornamelijk de psychologie en de ideologische denkbeelden van Simon Jordan belicht. Op die manier wordt zowel de feitelijke als de fictieve identiteit van Grace vanuit een waaier aan beperkte en beperkende perspectieven in kaart gebracht.

Typerend voor deze roman en voor Atwoods proza in het algemeen is de vermenging van literaire genres, waarbij de auteur de grenzen tussen elitaire en triviale kunstvormen doet vervagen. Zo experimenteert zij in *The Robber Bride* met sprookjes en de *gothic novel*, in *Lady Oracle* met melodramatische liefdesverhalen, in *Surfacing* en *The Handmaid's Tale* met het detectiveverhaal. Meestal gebruikt Atwood deze populaire kunstvormen om bepaalde genreconventies en ideologische denkbeelden die eraan ten grondslag liggen te parodiëren. *The Handmaid's Tale*, bijvoorbeeld, eindigt met de epiloog "Historische Aantekeningen bij het Verhaal van de Dienstmaagd": de notulen van een symposium over Gilead, dat tweehonderd jaar na het ontstaan van dit theocratisch "Utopia" werd georganiseerd. Een historicus houdt een lezing over het ooggetuigenverhaal van de dienstmaagd Offred die het regime overleefde. Hij benadert de tekst als een detective die enkel geïnteresseerd is in het verhaal als historisch document en in historische feiten waaruit hij de ultieme waarheid omtrent Gilead en zijn inwoners hoopt te kunnen afleiden. Hij spreekt geringschattend over de persoonlijke stem en het eigen perspectief van de dienstmaagd, die vanuit de marge van de totalitaire maatschappij ("De Ondergrondse Vrouwenweg") zich verzet tegen het repressieve regime dat haar herleidde tot een object. De historicus is doof voor Offreds poëtisch, normdoorbrekend taalgebruik waarmee zij haar irrationele gedachten, gevoelens en verlangens verwoordt. De overeenkomst tussen de reducerende benadering van de historicus in *The Handmaid's Tale* en die van de psychoanalyticus Simon Jordan in *Alias Grace* is opvallend, beiden zijn "verlichte" wetenschappers die door een eenzijdige gerichtheid op het verklaren van feiten niet in staat zijn om de geleefde ervaring van de betrokkenen te vatten.

In *Alias Grace* vermengt Atwood genreconventies van onder andere de traditionele historische roman, het detectiveverhaal en de fantastische literatuur. De auteur verklaart haar interesse voor de historische roman in een lezing aan de Universiteit van Ottawa, "In Search of *Alias Grace*. On Writing Canadian Historical Fiction" (1996). Zij benadrukt eveneens de opvallende aanwezigheid van de historische roman (en de historiografische metafictie) in de hedendaagse Canadese literatuur. Volgens Atwood kadert deze interesse in de koloniseringsproblematiek, omdat schrijvers uit een (ex-)kolonie het verleden van de eigen natie willen opgraven en hervertellen vanuit een ander perspectief dan het officiële met de bedoeling uitdrukking te geven aan een verborgen, verzwegen geschiedenis: "Het aantrekkelijke van het Canadese verleden voor schrijvers van mijn generatie, ligt ten dele in de verlokking van het onnoembare – het mysterieuze, het verdrongene, het vergetene, het afgedankte, het taboe" (p. 19).

Dit is ook de centrale thematiek in *The Blind Assassin*, Atwoods tweede historiografisch metafictionele roman. De 82-jarige hoofdfiguur, Iris Chase schrijft een autobiografie aan het einde van de twintigste eeuw waarin zij terugblikt op haar persoonlijk verleden en dat van Canada, meer bepaald het leven in Toronto tijdens de woelige jaren dertig. In een interview met Margaret Reynolds (2001), becommentarieert Atwood haar belangstelling voor de jaren dertig als volgt:

> Je had delen van de maatschappij die erg rijk waren. Je had ruime seg-
> menten die arm waren, grenzend aan wanhoop. Op wereldschaal bevin-
> den we ons nu in deze situatie [...]
> Je had enkele mensen die ontzettend veel macht hadden, en anderen
> hadden er totaal geen. Kijk om je heen. Dit alles kwam aan de opper-
> vlakte in de sociale conflicten en de verdeeldheid in de jaren dertig, cul-
> minerend in de explosie van de Tweede Wereldoorlog. Ik denk niet dat
> dit een zaak is van het verleden. (*The Essential Guide*, p. 21)

The Blind Assassin is gestructureerd als een verhaal in een verhaal. Iris Chase schrijft haar autobiografie in de vorm van een traditionele *Bildungsroman* waarbij zij historische feiten vertelt over haar leven in de burgerij. Als dochter van een gefailleerde industrieel werd zij op negentienjarige leeftijd uitgehuwelijkt aan Richard Griffen, een gewetenloze magnaat en machtswellusteling, om op die manier het familiekapitaal te redden. Iris is bereid zichzelf op te offeren en als Mrs. Richard Griffen door het leven te gaan. Zij portretteert haar vroegere ik als onwetend en blind, en past zich aan het typische rollenpatroon van vrouwen in de hogere burgerij aan.

De ingebedde tekst, die net als de roman de titel *The Blind Assassin* draagt, is de deels autobiografische roman die Iris onder het pseudoniem Laura Chase publiceerde in 1947. Laura is haar jongere zus die in 1945 zelfmoord pleegde, nadat zij door Iris op de hoogte was gebracht van de dood van de communist en pulp science fiction schrijver Alex Thomas, en wiens zogenaamd postuum verschenen boek een bestseller werd. In deze roman fictionaliseert Iris de clandestiene passionele relatie die zij in de jaren dertig had met Alex Thomas. Het liefdesverhaal tussen de twee naamloze hoofdfiguren alterneert met een andere ingebedde tekst, een science fiction verhaal over een blinde huurmoordenaar. Hierin biedt de niet bij naam genoemde voortvluchtige militant Alex Thomas een ander perspectief op de maatschappij dan de officiële versie uit krantenartikels die elders in de roman worden ingelast.

In de jaren dertig behoorde science fiction tot de gemarginaliseerde, 'lage' en dus minder waardevole literatuur. Science fiction schrijvers hebben het genre meestal gehanteerd als een instrument van sociale kritiek waarbij de science fiction wereld, die vervreemdend werkt, onrechtstreeks verwijst naar de reële wereld. Zich inspirerend op de klassieke geschiedenis vertelt Alex zo het verhaal van

een feodaal rijk op de planeet Zycron waar achtduizend jaar geleden de aristocratie het gepeupel onderdrukte. De ideologische parabels weerspiegelen op een herkenbare manier de klassenmaatschappij en de machtsverhouding van de autoritaire regering en de
kapitalistische werkgevers ten overstaan van de arbeiders tijdens
"The Great Depression". De ingebedde science fiction tekst bekritiseert op die manier de uitbuiting en onderdrukking waar de textielfabrikant en communistenvreter Richard Griffen zich ongestraft
schuldig aan maakt en legt de realiteit bloot waarvoor zijn echtgenote Iris Chase in de jaren dertig grotendeels blind of onverschillig was:

> [...] Sakiël-Norn is nu een hoop stenen, maar eens was het een bloei
> end handelscentrum. [...] Sakiël-Norn dankte haar macht en pracht
> aan slaven... De tapijten werden geweven door slaven die zonder uit
> zondering kinderen waren, omdat alleen kindervingers klein genoeg
> waren voor zulk fijn werk. Maar het onophoudelijke turen op hun
> arbeid dat van die kinderen werd vereist, bracht met zich mee dat zij op
> hun achtste of negende blind werden [...]. Als de kinderen eenmaal
> blind waren geworden, werden ze verkocht aan bordeelhouders, jon
> gens evengoed als meisjes. De diensten van kinderen die op die manier
> blind waren geworden, werden duur betaald [...]. Zij die uit het bor
> deel wisten te ontsnappen vonden werk als keelafsnijders-in-het-donker
> en ze waren als huurmoordenaars zeer gewild. (*De blinde huurmoorde
> naar*, p. 29)

Wat verzwegen wordt in de autobiografie en in de krantenartikels,
die de officiële versie van de geschiedenis van de jaren dertig weergeven, wordt geaccentueerd in deze fictionele versie van de feiten.

Het *mise-en-abyme* procédé, of de voortdurende spiegeling van
personages en gebeurtenissen tussen de ingebedde science fiction tekst
en de autobiografie, doet de grenzen tussen de twee genres vervagen,
zodat zowel de dominante orde als de publieke identiteit van Iris worden bekritiseerd. Aangezien de laatstgenoemde echter zelf de auteur
is van de science fiction ingebedde tekst dient men de figuur van Alex
Thomas te interpreteren als de dubbelganger of het alter ego van Iris
Chase. Haar blinde, monddood gemaakte en conformistische jongere
zelf wordt bekritiseerd vanuit haar ervaren, tot dieper inzicht gekomen
oudere zelf. Alex wordt op de verschillende verhaalniveaus door middel van steeds terugkerende metaforen en symbolen geassocieerd met

de kracht van het woord, dichterlijke verbeelding en inzicht, zoals in één van Iris' dromen in de ingebedde tekst:

> [...] zij kan zijn gezicht zien [...] het is alsof zij haar eigen schaduw is, en hij daarnaar kijkt. Naar waar haar ogen zouden zijn, als haar schaduw kon zien [...]. Naast haar flakkert hij in het flakkerende licht. (pp. 441-42)

De dubbelganger, een motief uit de fantastische literatuur, treedt in Atwoods fictie systematisch op als het verdrongen, vreemd geworden ander ik, als de schaduw die men niet kan ontlopen. In *Cat's Eye*, bijvoorbeeld, wordt het hoofdpersonage Elaine gekweld door de herinnering aan Cordelia, haar metaforische tweelingzus, die haar dwingt om traumatische ervaringen uit het verre verleden te verwerken in plaats van ze te ontvluchten. In *The Robber Bride* keert de overleden vamp(ier) Zenia als demonische dubbelganger terug op aarde om zich te wreken op de drie hoofdpersonages die eveneens pijnlijke ervaringen uit hun jeugdjaren verdringen. In *Alias Grace* fungeert Graces overleden vriendin Mary Whitney als diens andere stem, haar krachtige rebelse ik dat zich niet laat onderdrukken. In *The Blind Assassin* kan men op basis van spiegelingen tussen Alex Thomas en Laura Chase afleiden dat beide personages fungeren als dubbelgangers en mentoren van het hoofdpersonage. Het gedrag en de taal van Iris' jongere zus is vreemd, want excentriek. Net als Alex, waar zij overigens stilzwijgend zielsveel van houdt, daagt Laura de gevestigde orde uit en bekritiseert zij het conformisme van haar oudere zus en diens onverschilligheid voor uitbuiting en machtsverhoudingen in de maatschappij. Metaforisch is zij het andere, gevreesde zelf van Iris dat in het schrijfproces, bij wijze van therapie, tot uiting wordt gebracht, of zoals Iris het in haar autobiografie zegt:

> Laura was *anders*. *Anders* betekende *vreemd* [...]
>
> Maar misschien was Laura niet zoveel anders dan andere mensen. Misschien was ze hetzelfde – hetzelfde als het vreemde, vertekende in zich dat de meeste mensen verborgen houden, maar Laura niet, en dat was wat ze bang maakte. (p. 90)

Anders geformuleerd, Laura staat voor wat Freud het *Unheimliche* noemt: het vertrouwde dat tegelijk dreigend vreemd is. In deze complex gestructureerde roman wordt het perspectief dat de twee gemarginaliseerde figuren werpen op de geschiedenis geplaatst naast

de officiële versies van de realiteit, maar uitspraken over hun waar-
heidsgehalte worden achterwege gelaten. Iris' reconstructie van haar
leven, waarbij verstilde gebeurtenissen aan de oppervlakte worden
gebracht, mondt evenmin uit in de waarheid omtrent wie zij uiteindelijk was of is.

Postmodernisme en Regionalisme

Uit het voorgaande blijkt dat Atwood de koloniale conditie tracht
voor te stellen in haar romans met behulp van een brede waaier aan
postmoderne vormexperimenten. Een terugkerend procédé is dat van
de parodie, waarbij historische en literaire teksten uit het verleden in
een andere context worden geplaatst. Dit is een uitstekend instrument
om in de marge van de officiële teksten het centrum te bekritiseren
en een eigen verhaal vanuit een ander perspectief en met een nieuwe
vormgeving te scheppen. De positie in de marge is eveneens de moge-
lijkheidsvoorwaarde om het ongezegde te verwoorden en de vergeten
of verdrongen inhouden in herinnering te brengen.

Sedert het midden van de jaren tachtig zijn er meerdere Canadese
schrijvers naast Margaret Atwood die omwille van hun innoverend
werk een belangrijke plaats bekleden op de internationale scène. Door
de koloniseringsproblematiek blijft de invloed van het regionalisme
en realisme echter typisch voor de huidige Engelstalige Canadese literatuur. Hoezeer deze schrijvers zich ook inschrijven in hedendaagse
literaire vormexperimenten, toch blijft de geschiedenis, het (culturele)
verleden van de regio waartoe zij behoren een bron van inspiratie.
Atwood verwoordt het als volgt:

> Het verleden is niet langer het bezit van hen die er in leefden; het ver-
> leden behoort toe aan hen die er beslag op leggen, en die bereid zijn het
> te verkennen, en het te bezielen met betekenis voor zij die nu leven. Het
> verleden behoort aan ons toe, omdat wij diegenen zijn die het nodig
> hebben. ("In Search of *Alias Grace*. On Writing Canadian Historical
> Fiction", p. 39)

Beknopte bibliografie

Primaire literatuur

The Edible Woman, Toronto: McClelland and Stewart, 1969. (*De eetbare vrouw*, vert. Gideon den Tex, Amsterdam: Bert Bakker, 1987.)

Surfacing, Toronto: McClelland and Stewart, 1972. (*Boven water*, vert. Aris J. van Braam, Amsterdam: Bert Bakker, 1979.)

Survival: a Thematic Guide to Canadian Literature, Toronto: Anansi, 1972.

Lady Oracle, Toronto: McClelland and Stewart, 1976.

Life Before Man, Toronto: McClelland and Stewart, 1979. (*Het leven vóór de mens*, vert. Heleen ten Holt, Amsterdam: Bert Bakker, 1995.)

Bodily Harm, Toronto: McClelland and Stewart, 1981. (*Lichamelijk letsel*, vert. Tineke Donkers, Amsterdam: Bert Bakker, 1983.)

Second Words: Selected Critical Prose, Toronto: Anansi, 1982.

The Handmaid's Tale, Toronto: McClelland and Stewart, 1985. (*Het verhaal van de dienstmaagd*, vert. Gerrit de Blaauw, Amsterdam: Bert Bakker, 1987.)

Cat's Eye, Toronto: McClelland and Stewart, 1988. (*Kattenoog*, vert. Gerrit de Blaauw, Amsterdam: Bert Bakker, 1989.)

The Robber Bride, Toronto: McClelland and Stewart, 1993. (*De roofbruid*, vert. Marian Lameris et al., Amsterdam: Bert Bakker, 1994.)

Alias Grace, Toronto: McClelland and Stewart, 1996. (*Alias Grace*, vert. Gerda Baardman en Tjadine Stheeman, Amsterdam: Bert Bakker, 1996.)

The Blind Assassin, Toronto: McClelland and Stewart, 2000. (*De blinde huurmoordenaar*, vert. Paul van den Hout, Amsterdam: Bert Bakker, 2000.)

Oryx and Crake, Toronto: McClelland and Stewart, 2003. (*Oryx en Crake*, vert. Tinke Davids, Amsterdam: Bert Bakker, 2003.)

Secundaire literatuur

BLOOM, Harold (red.). *Margaret Atwood*, Philadelphia: Chelsea House, 2001.

HOWELLS, Coral Ann. *Margaret Atwood*, Basingstoke: Macmillan, 1996.

NICHOLSON, Colin (red.). *Margaret Atwood: Writing and Subjectivity*, Basingstoke: Macmillan, 1994.

NISCHIK, Reingard M. (red.). *Margaret Atwood: Works and Impact*, Rochester: Camden House, 2000.

RAO, Eleonora. *Strategies for Identity. The Fiction of Margaret Atwood*, New York: Peter Lang, 1993.

SCHALL, Birgitta. *Von der Melancholie zur Trauer: postmoderne Text-und Blickökonomien bei Margaret Atwood*, Trier: WVT, 1995.

STAELS, Hilde. *Margaret Atwood's Novels: a Study of Narrative Discourse*, Tübingen: Francke Verlag, 1995.

YORK, Lorraine. *Various Atwoods*: *Essays on the Later Poems, Short Fiction and Novels*. Concord: Anansi, 1995.

JAMES BALDWIN
(1924-1987)

Anneleen MASSCHELEIN

THE RISE AND FALL OF JAMES ARTHUR BALDWIN

James Baldwin is een fenomeen, een bestsellerauteur, zowel in Amerika als in Europa, getuige de talloze herdrukken, pocketedities en vertalingen van zijn werk. En toch kan je je afvragen wie die boeken nog leest. In het Nederlandse taalgebied zijn talloze van zijn boeken nog in vertaling te vinden, maar niet zelden moet je ze opdiepen uit een of ander magazijn. Baldwin schreef essays, fictie, drama, kortverhalen, poëzie, en was een veelgevraagd spreker. Zijn status kwam er — op volstrekt Amerikaanse wijze — ongeveer uit het niets. Vanuit de sloppenwijken van Harlem rees hij op van jonge zwarte literaire belofte tot spreekbuis van de *Civil Rights Movement* in de jaren zestig. In de loop van zijn carrière verzamelde Baldwin een indrukwekkend aantal literaire beurzen, onderscheidingen en eredoctoraten. Ook het grote publiek kocht massaal zijn boeken, hoewel dat werk noch stilistisch, noch thematisch gemakkelijk te noemen is. Voor elke prijs of eerbetoon, was er echter ook kritiek, wantrouwen en haat, vooral vanwege het blanke establishment, voor wie Baldwin niet mals was. Sommige critici beschuldigden Baldwin van paranoia tegenover de blanken. Als voorvechter van de zwarte emancipatiebeweging, kwam hij geregeld in aanraking met de autoriteiten. Veel pijnlijker echter was de groeiende afwijzing vanuit de zwarte beweging en vanuit het literaire establishment. Volgens één venijnig criticus zijn de talrijke interviews die Baldwin gaf een typisch symptoom van een schrijver op z'n retour die niet van ophouden wist en zich bleef vastklampen aan zijn publieke status. Vanaf de late jaren zeventig wordt Baldwins werk door verschillende uitgevers en critici "passé" bevonden, hoewel hij nog verschillende projecten op stapel had staan, onder meer een nieuwe roman en een biografie van Martin Luther King. Vanaf 1983 wordt hij professor Afro-Amerikaanse studies aan de universiteit van Amherst. Zijn overlijden in 1987 deed het tij keren en zorgde voor gedeeltelijk eerherstel. In 1998 kwam er een heruitgave van zijn essays en vroege romans in de prestigieuze *Library of America*, met een voorwoord door Toni Morrison.

Baldwins thema's doen alvast allerminst verouderd aan: raciale en seksuele identiteit, racisme, de penibele situatie van zwarten in de Verenigde Staten, religie, familierelaties, kunst en kunstenaarschap. Zijn apocalyptische voorspellingen over de gewelddadigheid van blank Amerika – "het gevaarlijkste volk ter wereld" – en het explosieve raciale conflict in de Verenigde Staten zijn nog steeds beklemmend actueel en lijken helaas niet het product van een paranoïde geest. De oorzaken van Baldwins glorie en verval zijn bijzonder complex. Voor een stuk liggen ze ook anders in Amerika en Europa, de twee continenten waar hij zijn leven doorbracht. Een sleutelwoord in het hele verhaal is ambivalentie. Hoewel Baldwin bijna obsessief zichzelf, zijn verleden, en zijn visies op de samenleving, literatuur en kunst onder de loep neemt en verwoordt, komt daar geen coherent beeld uit naar voor. Baldwin is niet voor een gat te vangen, het is onmogelijk hem te klasseren. Al even moeilijk is het om een eenduidig kritisch oordeel over zijn werk te formuleren. Zijn lucide opinie over het werk van zijn mentor en latere rivaal Richard Wright lijkt dan ook even goed op hem zelf toepasbaar:

> [...] een echte schrijver [is] altijd in beweging, [hij verandert en zoekt] voortdurend. De wereld heeft vele etiketten voor hem, en het meest verraderlijke etiket is Succes. Maar de man achter het etiket kent de nederlaag heel wat intiemer dan de triomf. Hij kan er nooit absoluut zeker van zijn dat hij zijn bedoelingen verwezenlijkt heeft. (*Niemand kent mijn naam*, p. 147)

Baldwins betere werk is nooit evenwichtig goed, het bestaat uit briljante stukken en langdradige, sentimentele of mislukte passages, maar juist dit gebrek aan evenwicht maakt het spannend. Baldwin is taai bij momenten, maar nooit saai. In zijn passie zit hij er soms naast, wordt hij vaak prekerig, en verliest hij zijn gevoel voor proporties, maar hij blijft een virtuoos stylist en een complex en menselijk denker. Recente studies over zijn werk, vooral vanuit de *queer studies*, maken ook duidelijk dat die complexiteit nog nauwelijks is aangeraakt.

Voor Baldwin is elke poging om de wereld te vatten onherroepelijk verbonden met een poging om zichzelf te begrijpen en te creëren in een verhaal. Zijn leven is dan ook uitvoerig gedocumenteerd, door hemzelf in zijn essays en, meer vervormd, in de stof van zijn romans en kortverhalen, en door verschillende biografen, onder andere zijn vriend David Leeming. James Arthur Baldwin werd in 1924 geboren als onwettig kind van Berdis Jones in Harlem. Toen hij drie jaar was, trouwde zijn moeder met David Baldwin, een predikant uit New Orleans, een hardvochtig, bitter en fanatiek man, die zijn oudste stiefzoon James voortdurend inprentte dat hij lelijk en zondig was. David Baldwin was nauwelijks in staat zijn gezin te onderhouden en zijn fundamentalistische protestantse geloof sloeg mettertijd om in paranoia en waanzin. De jonge James Baldwin vond troost in de literatuur, een voorliefde die door een aantal leerkrachten op school werd gestimuleerd. Vanwege zijn intelligentie werd hij toegelaten tot de hoofdzakelijk blanke, joodse De Witt Clinton Highschool in de Bronx. Daar ontmoette hij onder meer de fotograaf Richard Avedon, met wie hij de schoolkrant uitgaf en later het fotoboek *Nothing Personal* maakte. Baldwin was op school een buitenbeentje, niet alleen omwille van zijn kleur en zijn kleine gestalte, maar ook omwille van zijn bekering op zijn veertiende, waarna hij een succesvol kindpredikant werd in een "storefront church" tot zijn zeventiende.

Kerk

Die jaren in de kerk zijn van cruciaal belang. Door de competitie met zijn vader ontwikkelt Baldwin een gevoel van eigenwaarde en blijft hij gevrijwaard van de alomtegenwoordige verleidingen voor zwarte tienerjongens in het getto: drugs, alcohol en geweld. Bovendien laten zijn kennis van de Bijbel en zijn retorische ervaring onmiskenbaar sporen na in zijn literaire taalgebruik. Opvallend zijn de titels en motto's, maar ook de sterke retorische opbouw van zijn beste essays. De woedend-profetische toon van verschillende essays doet Harold Bloom denken aan de profeet Jeremiah. In de extatische, zwarte misvieringen vat Baldwin een blijvende liefde op voor zwarte muziek – gospel, blues en jazz – een belangrijk motief in zijn romans en kortverhalen, dat vooral terugkeert in de vorm van citaten en allerlei muzikantenpersonages.

Nochtans zweert hij op zijn achttiende zijn geloof af, naar eigen zeggen uit liefde voor het theater, waarin hij een soort incarnatie vindt die meer ruimte laat voor sensualiteit en oprechtheid. Zijn hele leven blijft Baldwin erg kritisch ten opzichte van de huichelarij en corruptie binnen het wereldje van de predikanten, wier wereldlijke leven vaak in schril contrast staat met hun prediking, en ten opzichte van de sublimatoire en historisch onderdrukkende rol van de in oorsprong blanke kerk. Toch is hij op dit punt niet eenduidig.

Baldwins ervaringen met de kerk zijn uitvoering gedocumenteerd in zijn essaybundels, vooral in *Notes of a Native Son* (1955) en in zijn meest bekende essay, *The Fire Next Time*. Het tweede deel daarvan, "Down at the cross", begint met het verhaal van zijn religieuze crisis toen hij veertien was tot en met het moment dat hij de kerk verlaat. Vervolgens verbreedt Baldwin zijn focus tot het Christendom in het algemeen, om te eindigen met een uitvoerig verslag van zijn bezoek aan Muhamed Elijah, de charismatische stichter van de zwarte *Nation of Islam*. Baldwin toont zich afwijzend maar genuanceerd wanneer hij de parallel trekt tussen de rol van het Christendom voor de zwarte gemeenschap en het recente succes van de Islam. Ondanks de scherpe kritiek op de nefaste invloed van het Christendom in Afrika en haar impliciete steun aan de slavenhandel, onderkent Baldwin toch een aantal positieve aspecten van religie: het gemeenschapsaspect en de rol van de kerk bij de verspreiding van een zwart politiek en moreel zelfbewustzijn. Daardoor weet hij de aantrekkingskracht van Elijahs strikte leer overtuigend over te brengen. Maar uiteindelijk kan hij niet geloven dat religie en daarmee samenhangend het door Elijah gepredikte zwart separatisme op lange termijn een oplossing kunnen bieden voor het rassenconflict in de Verenigde Staten.

Ook in zijn eerste roman, *Go Tell it to the Mountain* (1953), staat het thema van de religieuze roeping en verlossing centraal. Het verhaal wordt meestal gelezen als een fictionele verwerking van Baldwins jeugdervaringen in het getto van Harlem. De parallellen tussen het personage van John Grimes, een zwarte tiener uit Harlem die door zijn bekering een uitweg zoekt uit de nefaste relatie met zijn liefdeloze stiefvader en uit het verstikkende schuldgevoel over zijn ontluikende (homo-erotische) seksualiteit, en Baldwins latere autobiografische relaas in *The Fire Next Time* zijn dan ook opvallend. Toch is *Go Tell it on the Mountain* meer dan een verhulde autobiografie. In Baldwins meest evenwichtige en sobere roman, die nog steeds het meest wordt geapprecieerd in de kritiek, worden drie verhaallijnen vervlochten: de bekering van John Grimes, de geschiedenis van zijn vader Gabriel en het verhaal van diens zus Florence, die beiden vanuit het Zuiden van de Verenigde Staten naar New York kwamen. De verschillende verhalen weerspiegelen elkaar en vullen elkaar aan. De thema's – schuld, verlossing, de worsteling met seksualiteit en religie, de wereld van de zwarte predikanten en het complexe zwarte gezinsleven – en het contrast in de setting tussen de Noordelijke getto's en het gesegregeerde Zuiden zijn typisch voor Baldwins werk. Op stilistisch vlak zijn de indringende beschrijvingen van religieuze visioenen, preken en extase het meest geslaagd in deze roman. Het Bijbelse discours, doorspekt met spreuken en Oudtestamentische frases, verbindt de verschillende perspectieven en elementen in het verhaal. De subtiele afwisseling van de haarscherpe analyse van de effecten (aantrekking en angst) die de religieuze taal oproept bij het hoofdpersonage John, met als climax diens bekering, de naïef-ironische beschrijving van het leven in de zwarte kerkgemeenschap en de terugblik op de tragische geschiedenissen van Johns ouders en zijn tante Florence, resulteren in een bizarre maar aangrijpende mix van pathos en ironie, van betrokkenheid en afstand. De spreuken en fragmenten uit de Bijbel krijgen vaak een zeer dubbelzinnige, ironische betekenis, terwijl de sfeer van religieuze vervoering en hysterie toch blijft werken.

BALLINGSCHAP

Na zijn breuk met de kerk tracht Baldwin op allerlei manieren aan de kost te komen, waarbij hij op gewelddadige manier in aanraking komt met racisme en segregatie. Wanneer zijn vader (die ondertussen opgenomen is in een psychiatrische kliniek) in 1942 sterft, keert Baldwin terug naar New York en beseft hij dat zijn enige kans op overleven ligt in het radicaal navolgen van zijn roeping als schrijver. Hij vestigt zich in Greenwich Village en dompelt zich onder in het New Yorkse artistieke bohémien jazz milieu. Hier wordt hij zich geleidelijk aan bewust van zijn bi- of homoseksualiteit, een problematisch gegeven in de jaren vijftig. Hoewel Baldwin in die tijd een aantal kortverhalen en essays publiceert en hij door toedoen van Richard Wright een beurs krijgt, is zijn leven in New York zo problematisch dat hij in 1948 naar Parijs vertrekt. Die zelfgekozen ballingschap is een cruciaal moment. Europa redt hem van de ondergang door racisme en wanhoop in Amerika en biedt hem de mogelijkheid om de confrontatie met zichzelf en met zijn complexe identiteit als zwarte homoseksuele Amerikaan aan te gaan. Bovendien krijgt Baldwins schrijverschap meer vorm door zijn contacten met (Amerikaanse en andere) schrijvers, kunstenaars en intellectuelen in Parijs. Het verslag van die eerste jaren in Frankrijk is vooral te vinden in zijn eerste twee essaybundels, *Notes of a Native Son* (1955) en *Nobody Knows my Name* (1961).

Door zijn ballingschap schrijft Baldwin zich in in een typisch Amerikaanse traditie van de *expat*: de Amerikaanse kunstenaar die in Parijs met zichzelf in het reine komt (niet toevallig refereert Baldwin vaak aan Henry James, de schrijver-balling bij uitstek met wie hij, ook vanwege zijn complexe stijl, vaak vergeleken wordt). De zoektocht naar identiteit grijpt plaats op het kruispunt van ras, nationaliteit, *gender* en schrijverschap. Die elementen zijn allemaal terug te vinden in *Nobody Knows my Name*, naar mijn gevoel één van zijn meest evenwichtige en gevarieerde essaybundels. Baldwin vertelt in deze bundel over de belangrijke ontdekking die hij deed in Europa. Bevrijd van de "sociale paranoia" waar hij constant onder leed in de Verenigde Staten, ervaart hij een enorm gevoel van vrijheid, maar ook een vacuüm. De bevrijding uit het eeuwige keurslijf van zijn kleur wordt in zijn essays beschreven in termen van een geboorte, als een revelatie die ervoor zorgt dat het subject zich eindelijk opgenomen weet in een breder universum:

> Het is alsof hij plots uit een donkere tunnel is gekropen en in de open lucht bevindt. Eigenlijk leek het alsof ik in Parijs de lucht voor het eerste begon te zien. Het drong zich aan mij op – en ik werd er niet melancholiek van – dat deze lucht er was geweest voordat ik geboren was en er zou zijn wanneer ik dood was. (*Niemand kent mijn naam*, p. 16)

De verschuiving tussen de hij- en de ik-verteller, waarbij de "hij" vooral verwijst naar "de Amerikaanse schrijver in Europa" is kenmerkend voor de hele bundel en voor Baldwins perspectief waar persoonlijk en universeel niet te scheiden zijn.

Het eerste deel van deze bundel, "Sitting in the house...", behandelt vooral het probleem van ras en identiteit en brengt verslag uit van het opkomende zwarte zelfbewustzijn, zowel in het op dat moment nog grotendeels gekoloniseerde Afrika als in het gesegregeerde Amerika. Verschillende essays zijn geschreven in een voor Baldwin typische briefvorm en in deze bundel zijn ze gebalder en daardoor efficiënter dan de latere essays die de vorm hebben van een lange *stream of consciousness*. Het tweede deel "… with everything on my mind" gaat vooral over literatuur en kunst. Net als de meer politiek-sociale essays uit het eerste deel vertrekken ze vanuit persoonlijke reflecties. In de eerste plaats gaat het om Baldwins relatie met mensen als Richard Wright, Ingmar Bergman of Norman Mailer, of om biografische elementen of uitspraken over thema's die hem nauw aan het hart liggen, zoals William Faulkners uitspraken over segregatie of André Gides ambivalente houding tegenover zijn eigen homoseksualiteit. Werk en persoonlijkheid van een auteur worden dus nooit gescheiden en analyse is steeds ondergeschikt aan evaluatie, die vooral gebaseerd is op morele veeleer dan op esthetische argumenten.

Nobody Knows my Name opent programmatisch met "The Discovery of what it means to be an American", een vraag die het hele boek doortrekt. Het sleutelwoord in Baldwins visie op de Amerikaanse identiteit is een bijzondere paradoxale notie van vrijheid, die verankerd is in twee naties waar vrijheid sinds de Verlichting een ideologisch basisbegrip is: Amerika en Frankrijk. Door de bevrijding van het alomtegenwoordige racisme in Amerika, komt Baldwin tot een voor hem onverwachte conclusie: er is meer gelijkenis tussen zwarte en blanke Amerikanen, dan tussen zwarten op zich. In tegenstelling tot Afrika of Europa is Amerika "een maatschappij waarin niets vast stond en wij waren derhalve erfgenaam van een groter aantal mogelijkheden, hoe ellendig deze mogelijkheden ook leken op het ogenblik van onze geboorte" (*Niemand kent mijn naam*, p. 25). Het begrip van vrijheid gaat dan ook veel verder dan een louter socio-politieke invulling suggereert, het is de basis van de Amerikaanse identiteit. Dat houdt tegelijk enorme mogelijkheden maar ook gevaren in, die te maken hebben met het gebrek aan identiteit, dat ontstaat omdat er zo weinig houvast is: "[…] de vrijheid die de Amerikaanse schrijver in Europa vindt, brengt hem in een volledige cirkelgang terug bij zichzelf, met de verantwoordelijkheid voor zijn eigen ontwikkeling waar die altijd geweest is: in zijn eigen handen" (p. 18). Vrijheid, en daarmee samenhangend ook bevrijding, die in de andere essays vooral de vorm aanneemt van emancipatie, is met andere woorden geen eenduidig positief begrip, maar gaat gepaard met verantwoordelijkheid en met angst.

In de *expat*-traditie betaalt een kunstenaar altijd een prijs voor de vrijheid van de ballingschap en in Baldwins werk is die prijs vervreemding, armoede, spirituele pijn, en een pijnlijk verdubbeld bewustzijn door constante zelfobservatie. In *Nobody Knows my Name* leidt Baldwins uiterst reflexieve houding tot grote subtiliteit maar ook tot ambivalentie. In "Princes and Powers", een verslag van een bijeenkomst van zwarte schrijvers uit heel de wereld rond de thema's identiteit, kunst en dekolonisatie, is dat heel duidelijk. Baldwin toont zich een magistraal stilist met een oog voor detail en een kritisch observator, die ten allen tijde tracht zijn eigen positie als betrokken buitenstaander te bepalen. Sommige van Baldwins reflecties over taal, natie, identiteit en cultuur in dit essay doen verrassend eigentijds aan, omdat hij die noties constant problematiseert. Tegelijk is hij zo genuanceerd in zijn kritiek dat het soms moeilijk uit te maken wat nu precies zijn standpunt is. In het tweede deel krijgt het conflict tussen onvrijheid, slavernij en bevrijding nog een aantal andere invullingen. Zo stelt Baldwin in een van zijn zeldzame essays over homoseksualiteit, "The Male Prison", dat Gides onvrijheid wordt veroorzaakt doordat hij verscheurd is tussen zijn homoseksuele geaardheid en de platonische liefde voor zijn vrouw. "The Black Boy Looks at the White Boy" beschrijft een ideologische vorm van onvrijheid, waar zwarte mannen het slachtoffer van zijn, namelijk de mythe over zwarte seksualiteit en viriliteit, die vervat ligt in Mailers boek *The White Negro*.

HOMOSEKSUALITEIT

Seksualiteit vormt een andere as van Baldwins notie van identiteit. Vooral in zijn romans was hij voor zijn tijd bijzonder openhartig over dit onderwerp. De worsteling met homoseksualiteit vindt vooral zijn weerslag in Baldwins tweede roman, *Giovanni's Room* (1957). Die roman is ongeveer alles wat niet verwacht werd van de veelbelovende, jonge zwarte auteur die hij op dat moment is. Niet alleen wordt op zeer expliciete en pessimistische wijze homoseksualiteit en de zelfhaat die daaruit voortvloeit, beschreven – en dat op een moment dat homoseksualiteit in de literatuur nog taboe is – de roman speelt zich bovendien af in een volledig blank milieu in Frankrijk. Het verhaal draait om de driehoeksrelatie tussen de verteller David, een *all-American*, blanke jongen uit de middenklasse, de Italiaan Giovanni en Davids vriendin Hella. De roman begint, zoals wel vaker bij Baldwin, met het einde: de executie van Giovanni. Daarna blikt de verteller terug op de tragische gebeurtenissen die daaraan voorafgingen. Tijdens de afwezigheid van zijn vriendin verzeilt David in een ietwat gore homobar in Parijs, waar hij kennis maakt met Giovanni, met wie hij een passionele relatie begint. Maar waar Giovanni met zichzelf in het reine lijkt te zijn en zich volledig overgeeft aan zijn liefde voor David, ervaart David na verloop van tijd Giovanni's kamer – het symbool voor het leven dat ze samen leiden, maar ook voor zijn seksualiteit en zijn liefde – als een gevangenis. Wanneer Hella terugkeert naar Parijs, laat David Giovanni vallen en probeert hij te vluchten in de fictie van een 'normale' heteroseksuele relatie. Die keuze blijkt nefast voor alle betrokkenen. Giovanni kan het vertrek van David niet verwerken en raakt aan lager wal, tot hij uiteindelijk tijdens een ruzie zijn vroegere werkgever vermoordt en ter dood wordt veroordeeld. David slaagt er van zijn kant ook niet in om Giovanni los te laten, noch om zijn geaardheid te blijven verloochenen. Wanneer Hella hem betrapt met een man, keert ze terug naar de Verenigde Staten. David blijft alleen en in diepe morele crisis achter.

Het is moeilijk om binnen dit kort bestek de roman recht te doen. Hoewel het verhaal bij momenten stroef is en neigt naar sentimentaliteit, is het toch een aangrijpend boek. De kracht ligt vooral in de gebruikte beelden en motieven, zoals de kamer van Giovanni, het subtiele contrast tussen de isotopie van zuiverheid (geassocieerd met David en met diens verraad) en vuil en stank (geassocieerd met de menselijkheid van Giovanni, maar ook met de tragiek van liefde en eenzaamheid), en in de treffende beschrijvingen van het Parijse homoseksuele nachtleven en van de homoseksuele liefde. Baldwin had aanvankelijk zeer veel moeite om een uitgever te vinden voor de roman en de meningen erover lopen zeer sterk uiteen. Toch behoort *Giovanni's Room* nog steeds tot de canon van de homoliteratuur, ook in het Nederlandse taalgebied. De complexe, vaak falende zoektocht naar identiteit bij Baldwin wordt recentelijk niet meer als negatief ervaren, maar sluit verrassend goed aan bij de poststructuralistische theorievorming rond gender en identiteit vanuit de zogeheten *queer studies.* Hier wordt immers niet zozeer het stabiele karakter maar integendeel het vloeibare, naar transgressie neigende van de zoektocht naar identiteit benadrukt en gewaardeerd.

Daar waar *Giovanni's Room* vooral het inwendige conflict met homoseksualiteit beschrijft, krijgt de liefde tussen mannen in latere werken een heel ander statuut en wordt ze op zich niet als problematisch voorgesteld. Zo suggereert de roman *Another Country* (1962) dat de liefde tussen mannen de enige uitweg is uit de psychische hel van de rassensituatie in de Verenigde Staten. De (expliciet beschreven) seksuele ontmoeting krijgt dan ook soms het statuut van een revelatie en verlossing in de Bijbelse zin. Tegenover die idee van seksuele en spirituele bevrijding staat, zoals we verder op zullen zien, de notie van "paying one's dues", een leidmotief in deze roman. *Another Country* veroorzaakte opnieuw een schandaal door de taboedoorbrekende elementen: de roman verhaalt de verschillende interraciale hetero-, bi- en homoseksuele relaties tussen een groep artiesten in het bohémien milieu van Greenwich Village begin jaren zestig. De centrale figuur van de roman is voor het grootste deel afwezig. In het lange eerste hoofdstuk wordt heel indringend de dreigende en langzaam ontaardende wanhoop geschetst van Rufus Scott, een zwarte drummer. Rufus wordt letterlijk opgevreten door zelfhaat en raciale paranoia, die gevoed wordt door zijn passionele relatie met de blanke, Zuiderse Leona. Dat leidt tot een spiraal van geweld, waarin Leona tot waanzin wordt gedreven en Rufus zelfmoord pleegt. De rest van de roman beschrijft de reacties van de achterblijvers: Rufus' zus Ida, die zangeres wil worden en de dood van haar broer wil wreken, en de blanke vrienden van Rufus: Idas minnaar, de schrijver Vivaldi, de successchrijver Richard en diens vrouw Cass, en hun vriend Eric, een homoseksuele acteur. Al deze personages houden er relaties met elkaar op na, de ene al ongelukkiger dan de andere.

De pijn en het ongeluk die voortkomt uit die relaties, worden vooral door Ida gezien als "paying one's dues", je schulden betalen. Dit begrip heeft duidelijk morele connotaties. Er is een prijs te betalen voor vrijheid en geluk en die prijs is pijn. Wie daaraan probeert te ontsnappen en de consequenties van zijn daden niet onder ogen wil zien, faalt als mens en wordt gestraft. Die gedachte lijkt terug te gaan op een soort van zondebesef, hoewel het hier niet in religieuze termen wordt gesteld. De personages, zeker de blanke, zijn dan ook niet volledig onschuldig. Vaak willen ze gewoon niet de consequenties van hun daden onder ogen zien. Het boek eindigt niettemin met een suggestie van hoop in de vorm van een heilzame liefde. Een belangeloze (homoseksuele) liefde kan het subject redden als ze gebaseerd is op vrijheid, gelijkheid en broederschap.

BROEDERSCHAP

In 1957 keert Baldwin terug naar New York om zijn stuk *The Amen Corner* te regisseren en begint hij rond te reizen in de Verenigde staten. De rest van zijn leven leidt hij een nomadisch bestaan, waarbij hij voortdurend pendelt tussen de Verenigde Staten en Europa, vanuit zijn thuisbasis St.-Paul-de-Vence in het zuiden van Frankrijk. Artistiek gezien is Baldwin bijzonder productief, zij het met wisselend succes. Zijn twee toneelstukken, *The Amen Corner* en *Blues for Mister Charlie*, werden door de toenmalige kritiek verworpen als schematisch ideeëntheater. Daarnaast was Baldwin actief op heel verschillende terreinen – kortverhalen, poëzie, filmscenario's, een kinderboek – maar zijn grote liefde bleef de roman. *Tell Me How Long the Train's Been Gone* (1965) en het later verfilmde *If Beale Street Could Talk* (1974) zijn behoorlijk stereotiep en sentimenteel en werden vrijwel unaniem slecht onthaald door de kritiek. De abominabele Nederlandse vertaling van *If Beale Street Could Talk* zet de tekortkomingen ervan nog extra in de verf.

Just Above my Head (1979) is net als *Another Country* een lange en complexe roman. Beide romans hebben een parallelle structuur, waarbij het verhaal draait rond een afwezige geliefde. In *Just Above my Head* is dat Arthur Montana, een gospelzanger die aan het begin van het boek in Londen is overleden in ietwat duistere omstandigheden. Het verhaal is gestructureerd als een hommage aan Arthur, verteld door zijn broer en manager Hal. Hun levensverhalen zijn nauw verweven met die van Julia en Jimmy Miller, hun respectievelijke geliefden. Binnen de families Montana en Miller ligt de nadruk vooral op de horizontale relaties tussen broers en zussen en in de kritiek wordt dan ook vaak gewezen op de oedipale thematiek en de afwezigheid van vaderfiguren in Baldwins werk, die biografisch bepaald zou zijn. De innige verwantschapsbanden die de personages voor het leven verbinden worden niet enkel bepaald door bloedverwantschap, maar kunnen ook tot stand komen binnen vriendschapsrelaties die meestal bezegeld worden door seks. Hoewel ook hier de homoseksuele liefde heel belangrijk blijft, is er toch een verschuiving te merken in de richting van een zekere normering: het huwelijk van Hal blijkt de meest stabiele relatievorm en andere, afwijkende vormen van seksualiteit gaan soms gepaard met geweld en moreel verval (getuige de incestueuze relatie van Julia met haar vader) of blijken niet te volstaan om Arthur te redden van drank en drugs.

De verschillen tussen deze roman en *Another Country* kunnen schematisch worden samengevat als een evolutie van modernisme naar moralisme, die merkbaar is op verschillende vlakken. In *Another Country* is het vertelperspectief van de roman caleidoscopisch, de gebeurtenissen worden telkens weergegeven vanuit het perspectief van de verschillende personages. Het effect daarvan is een typisch modernistische exploratie van alle facetten van (artistieke) identiteit: de zoektocht van elk van de personages naar een bepaalde manier van omgaan met leven, liefde, gemis, verraad, kunst, etc krijgt vaak exemplarische dimensies. In *Just Above my Head* daarentegen blikt de ik-verteller Hal heel mild en liefdevol terug op een woelige geschiedenis, maar zijn commentaar komt vaak storend en belerend over. Het verhaal van de Montanas en de Millers speelt zich heel nadrukkelijk af tegen de geschiedenis van de zwarte burgerrechtenbeweging (de meta-positie van de verteller lijkt soms verdacht goed op de Baldwin uit de essays). Door de alwetende allures van de vertelinstantie – die soms tot vreemde effecten leidt omdat sommige van de herinneringen logischerwijze niet van de ik-verteller kunnen komen – doet de roman soms wat negentiende-eeuws aan (Baldwin was altijd een grote bewonderaar van Dickens), zeker in combinatie met het complexe, lange verhaal en de soms onwaarschijnlijke plotwendingen (iedereen blijkt uiteindelijk met iedereen verwant).

Zoals *Giovanni's Room* en *Another Country* is *Just Above my head* het verslag van een rouwproces en dat resulteert in een vrij complexe herinneringsstructuur. Aan het einde van het boek sluit de beschrijving maar ook de verklaring van Arthurs onverwachte, eenzame dood de cirkel. Daarop volgt een droom van Hal over zijn broer, waarin hij in zekere zin het afscheid aanvaardt. Daardoor wordt het verhaal veel definitiever afgesloten dan *Another Country* dat begint met de ondergang van Rufus en eindigt met de vage belofte van een nieuw begin. Hoewel in *Another Country* de mogelijkheid gesuggereerd wordt dat liefde en verantwoordelijkheid kunnen samengaan, blijft dat einde toch vrij onzeker, te meer daar het contrast tussen het pessimisme in de roman en het utopische einde wat geforceerd aandoet. Tenslotte is de stilistische evolutie frappant. Baldwin werd het meest geroemd om zijn mooie, modernistische stijl, met lange complexe volzinnen, waarin nuance en opbouw samengaan. In *Just Above my Head* krijgen we in plaats van een vloeiend ritme eerder een staccato-tempo, waarbij de ik-verteller veel dubbele punten en schuine druk gebruikt. Het op zich al lange verhaal wordt bovendien nog verder verzwaard door songteksten en lange citaten.

RAS

Critici zijn het in het algemeen eens dat Baldwin vooral uitblinkt als essayist, met name vanwege zijn grandioze stijl. Baldwins eerste essaybundels waren enorme bestsellers en hebben in belangrijke mate bijgedragen tot zijn status als spreekbuis van de *Civil Rights Movement*. Vooral *The Fire Next Time* geldt nog steeds als exemplarisch. *The Fire Next Time* is een vrij dun volume met twee brieven, één gericht aan zijn neefje en een langere, dagboekachtige "Letter from a region of my mind". Zoals gebruikelijk bij Baldwin vormen persoonlijke herinneringen (zijn ervaringen in de kerk) de aanleiding voor allerhande uitweidingen en meer algemene opmerkingen rond het thema van ras en religie. Het complexe vertelstandpunt heeft een paradoxaal effect. De geïntendeerde lezer – die vaak door Baldwin expliciet als blanke aangesproken wordt – kan zich inleven in de complexe denk- en gevoelswereld van de auteur, maar wordt zich tegelijk pijnlijk bewust van zijn diepgewortelde vooroordelen en van zijn medeverantwoordelijkheid voor het trieste lot van de zwarte bevolking. Ook voor de zwarte lezer is er een zekere spanning. Baldwin wordt gezien als de incarnatie van de zwarte bevolking in Amerika, waar hij tegelijk fundamenteel van is vervreemd door zijn uitzonderingspositie als schrijver, spreekbuis, balling en homoseksueel. Het ambivalente gevoel van identificatie en vervreemding dat de lezer ervaart, is dan ook als het ware een spiegelbeeld van de situatie van de verteller.

Het hoofdthema van *The Fire Next Time* is vooral de problematische sociale situatie van zwarten in de Verenigde Staten, die Baldwin op verschillende manieren ter sprake brengt. Herhaaldelijk brengt hij verslag uit van zijn reizen naar het Zuiden van de Verenigde Staten, meer bepaald naar de broeinesten van segregatie, racisme en de Ku Klux Klan: Birmingham, Atlanta, Alabama, Little Rock…, in het gezelschap van de voornaamste leiders van *The Civil Rights Movement* (Martin Luther King, Medgar Evers en Malcolm X). Het relaas van die tochten en ontmoetingen is informatief, maar niet objectief. Baldwin wil duidelijk een effect teweegbrengen. De grens tussen heel betrokken observator en predikant is niet altijd duidelijk. Vanaf zijn eerste werken was Baldwin ervan overtuigd dat "de band tussen Amerikaanse blanken en zwarten veel dieper en veel hartstochtelijker is dan wie van ons ook wil geloven" en hij pleit dan ook steeds voor integratie eerder dan segregatie (*Niemand kent mijn naam*, pp. 8-9). In *The Fire Next Time* toont hij zich pessimistischer en radicaler. De integratie van blank en zwart is nu een noodzaak:

> Kort gezegd, wij, de negers en de blanken, hebben elkaar hier intens nodig als wij werkelijk een natie willen worden – dat wil zeggen als wij werkelijk onze individualiteit willen verwezenlijken, onze rijpheid, als mannen en als vrouwen. (*Niet door water maar do or vuur*, p. 102)

Blanken en zwarten moeten nu eenmaal samenleven, ook al is dat iets waar geen van beiden op zitten te wachten. Zowel in het openlijk racistische Zuiden als in het onverschillige Noorden is de toestand onleefbaar geworden. Baldwin ziet geen andere oplossing dan een transformatie van de Amerikaanse maatschappij waarin gezocht moet worden naar een vreedzaam raciaal samenlevingsmodel, met respect voor de andere. De prijs die zal moeten betaald worden voor een leefbare toekomst van Amerika is dan ook absolute vrijheid en erkenning van de zwarten.

Aan het slot van *The Fire Next Time* spreekt Baldwin de profetische vrees uit dat de rassenstrijd zal ontaarden als er niet snel iets verandert. Hij eindigt dan ook met een visioen van wraak en met de dreigende Bijbelse woorden uit zijn titel: "God gaf Noah het teken van de regenboog: Geen water meer, het vuur volgende keer!" (p. 111). In de loop van de jaren zestig eist de zwarte bevrijdingsstrijd een zware

tol en het geweld dat ontstaat als gevolg van de explosieve rassensituatie is nog steeds niet geluwd. Na de politieke moorden op de drie
kopstukken van de *Civil Rights Movement* (King, Malcolm X en Evers)
en een aantal andere beruchte racistische moordzaken wordt Baldwin
steeds bitterder over het lot van de zwarten in de Verenigde Staten,
zoals blijkt uit *The Evidence of Things Not Seen*, zijn laatste esssay-
bundel (1985).

In zijn essays bevraagt Baldwin ook de historische achtergronden en
de onbewuste oorsprongen van racisme, of in wat hij noemde, de
Amerikaanse mythevorming rond de zwarte man.

> Het is helaas nog steeds waar dat de Amerikaanse neger een soort wan-
> delend fallussymbool is; en dat betekent dat men met zijn persoonlijk-
> heid betaalt voor de onzekerheid van anderen. Daarom is de relatie tus-
> sen een zwarte en een blanke jongen iets zeer gecompliceerd. (*Niemand
> kent mijn naam*, p. 174)

Het probleem van racisme is voor Baldwin voor een groot deel een
psycho-seksueel probleem van de blanke man. Het ontstaat uit diens
frustratie en onvolwassenheid. Door hun puriteinse erfenis kunnen
blanke Amerikaanse mannen hun seksualiteit niet onder ogen kan
zien. De mythes over de zwarte man ontstaan dan ook uit hun obsessies. In hun geweld tegen zwarte mannen – lynchpartijen gingen haast
altijd gepaard met castratie – tonen de Zuiderse racisten de ware oorsprong van hun haat: impotentie en onvolwassenheid. In het verhaal
"Going to meet the man", gepubliceerd in de gelijknamige bundel,
wordt deze theorie gruwelijk tastbaar in het verhaal van een blanke
Zuiderse sheriff, Jesse. Slechts na het ophalen van herinneringen aan
de foltering en castratie van een zwarte, waarvan hij als kind getuige
was, is hij in staat een erectie te krijgen en seks te bedrijven met zijn
vrouw. De psycho-seksuele oorsprong van racisme en de mythe van
de zwarte seksualiteit komt in de meeste van Baldwins fictie, essays en
interviews in één of andere vorm aan bod. In één van de latere essaybundels, *The Devil Finds Work* (1976) bekijkt hij het onderwerp vanuit een nieuw perspectief, met name de iconografie van zwarten in de
Hollywood-film. Vertrekkend vanuit de betekenis van film en theater
in zijn jeugd in Harlem analyseert Baldwin hoe film nauwelijks ruimte
biedt voor identificatie door zwarten. Zijn weinig technische analyses
van klassiekers als *The Defiant Ones, Birth of a Nation, Guess Who's*

Coming to Dinner, *Lawrence of Arabia* bevatten vaak interessante observaties over het onderliggende racisme en de stereotype benadering van zwarten in Hollywood films.

AMBIVALENTIE EN PROTEST

Met de jaren stuit Baldwins complexe positie meer en meer op verzet. Waar hij in zijn beginperiode nog zoveel mogelijk nuance en detail nastreefde in zijn werk en daardoor vrij afstandelijk bleef, raakt zijn proza langzamerhand doordrongen van protest en pathos. Zowel zijn essayistisch werk als zijn romans verliezen daardoor duidelijk aan kracht. De kritiek op Baldwin komt uit verschillende hoeken en vanuit verschillende motivaties. De meeste (blanke) critici (bijvoorbeeld Harold Bloom, Philip Roth en Susan Sontag) hebben het moeilijk met Baldwins moraliserende toon. Baldwin blijft hameren op de historische blanke schuld en zijn denken over identiteit en politiek is bovendien relatief idiosyncratisch: hij is wars van nieuwe intellectuele stromingen of van andere emancipatiebewegingen, zoals het feminisme (zoals blijkt in het gesprek met Nikki Giovanni). Hoewel de politieke situatie van zwarten na de desegregatie niet echt verandert en de aanklacht dus legitiem blijft, lijkt er een soort apathie voor Baldwins boodschap op te treden, zeker als de artistieke kwaliteiten ten koste dreigen te gaan van die boodschap. Zo vervalt Baldwin tragisch genoeg misschien soms zelf in wat hij zijn mentor, Richard Wright verweet. In een van zijn eerste en meest beruchte essays, "Everybody's Protest Novel", opgenomen in *Notes of a Native Son*, beargumenteerde Baldwin namelijk dat protestliteratuur noodzakelijkerwijze gevangen blijft in de premissen van wat ze aanklaagt. Het hoofdpersonage uit Wrights *Native Son*, Bigger Tom, is immers net als Harriet Beecher Stowes' Uncle Tom een karikatuur, gemaakt uit net die stereotypen (zwarte seksualiteit en geweld) waartegen het boek ageert. Baldwins latere fictie ontsnapt echter ook niet altijd aan dergelijke stereotypie en in zijn essays zijn de clichés niet van de lucht.

Tegelijk groeit ook de weerstand tegen zijn rol als spreekbuis van de zwarte gemeenschap binnen een nieuwe generatie zwarte intellectuelen. De redenen hiervoor zijn complex. Een belangrijke kritiek betreft zijn homoseksualiteit, die niet in overeenstemming wordt geacht met het ideaal van zwarte, heteroseksuele dominantie. In *Soul on Ice*, bijvoorbeeld, argumenteert Elridge Cleaver dat Baldwins homoseksualiteit en de interraciale relaties in verschillende van zijn romans uitdrukking zijn van een diepgewortelde zelfhaat en van een verlangen zich te vernederen voor de blanke man. De kritiek heeft het echter op meer dan zijn seksualiteit gemunt. Ook Baldwins pleidooi voor een vreedzaam samenleven van de twee rassen, geïncarneerd in het ideaal van de interraciale homoseksuele relatie in zijn fictie, wordt hem door de zwarte gemeenschap niet in dank afgenomen. Henry Louis Gates is wellicht het meest verhelderend over Baldwins moeilijke positie als vertegenwoordiger van de zwarte bevrijdingsstrijd. Om te beginnen waren Baldwins argumenten "rijk, genuanceerd en zelfbewust ambivalent, veel te complex om eenduidige politieke doelen te dienen". Bovendien paste hij niet binnen het geëngageerde, linkse klimaat van de jaren zestig en zeventig:

> Baldwins conceptie van zichzelf was gevormd door het ouder, maar nog steeds diep doorgedrongen ideaal van de vervreemde kunstenaar of intellectueel, wiens superieure gevoeligheid een vervreemding met zich meebracht van het volk dat hij vertegenwoordigde. ("The Fire Last Time", p. 40)

Baldwins lot is in die zin tragisch omdat hij juist vanuit een radicale uitzonderingspositie, waar hij steeds mee bleef worstelen, terechtkwam in de rol van voorbeeld, die noch voor hemzelf, noch voor de zwarte gemeenschap ooit evident kon zijn. Ironisch genoeg is Baldwins uiteindelijke falen om de begrippen die hem obsedeerden – identiteit, mannelijkheid, ras, seksualiteit, nationaliteit – eenduidig te definiëren net wat zijn werk in het huidige intellectuele klimaat opnieuw interessant maakt. Anderzijds blijft zijn aanklacht even actueel en is de strijd voor "vrijheid, gelijkheid en broederschap" in de heel eigen, complexe betekenissen die Baldwin er aan gaf, in Amerika nog lang niet gestreden.

BEKNOPTE BIBLIOGRAFIE

Primaire literatuur

Go Tell it on the Mountain, New York: Knopff, 1953. (*Verkondig het op de bergen*, vert. Wijmie Fijn van Draat, Utrecht: Bruna, 1963.)

Notes of a Native Son, Boston: Beacon, 1955. (*Een geboren Amerikaan*, vert. G. Messelaar. Utrecht: Bruna, 1964.)

Giovanni's Room, New York: Dial, 1956 (*Giovanni's kamer*, vert. G.A. Prinsen, Amsterdam: De Bezige Bij, 1984.)

Nobody Knows my Name, New York: Dial, 1961. (*Niemand kent mijn naam*, Vert. G.A. Prinsen, Amsterdam: De Bezige Bij, 1984.)

Another Country, New York: Dial, 1962. (*Een ander land*, vert. J. Koolhoven, Amsterdam: De Bezige Bij, (1986) 1992.)

The Fire Next Time, New York: Dial, 1963. (*Niet door water maar door vuur*, vert. O. Timmers, Utrecht: Bruna, 1973.)

Nothing Personal, New York: Atheneum, 1964 (met foto's van Richard Avedon).

Going to Meet the Man, New York: Dial, 1965 (*Een picknick om nooit te vergeten*, vert. Max Suchart, Utrecht: Bruna, 1969.)

The Amen Corner, New York: Dial, 1965.

A Dialogue with Nikki Giovanni, Philadelphia: York: Lippincott, 1973. (*Een gesprek tussen James Baldwin en Nikki Giovanni*, vert. P. De Vink, Antwerpen: Bruna, 1974.)

If Beale Street Could Talk, London: Joseph, 1974. (*Als Beale Street kon praten*, vert. W.A. Dorsman-Vos, Amsterdam: Bruna, 1974.)

The Devil Finds Work, New York: Dial, 1976. (*Het werk van de duivel: essay*, vert. Peter H. Van Lieshout, Amsterdam: De Bezige Bij, 1977.)

Just Above My Head, New York: Dial, 1979. (*Bijna binnen handbereik*, vert. J. Hos, Amsterdam: De Bezige Bij, 1991.)

The Evidence of Things Not Seen, New York: Holt, Rinehart and Winston, 1985. (*Het bewijs der dingen die men niet ziet*, vert. L. Broeder, Amsterdam: De Bezige Bij, 1986.)

Collected Essays en *Early Novels and Short Stories*, Toni Morrison (red.), New York: The Library of America, 1998.

Secundaire literatuur

BLOOM, Harold (red.). *James Baldwin*, New York: Chelsea House, 1986.

CLEAVER, Eldridge. *Soul on Ice*, New York: McGraw-Hill, 1968.

GATES, Henry Louis. "The Fire Last Time", *New Republic*, 206 (1992), pp. 37-43.

HIRS, Frans-Joseph. *De Prediking van James Baldwin*, Kampen: Kok Agora, 1995.

LEEMING, David A. *James Baldwin: A Biography*, New York: Holt, 1995.

OHI, Kevin. "'I'm Not the Boy you Want': Sexuality, 'Race', and Thwarted Revolution in Baldwin's *Another Country*", *African American Review* (1999). online.

STANDLEY, Fred L. en Louis H. PRATT (red.). *Conversations with James Baldwin*, Jackson: UP of Mississippi, 1989.

TOÍBÍN, Colm. "The Henry James of Harlem: James Baldwin's Struggles", *The Guardian*, September 14, 2001.

TOMLINSON, Robert. "'Payin' One's Dues': Expatriation as Personal Experience and Paradigm in the Works of James Baldwin", *African American Review* (1999). online.

SAUL BELLOW
(1915-)

Kristiaan VERSLUYS

BIOGRAFIE

Het leven van de joods-Amerikaanse schrijver en Nobelprijswinnaar Saul Bellow wordt gekenmerkt door een aantal paradoxen: bijzonder verknocht aan het milieu waarin hij opgroeide en niet vrij van
jeugdsentiment ziet hij zijn eigen carrière toch als het bewijs dat de
mens niet gedetermineerd wordt door zijn afkomst. Daarenboven
spreekt uit al zijn geschriften een hunker naar metafysische verankering en zekerheid, terwijl zijn eigen leven gemarkeerd is door voortdurende verandering en flux. Hij woonde op vele verschillende adres-
sen, reisde koortsachtig de hele wereld rond, veranderde regelmatig
van uitgever, is vijf keer getrouwd en had ontelbare maîtresses en
geliefden.

Bellow werd geboren als Solomon Bellows op 10 juni 1915 in
Lachine, een voorstad van Montreal. Zijn ouders, Abraham and Liza
Bellows, waren twee jaar voordien vanuit Sint-Petersburg geïmmi-
greerd. Abraham was een succesrijk handelaar en ook zijn twee oudste zonen, Maurice en Samuel, werden later rijk door zakendoen. In
een dergelijke omgeving werden Bellows intellectuele interesses weinig geacht – vooral omdat hij tot bijna op zijn vijftigste gedeeltelijk
afhankelijk bleef van de financiële steun van zijn broers. In 1924 verhuisde de Bellows familie naar Chicago, waar Bellow naar de Tuley
High School ging en later naar de University of Chicago. In 1935
schreef hij zich in aan Northwestern University in Evanston, in de
buurt van Chicago, waar hij afstudeerde in 1937. Hij begon met doc-
toraatsstudies in de antropologie aan de University of Wisconsin in
Madison, maar werkte die nooit af. Ondertussen was zijn moeder in
1933 gestorven aan kanker, was hij zelf getrouwd en werd in 1944 zijn

eerste zoon geboren. Hij wijdde zich aan het schrijverschap, terwijl hij zich behielp met vaak deeltijds en tijdelijk werk, o.a. als lesgever in de Pestalozzi-Froebel Teachers College, als medewerker aan het WPA Writers Project en aan de *Encyclopaedia Brittanica*. Zijn eerste publicatie was een kortverhaal getiteld "Two Morning Monologues" dat verscheen in *Partisan Review* in 1941. In 1948, na de publicatie van zijn twee eerste romans, *Dangling Man* (1944) en *The Victim* (1947), won Bellow een Guggenheim beurs, die hem in staat stelde een tijd lang in Parijs te wonen en uitgebreid door Europa te reizen.

Na zijn terugkeer in 1950 woonde Bellow in New York City en Duchess County. Hij was tijdelijk lector aan Princeton University, Bard College en aan de University of Minnesota in Minneapolis. In 1962 keerde hij naar Chicago terug en werd vast aangesteld bij het prestigieuze "Committee on Social Thought" aan de University of Chicago, waaraan hij verbonden bleef tot hij in 1993 een positie aanvaardde aan Boston University. Bellows derde roman, *The Adventures of Augie March*, won de National Book Award in 1954. In 1964 gebeurde hetzelfde met *Herzog* en in 1970 met *Mr. Sammler's Planet*. In 1976 werd *Humboldt's Gift* bekroond met de Pulitzer Prize en in datzelfde jaar ontving Bellow de Nobelprijs voor Literatuur. Zijn meest recente roman, *Ravelstein*, verscheen in 2000.

Een debâcle voor de (joodse) ziel

Binnen de Amerikaanse letterkunde van de laatste zestig jaar is Saul Bellow een uniek fenomeen. De hardnekkigheid waarmee hij een romantische visie aankleeft binnen een realistische, en zelfs naturalistische, context, de onbeschaamdheid ook waarmee hij het bestaan van de menselijke ziel poneert, doen zijn geschriften fel afsteken tegen postmoderne verklaringen over de dood van auteur of personage. In een wereld van versplintering is Bellow aanhanger gebleven van een integrerende visie. Voor hem huist er in de mens een diep ethisch besef en een transcendent bewustzijn. Hij beschouwt het als de taak van de kunst die kern aan te spreken en op die manier aan de mens de volheid van het bestaan terug te geven. Bellow blijft geloven in de orfische kracht van de kunst. In de Amerikaanse samenleving, die beheerst wordt door materialistische waarden, heeft de kunst in het algemeen en het geschreven woord in het bijzonder een bevrijdende taak.

In zijn Nobelprijsrede van 1976 formuleert Bellow het zo:

> De essentie van onze werkelijke situatie [...] toont zich aan ons als een vluchtige verschijning, in wat Proust en Tolstoj beschouwden als "ware indrukken". Deze essentie toont zich en verbergt zich dan weer. Als ze weggaat, laat ze ons in twijfel achter. Maar we blijven verbonden met de diepte waar deze spiritualiteit vandaan komt.

Romantische dichters als William Wordsworth of Percy Bysshe Shelley zijn uitgegaan van precies dezelfde stelling: het geloof dat op geprivilegieerde momenten van inzicht de mens in aanraking komt met iets wat hem overstijgt. In een rationalistische en materialistische wereld is die spirituele invloed nog van weinig tel. "Iedereen zwijgt erover", schrijft Bellow, "hoewel iedereen zich van het bestaan ervan bewust is. Het gevolg van deze verdringing is geestelijke armoede en existentiële crisis. Binnen deze context van materiële welstand en psychisch ongenoegen kan enkel de kunst de gehavende ziel van de mens herstellen. "Een roman", beweert Bellow in diezelfde Nobelprijstoespraak, "beweegt heen en weer tussen de wereld van objecten, van actie, van schijn, en die andere wereld waar deze 'ware indrukken' vandaan komen en die er ons van overtuigt dat het goede waar we zo hardnekkig aan vasthouden – ondanks al het kwade – geen loutere illusie is."

Omwille van deze tegenstelling tussen oppervlakkige schijn en dieper zijn, is het romanuniversum van Bellow streng dualistisch en niet dialectisch. Materiële en ideële krachten staan regelrecht tegenover mekaar als onverzoenlijke vijanden. De typische Bellow-figuur wordt overrompeld door al de verleidingen van de moderniteit. Maar terzelfder tijd kleeft hij waarden aan die in het hedendaagse Amerika grotendeels worden verwaarloosd. De meeste van Bellows romans nemen dan ook de vorm aan van lange confessies of ontboezemingen, waarin de verteller in grote zielennood rusteloos op zoek gaat naar zijn echte ik, bedolven onder al de valse waarden die hem voortdurend belagen. De kunst van Bellow is altijd agonistisch: zijn boeken beschrijven niet zozeer de tijdsgeest maar veeleer de worsteling van het hoofdpersonage met de tijdsgeest. Zoals Martin Heidegger de Westerse geschiedenis als een *Seinsvergessenheit* definieerde, zo ziet ook Bellow het Westerse materialisme als een debâcle voor de (joodse) ziel.

Alle romans van Bellow zijn opgebouwd rond een geagiteerde beweging heen en weer tussen "de wereld van objecten, van actie, van schijn" (de realistische wereld) aan de ene kant en de wereld van de "ware indrukken" (de ervaring van het transcendente en metafysische) aan de andere kant. Ook de taal die Bellow hanteert is doortrokken van deze tegenstelling. In zijn romans is er een voortdurend gevecht om het onnoembare transcendente bewustzijn toch een naam te geven. De hoofdpersonages putten zich uit om via metaforen te laten aanvoelen hoe ze gedreven worden door de aanwezigheid van een diepere spirituele kracht die hun eigen ik overstijgt. Daarbij laat Bellow zich nooit op een formule vastpinnen. Zijn stijl is nerveus. Hij loopt achter het onzegbare aan; tracht het te strikken voor het vervliegt. Zijn zinnen zijn vaak uit balans, op de rand van het onidiomatische af. De taal wordt gekromd om er maximale spankracht uit te halen. In de transcendente passages is elke zinswending een noodzakelijk tot mislukking gedoemde poging om een onvatbare diepere werkelijkheid toch te vatten. Vandaar de gejaagdheid in de formulering, het desperate telkens opnieuw proberen om zich een weg te banen naar een bestaande maar onvindbare waarheid.

Het transcendente is echter ondeelbaar verankerd in en definieert zichzelf als tegenpool van het alledaagse. Ondanks zijn *jenseitige* oriëntering, is Bellow een groot connaisseur van de zelfkant van de Amerikaanse stad, met name van Chicago. Zijn derde roman, *The Adventures of Augie March,* begint met de beroemde zin: "I am an American, Chicago-born – Chicago, that somber city." In roman na roman wordt deze visie van Chicago uitgediept. Waar de hernieuwde pogingen om de vluchtige, transcendente "ware indrukken" weer te geven soms leiden tot hoogdravendheid, krijgt "de wereld van objecten, van actie" zijn beslag in kleurrijke passages, die bol staan van straatbargoens, van ironische wendingen en sappige uitdrukkingen. In omvang en indringendheid kunnen Bellows stadsbeschrijvingen en karakters de vergelijking doorstaan met die van Honoré de Balzac, zijn grote negentiende-eeuwse voorbeeld. Bellows Chicago is bevolkt door een meute rare snuiters en fantasten. De contemplatie van het eeuwige en het onveranderlijke speelt zich af tegen de wervelende achtergrond van een zoemend Chicago (of ook wel eens New York): metropolen die bol staan van actie en intrige, waar de menselijke komedie zijn meest tastbare vorm aanneemt.

Humboldts Nalatenschap

Het is mogelijk Bellows romans in te delen naargelang de actie of de contemplatie overweegt. Tot de eerste soort behoren *The Adventures of Augie March* en *Henderson the Rain King*, tot de tweede *Dangling Man*, *The Victim*, *Seize the Day* en *Herzog*. Maar in zijn meest mature verhalen en kortverhalen is er een perfecte mengeling van inventieve plotopbouw en filosofische overweging. Dit is het geval voor de verhalenbundel *Him with his Foot in his Mouth* en voor de romans vanaf *Mr. Sammler's Planet*. Vooral *Humboldt's Gift*, Bellows langste en in vele opzichten belangrijkste roman, vertoont de typische ineenstrengeling van komische lotgevallen en ernstige reflectie, van werkelijkheidsgebonden verhaalontwikkeling en metafysische zoektocht.

Humboldt's Gift begon als een biografische roman over Bellows vriend Delmore Schwartz, een schrijver die in de jaren dertig enorme opgang had gemaakt, maar die, overmand door manisch-depressieve psychose en paranoia, verslaafd aan pillen en alcohol, vroegtijdig en vergeten stierf in 1966. Bellow had zijn vriend nog een paar weken voor diens dood in Manhattan op straat gezien, maar hij had de volledig verkommerde Schwartz niet meer durven aan te spreken. Het boek was bedoeld als een soort postume *Wiedergutmachung*. Maar de roman – zoals die nu voorligt – is veel meer dan een piëteitsvol gedenkschrift. De herinneringen aan Schwartz zijn gefictionaliseerd en samengesmolten met een manuscript over een gangsterfiguur waar Bellow terzelfder tijd mee bezig was. Ondertussen was het gedenkschrift ook veranderd in een lange, wijdlopige en zigzaggende confessie of belijdenis, geschreven in de eerste persoon, waarbij de verwarde verteller niet alleen vergiffenis vraagt voor opgelopen schuld, maar door een uitgebreide zelfexploratie in monoloogvorm ook hoopt op dieper inzicht en geestelijke verlichting. De monoloog dient als therapie en catharsis: diep bedolven onder lagen inauthenticiteit en moderniteit ligt een originele en onaangetaste individuele essentie, die door volgehouden zelfreflexie en observatie naar boven wordt gewoeld.

De verteller is Charles Citrine, een schrijver op zijn retour en een gewezen vriend van de acht jaar eerder overleden dichter Von Humboldt Fleisher, de figuur (gedeeltelijk) gemodelleerd op Delmore Schwartz. Zoals de meeste van Bellows hoofdpersonages bevindt Citrine zich in een crisis. Met zijn ex-vrouw is hij verwikkeld in eindeloze processen over boedelscheiding en hoederecht. Zijn veel jongere, seksueel erg begaafde en beeldschone maîtresse, Renata, wil hem binden door te trouwen. Ze houdt daarbij ook nog een tweede minnaar achter de hand. Bij de gangsterfiguur Cantabile moet Citrine een pokerschuld aflossen. Zijn geliefde broer, Julius, staat aan de vooravond van een riskante hartoperatie. Maar het meest wordt Citrine, die op een paar dagen tijd van Chicago naar New York reist en van New York naar Houston en van Houston naar Madrid, geplaagd door "verveling". Als hij terugblikt op zijn persoonlijk verleden wordt hij overvallen door een gevoel van zinloosheid – het gevoel dat de originele harmonie van het leven verloren is gegaan en vervangen door een doelloze rusteloosheid. Hij denkt daarbij na over het lot van zijn overleden vriend Humboldt: hoe Humboldt de innerlijke kracht niet kon vinden om de distracties van Amerika af te schudden; hoe zijn dichterlijke roeping ten prooi viel aan een hang naar invloed en succes.

Als schrijver en cultureel observator constateert Citrine dat heel de Verenigde Staten aan geestelijke bloedarmoede lijdt. Zoals hijzelf, is Amerika metafysisch in slaap gedommeld. Het heeft contact verloren met de diepere krachten van het bestaan, en concentreert zich op triviale zaken.

> Sommigen denken dat luiheid, een van de hoofdzonden, hetzelfde is als traagheid of gemakzucht [...]. Blijven zitten waar je zit, er je gemak van nemen. Maar luiheid heeft erg veel te maken met wanhoop. Luiheid is een bezige, hyperactieve conditie. En deze activiteit verdrijft die wonderbaarlijke rust, dat evenwicht zonder welk poëzie of kunst of werkelijk denken niet mogelijk is. Deze luie zondaars kunnen niet wegzinken in hun eigen wezen, zoals sommige filosofen zeggen. Zij werken omdat rust hun schrik aanjaagt. (*Humboldts Nalatenschap,* p. 312)

De roman is het relaas van Citrines zoektocht naar die innerlijke rust en ook van zijn confrontatie met personages die zich elk op hun eigen manier schuldig maken aan hyperactieve luiheid. De representatieve vertegenwoordigers van de VS die Citrine tegenkomt, leiden naar zijn gevoelen allemaal inauthentieke levens, worden gedreven door onechte waarden. Hun drukke bezigheden maskeren diepere doelloosheid.

Citrines broer, Julius, is een steenrijke vastgoedmakelaar in Corpus Christi, Texas. Hij wentelt zich in zijn materiële welstand en glorieert in zijn rol als keiharde zakenman. Een paar uren voor zijn beslissende hartoperatie houdt hij zich nog bezig met ingewikkelde grondtransacties en smeedt hij plannen om zijn aanzienlijke rijkdom verder uit te breiden. Hij gaat prat op zijn "aardsheid": hij is wars van jeugdsentiment en wil niet herinnerd worden aan zijn verleden. Hij ziet ook de dood als finaal: "er zou geen spoor van ons overblijven, niets dan wat gaten in de grond" (p. 398). Julius is de typische materialistisch ingestelde, positief denkende, immer optimistische Amerikaan, die volledig in het heden leeft en doet alsof de dood niet bestaat. Dat er niet genoeg bloed naar zijn hart stroomt is niet toevallig: hij heeft zijn joodse gevoeligheid (zijn joods "hart") opgegeven in ruil voor klinkende munt.

Naast Julius heeft Citrine ook af te rekenen met een hele schare veinzers en fantasten – hyperactieve intriganten met komische namen als Swiebel, Szathmar, Thaxter en de Señora. Aangezien ze zich allen definiëren in termen van extern succes, zijn ze, volgens Citrine, in slaap gedommeld: ze bevinden zich in een spirituele coma. Dat hij toch een diepgaande affectie voor de meesten van hen koestert heeft te maken met het feit dat Citrine vermoedt dat al hun bokkensprongen en escapades uitdrukking zijn van een verlangen naar metafysische verankering. Thaxter, bijvoorbeeld, heeft een enorme, maar ongefocuste energie; hij smeedt voortdurend de gekste plannen met als enig doel een beroemd intellectueel te worden. Zonder al te veel scrupules maakt hij misbruik van Citrine's goedheid door de fondsen voor een door Citrine gefinancierd cultureel tijdschrift te verkwanselen. Hij trekt er op uit om van de meest wreedaardige dictators interviews af te nemen. Hij wordt koortsachtig gedreven tot schaamteloze zelfverheerlijking en krijgt tenslotte de aandacht van de wereld door te doen alsof hij in Zuid-Amerika door guerrillero's is gekidnapt. Ondanks Thaxters patente oppervlakkigheid blijft Citrine toch loyaal en aanhankelijk tegenover hem, uitgaande van de gedachte dat al die excentriciteit de verwrongen uitdrukking is van "een speciaal spiritueel doel" (p. 253). De clowneske grote gebaren verraden het verlangen naar een substantiëler bestaan.

De meest opvallende en luidruchtigste komediant onder de hele groep grotesken en degene die het meest beslag legt op Citrine is de gangsterfiguur Rinaldo Cantabile. Voor hem is alles uiterlijke show en rollenspel. Hij neemt er geen genoegen mee de geldsom die Citrine hem verschuldigd is, in ontvangst te nemen. De transactie moet plaats-grijpen op een spectaculaire en theatrale manier. Onder bedreiging troont hij Citrine mee naar de Playboy Club en laat zich het geld overhandigen in het bijzijn van een roddelpersjournalist in de hoop dat het incident de krant haalt. Daarna verplicht hij Citrine een in opbouw zijnde wolkenkrabber te beklimmen en vanop een hoge stelling laat hij de bankbriefjes als papieren vliegtuigjes wegzweven. Zijn inhoudsloze geste is een perfecte illustratie van een tot norm geworden absurditeit.

Letterlijk is de term cantabile een muzikale aanduiding voor een passage die op een zangerige, melodische manier moet worden vertolkt. In het geval van Rinaldo is de sonoriteit waarnaar zijn naam verwijst, verworden tot grootsprakerigheid en snoeverij; hij is vooral onverbeterlijk in het verzinnen van bedreigingen. Daarenboven werpt hij zich op tot Citrines schutsengel. Hij beschouwt zichzelf als iemand die weet hoe het er in Chicago aan toe gaat, terwijl Citrine zich overal laat strikken. "Wanneer doe je eens een keer iets *terwijl je weet wat je doet?*", zegt hij met veel nadruk (p. 91). En op een kleurrijker manier: "Je zou met je eigen handen je reet nog niet kunnen vinden."

Als deel van het leerproces neemt hij Citrine mee naar de Russische Baden en sluit hem bij zich op in het toilet terwijl hij zich ontlast. Wat in essentie een plaats van zuivering is, wordt zo een plaats van pollutie. Cantabile neemt op een kinderachtige manier wraak op Citrine. Terzelfder tijd toont hij hem de onverkwikkelijke hardheid van het leven. Citrine mag dan wel een hooggestemd intellectueel zijn, gevierd toneelauteur en drager van de Franse Legion d'Honneur, Cantabile ziet het als zijn plicht hem te tonen dat de echte wereld stinkt. Cantabile beweert de geest van de tijd te belichamen – een tijdgeest die geen ruimte laat voor schoonheid of goedheid. Hardheid moet met hardheid worden beantwoord. Wie anders denkt, is in zijn ogen sentimenteel of naïef.

Dat Cantabile als moderne Satan zoveel greep krijgt op Citrine, houdt verband met het feit dat ook Citrine een zwak heeft voor het sensationele; ook hij heeft het typische "Amerikaanse, Chicago [...] verlangen naar sterke prikkels" (p. 104). Tot op zekere hoogte is Cantabile de *doppelgänger* van Citrine. Als Citrine hem de eerste keer ontmoet, voelt hij onmiddellijk dat er een "natuurlijke connectie" tussen hen beiden bestaat. Op die manier speelt de opschepperige gangster een belangrijke rol in Citrines bewustwordingsproces. De dromerige literator heeft een realiteitsinstructeur nodig om hem eraan te herinneren dat de onverbiddelijke realiteit van Chicago de context is waarin men willens-nillens moet functioneren. In zijn hang naar het bovennatuurlijke, heeft Citrine iemand nodig als Cantabile, die "duizend percent van deze wereld" is. In die zin is hij hem niet alleen letterlijk, maar ook figuurlijk iets verschuldigd:

> Een man die jarenlang opgesloten was geweest in zichzelf, zoekend met pijnlijke vasthoudendheid, wetend dat de toekomst van de mens afhing van deze innerlijke ontdekkingsreizen, tot het uiterste gefrustreerd in al zijn pogingen om tot een vergelijk te komen met de vertegenwoordigers van het moderne intellect [...] en die daarna besloten had om de draden van de geest te volgen die hij in zichzelf had gevonden om te zien waar hem dat brengen zou, die man vond een eigenaardige stimulans in de aanwezigheid van zo iemand als Cantabile. (p. 260)

Toch beseft Citrine dat hij, om zijn spiritueel traject te voltooien, de "duizend percent" wereldse Cantabile moet afzweren. De gangsterfiguur zwaait graag met zijn pistool als deel van zijn bravado en snoeverij. In overeenstemming met een lange Chicago-traditie reageert hij gewelddadig op de condities in de twintigste-eeuwse grootstad. Een dergelijke cynische, amorele houding heeft uiteindelijk geen blijvende aantrekkingskracht op Citrine: "het werd me niet duidelijk wat voor nut het zou hebben wanneer ik een pistool ter hand nam. Alsof het mogelijk was om mij schietend te bevrijden van alles wat mij verbijsterde, waarvan de voornaamste oorzaak bovendien in mijn eigen karakter huisde!" (p. 179).

Wie naast Cantabile nog probeert beslag te leggen op Citrine is zijn jonge, poessnoezige maîtresse, Renata, een geëmancipeerde sexgodin die onbeschaamd haar lichaam gebruikt als instrument van genot. Citrine formuleert haar credo als volgt: "Ik kende haar theorie uitstekend. Wat iemand ook zei, wat iemand ook deed, de erotische bevrediging nam daardoor toe of af en dat was haar praktische test om elk idee te beoordelen" (p. 372). Door haar erotische gaven hoopt Citrine bij haar te vinden wat haar naam belooft: een wedergeboorte. Hij hoopt uit zijn geestelijke lethargie geschud te worden door de kracht van de lichamelijke bekoring.

Zijn poging om "verlossing te vinden in vrouwelijke vorm" is echter tot mislukking gedoemd. Renata — van wie de naam bijna een perfect anagram vormt van het Engelse woord 'nature' – staat voor een oppervlakkige, louter natuurlijke schoonheid, die de diepere zielennood van Citrine niet kan lenigen. Uiterlijke pracht is aan Citrine niet meer besteed:

> Kort geleden, afgelopen voorjaar, zat ik hierover na te denken. Het was een vreemde gelegenheid, ik zat in een Franse trein, samen met Renata, tijdens een reis die ik, net als de meeste reizen, eigenlijk niet wilde en evenmin nodig had.
> Renata wees naar het landschap en zei: "Is het niet prachtig daarbuiten?" Ik keek naar buiten en merkte dat ze gelijk had. Buiten regeerde de Schoonheid. Maar ik had de Schoonheid al zo vaak gezien en dus deed ik mijn ogen dicht. Ik weigerde de opgelapte idolen der Verschijningen. Net als ieder ander was ik erin opgevoed deze beelden mooi te vinden en ik was doodmoe van die tirannie. Ik dacht zelfs: Die beschilderde illusie is ook niet meer wat het geweest is. De hele rotzooi is aan het slijten, als een vieze handdoek in een Mexicaans herentoilet. (pp. 19-20)

Renata is de koningin van de schone schijn. Van beroep binnenhuisarchitecte is ze voortdurend in de weer met luxueuze stoffen en bekledingen. Ze verplicht Citrine ook zich een peperdure Mercedes 280SL aan te schaffen. Deze uiterlijkheden hebben niet alleen belang als statussymbool. Ze reflecteren ook Renata's geloof in een gepolijste, externe schoonheid, waarvan ze de sensationele belichaming vormt. "Je hoefde haar alleen maar aan te kijken", zegt Citrine (p. 363).

Als product van de natuur, kleeft aan de onweerstaanbare schoonheid van Renata echter de smet van de sterfelijkheid: vlees is vergankelijk. Dat blijkt al bij haar eerste rendez-vous met Citrine. Ondanks haar voorgewende seksuele vrijmoedigheid is ze zo zenuwachtig dat ze zich bedrinkt en op het kritieke moment van de verleiding in zwijm valt. Als Citrine haar naakte lichaam aanraakt, voelt het koud en vochtig aan. Het *dance macabre* motief blijkt ook uit haar naam en uit haar onmiddellijke omgeving: haar volledige naam is Renata Koffritz (met een verwijzing naar het Engelse 'coffin' of het Franse 'coffre') en zowel haar ex-echtgenoot als de minnaar waarvoor ze uiteindelijk Citrine verlaat, zijn begrafenisondernemers. Citrine associeert haar dan ook minder met de Platonische Eros dan met "Ahriman, de [...] vertegenwoordiger van de duisternis" (p. 217). Haar natuurlijkheid omhelst een aanvaarding van de dood als finaal punt – een "aardsheid" die Citrine ook bij zijn broer Julius onaanvaardbaar vindt. "Ik geloof

in de natuur", verklaart Renata, "wie dood is, is dood en daarmee is
de kous af" (p. 437).

Renata is echter niet enkel een opportunistische verleidster of geld-
geile schoonheid, die Citrine tracht te strikken omwille van zijn
(tanende) bekendheid en zijn (slinkend) fortuin. Citrine doet haar
onrecht aan door haar te reduceren tot enkel mooie vormen en lichamelijke gaven. Uit haar optreden blijkt hoe ze een klare kijk heeft op
de wereld en hoe ze beschikt over een volkse eloquentie en geestige
opmerkzaamheid. (Ze weet, bijvoorbeeld, de opportunistische Thaxter op een bijzonder indringende en ontluisterende manier te taxe-
ren.) En in haar afscheidsbrief houdt ze een overtuigend pleidooi voor
stabiliteit en voor een normaal leven zonder intellectualistische complicaties. Met een scherpe pen zet ze Citrine en zijn hoogdravend
gezeur over existentiële verveling op zijn plaats:

> Ik ben een mooie vrouw en nog steeds jong en ik geef er de voorkeur
> aan te leven zoals miljarden dat voor mij hebben gedaan. Je werkt en
> eet, je raakt een been kwijt, kust wat kerels, je krijgt een kind en je leeft
> tot je tachtigste als je de kans krijgt en je bent iedereen te slim af of je
> wordt opgehangen of verzuipt. Maar je gaat geen leven verknoeien met
> emmeren over de menselijke staat. Ik vind dat oervervelend. (p. 437)

Zoals Cantabile speelt ook Renata een belangrijke rol in het metafysisch ontwakingsproces van Citrine. Cantabile als vertegenwoordiger van een cynisch realiteitsprincipe en Renata als erotische acrobate
en belichaming van hedonistische zinnelijkheid ("my Kama Sutra girl",
noemt Citrine haar), zijn negatieve voorbeelden. Hoewel Citrine aangetrokken is tot beiden, bieden ze in laatste instantie geen antwoord
op zijn diepste verzuchtingen.

Als schrijver en intellectueel tracht hij tenslotte ook iets te leren uit
het voorbeeld van de overleden Von Humboldt Fleisher. Als jongeman
in de jaren dertig was Citrine van Wisconsin naar New York verhuisd,
aangetrokken door Humboldts magnetische persoonlijkheid. Onmiddellijk bezwijkt hij voor de charme van de erudiete veelprater. Maar
zelfs bij die eerste ontmoeting beseft Citrine dat Humboldts manische
energie gedeeltelijk gevoed wordt door grootheidswaanzin en paranoia.

De ambitie van Humboldt is om door zijn poëzie aan Amerika haar
verloren ziel terug te schenken: "Hij zou de Heilige Kunst verbinden
met het Industriële Amerika als gelijkwaardige partners" (p. 124).

Hij ziet zichzelf als een Verlosser of Messias, die de mensheid gaat terugleiden naar het originele thuisland door de moderniteit te doordrenken van schoonheid en goedheid. Maar hij faalt in zijn missie. Hij wordt een toonbeeld van de nobele mislukkeling, één van de Amerikaanse denkers die het niet halen:

> Humboldt wilde de wereld onderdompelen in schittering, maar hij had niet genoeg materiaal. Zijn poging eindigde bij de onderbuik. Daar begint de ruige naaktheid die we allemaal kennen. Hij was een lieve man, genereus en met een hart van goud. Maar zijn goedheid was van het soort dat de mensen tegenwoordig als uit de tijd beschouwen. De schittering waarmee hij zich bezighield, was oude glitter en er was niet genoeg van. Wij hadden een nieuwe glans nodig. (pp. 112-13).

Humboldt slaagt er met andere woorden niet in de poëzie te vernieuwen. Hij "kon het volgende, het nieuwe ding niet vinden. [...] Daarom deed hij het vroegere ding" (p. 161). Hij kan zich, met name, niet losmaken van drie voorbijgestreefde concepten. Eerst en vooral doet hij zich voor als een *poète maudit*: een schone ziel die geen gehoor vindt in het materialistische Amerika en daarom door verwaarlozing en miskenning tragisch ten onder gaat. Hij ziet zichzelf als de behoeder van de intieme, zachtere waarden, in concurrentie met de patente successen van technologie en wetenschap. Hij denkt als dusdanig te rebelleren tegen de heersende tijdgeest, maar volgens Citrine gebeurt net het omgekeerde. De *poète maudit* voedt de zelfgenoegzaamheid van de modale burger: "Daarom zijn de dichters geliefd, omdat zij zich hier niet staande kunnen houden" (p. 123). Door te verwijzen naar de tragische ondergang van zoveel pöetische "schöne Seelen" vergoelijkt de gemiddelde Amerikaan zijn eigen ongevoeligheid en cynisme.

Daarnaast speelt Humboldt ook de rol van Hegeliaans intellectueel. Hij denkt te behoren tot de klasse van de wereldhistorische individuen, die de mensheid tot grotere vrijheid voeren. Hij denkt, met name, dat er een rol voor hem als dichter en denker is weggelegd in de regering van presidentskandidaat Adlai Stevenson. Wanneer deze laatste de verkiezingen verliest, slaat Humboldt helemaal tilt. Hij raakt verzeild in academische intriges, begint zijn vrouw zonder de minste reden te verdenken van ontrouw en beledigt zijn beste vrienden.

Tenslotte, gehinderd door zijn "Rationalistische, Naturalistische" vorming op de universiteit, ruilt Humboldt de kracht van de verbeelding in voor de "onderwereld der hogere culturele waarden" (p. 275). In plaats van dichter wordt hij intellectueel, teveel bezig met conceptueel denken, in de greep van wervelende ideeënconstructies en erop uit om indruk te maken. Humboldt kan niet weerstaan aan de lokroep van de roem en verzwakt daardoor zijn poëtisch vermogen. Teveel afgeleid door de distracties die Amerika te bieden heeft, vergeet hij te luisteren naar de innerlijke stem van de authentieke inspiratie en verliest hij voeling met de "essentie van de dingen" (p. 319).

Enkel helemaal op het einde van zijn leven herwint Humboldt zijn capaciteiten als ziener. Hij schudt de waanzin van zich af en recupereert zijn verbeeldingskracht. In de termen van Citrine, "ontwaakt" hij net voor zijn dood. Hij schrijft een gedicht waarin hij aantoont dat de verbeelding de diepste krachten van de natuur ontsluiert. Hij laat in zijn testament een filmscenario na, dat niet alleen onverwachts veel geld opbrengt voor Citrine, maar waarin hij vooral zijn eigen mislukking verklaart en hij de heropstanding van de orfische zeggingskracht van de dichter aankondigt. Tenslotte eindigt hij zijn afscheidsbrief met de woorden: "denk eraan, we zijn geen natuurlijke, maar bovennatuurlijke wezens" (p. 355).

Op die manier neemt de roman de vorm aan van een traditionele elegie, waarbij de herinnering aan de overledene de overlevende op weg zet om zijn eigen bestaan zinvoller in te vullen. Humboldt vertrekt bij het bovenaardse maar laat zich vangen aan de verleidingen van het aardse. Citrine ondergaat een omgekeerde evolutie. Hij is oorspronkelijk een rijk man, die het wereldse niet van zich af kan schudden. Hij is verwikkeld in rechtszaken en ingewikkelde liefdesaffaires. De gedachte aan de dood wuift hij weg door prat te gaan op een uitstekende fysieke conditie. (Hij is tegen de zestig maar slaagt er nog in een straatrover al sprintend achter zich te laten.) Toch geeft hij aan dat zijn leven gekenmerkt wordt door een diep gemis. Hij bevindt zich in Chicago, maar voelt zich niet echt van Chicago. Zijn tussenpositie heeft vele komische kanten. Hij is een oude gluiperd die zich Renata's ingenieuze liefkozingen laat welgevallen, terwijl hij zich terzelfder tijd verdiept en verliest in hoogdravende antroposofische beschouwingen, die hij put uit het werk van de filosoof Rudolf Steiner. Hij is een typische Belloviaanse "schlemiel": slachtoffer van zijn eigen onblusbare lust en zijn nooit aflatend intellectueel getob. Hij is gespleten tussen geest en lichaam, en vindt geen volledig genoegen noch in het één noch in het ander. Vandaar wellicht zijn groeiend geloof in een derde en helende substantie: de onsterfelijke menselijke ziel.

Citrine heeft alle filosofische systemen doorlopen en is tot de conclusie gekomen dat alle vormen van rationaliteit en empirisme subject en object van elkaar gescheiden houden en dus de mens afsluiten van volle participatie aan de schepping. Geleidelijk komt hij tot het besef dat alle intellectualiteit moet worden afgezworen en dat enkel door te vertrouwen op de esthetische intuïtie men tot een harmonieuze verhouding kan komen met het omringende universum. Op die manier ontstaan er correspondenties tussen de innerlijke wereld en de wereld buitenaf. Een dergelijke persoonlijke relatie met de buitenwereld leidt tot een deelname aan de krachten die het universum schragen en stelt eens en voor altijd een einde aan de existentiële verveling. Een dergelijke quasi-mystieke opvatting behelst ook het geloof in het voortbestaan van de mens na de dood. "Sociologische, psychologische en politieke standpunten, de essentie van het menselijk gedrag, waren gebouwd op wat we veronderstelden ten aanzien van de dood" (pp. 363-64). Het positivistisch axioma dat stelt dat de dood finaal het leven afbreekt, leidt volgens Citrine tot nihilisme, balorigheid en egoïsme. Eens verlost van de doodsobsessie echter komt er energie vrij om zich te wijden aan de praktijk van het goede en het schone.

In een Bellow-roman is die praktijk echter altijd doortrokken van paradoxen en ironie. Helemaal op het einde van *Humboldt's Gift* heeft Citrine besloten een deel van het geld afkomstig van het filmscenario te besteden aan de herbegrafenis van Humboldt, die een plaats in het graf krijgt naast zijn geliefde moeder. De scène is maar een paar bladzijden lang maar ze heeft alle typische kenmerken van een Bellow-roman. Eerst en vooral is de scène accuraat en realistisch. De exacte plaatsaanduiding, de gedetailleerde beschrijving van het weer (een zwoele lentedag), de precieze weergave van alle handelingen en gevoelens en van alles wat waarneembaar is, maken het mogelijk voor de lezer om plaatsvervangend aan de sombere en sobere plechtigheid deel te nemen. De metafysische thematiek staat geenszins het concrete inlevingsvermogen in de weg. Zoals altijd is er naast het realistische echter ook een grotesk element in de scène. Behalve Citrine zijn er maar twee participanten komen opdagen: twee stokoude mannen, waarvan de ene (een onverbeterlijke gokker) zich, zoals gebruikelijk, in het zwart gekostumeerd heeft met dien verstande dat hij naast een zwarte hoed, broek en schoenen enkel een sportvest voorhanden heeft met opvallende geruite, rode patronen. De andere oude man staat erop met zwakke en bevende stem en merkelijk uit de toon een aantal aria's te vertolken. De excentriciteit van deze details verhoogt de pathos van de gebeurtenis en verwijst naar de onverklaarbaarheid van de dood, waarop de mens geen gepast antwoord weet. Het geïmproviseerde ritueel is een moedige poging om de onvatbaarheid van de diepste levensvragen te vertolken.

Tenslotte krijgt de plechtigheid ook een veelzijdige filosofische dimensie. De kisten worden door een kraan in het graf getild en deze mechanische handeling geeft aanleiding tot een confrontatie tussen techniek en poëzie: "De kabels van de machine snorden bijna geruisloos en zo verrichtte dit apparaat, ontsproten aan een collectief van intelligentie, zijn arbeid aan deze dichter" (p. 493). En wanneer blijkt dat de kisten onder een betonnen deksel worden bedolven, vraagt Citrine zich paniekerig af: "Maar toch hoe kwam je eruit? Dat kon niet, kon, kon niet! Je bleef, je bleef erin steken" (p. 493). Zelfs Citrines meest stellige beweringen over leven na de dood worden door de realiteit in vraag gesteld. Elke affirmatie wordt aan zelfkritiek onderworpen en door ironie ondermijnd. Op die manier eindigt Citrines zoektocht meer met een vraagteken dan met een uitroep. De zekerheid die hij heeft verworven blijkt voorlopig te zijn en moet voortdurend worden bevestigd. De strijd tegen ontreddering en verveling kan nooit definitief worden gewonnen.

BEKNOPTE BIBLIOGRAFIE

Primaire literatuur

Dangling Man, New York: Vanguard, 1944. (*Wachttijd*, vert. Max Schuchart, Amsterdam: Hema, 1990.)

The Victim, New York: Vanguard, 1947.

The Adventures of Augie March, New York: Viking, 1953. (*De avonturen van Augie March*, vert. Anneke van Huisseling, Sjaak Commandeur en Rien Verhoef, Bussum: Agathon, 1979.)

Seize the Day and Other Stories, New York: Viking, 1956. (*Pluk de dag*, vert. Bob den Uyl, Amsterdam: Meulenhoff, 1972.)

Henderson the Rain King, New York: Viking, 1959. (*Henderson de Regenkoning*, vert. L. Th. Lehmann, Amsterdam: De Bezige Bij, 1965.)

Herzog, New York: Viking, 1964. (*Herzog*, vert. Mischa de Vreede, Bussum: Agathon, 1977.)

Mr. Sammler's Planet, New York: Viking, 1970. (*Sammler's planeet*, vert. Else Hoog, Bussum: Agathon, 1977.)

Humboldt's Gift, New York: Viking, 1975. (*Humboldt's nalatenschap*, vert. Wim Gijsen, Bussum: Agathon, 1977.)

The Dean's December, New York: Harper, 1982. (*De decaan en diens december*, vert. Sjaak Commandeur en Rien Verhoef, Bussum: Agathon, 1983.)

Him with his Foot in his Mouth, New York: Harper, 1984. (*Hij met zijn hart op zijn tong en andere verhalen*, vert. Sjaak Commandeur, Weesp: Agathon, 1985.)

More Die of Heartbreak, New York: William Morrow, 1987. (*Er sterven er meer van liefdesverdriet*, vert. Sjaak Commandeur, Houten: Agathon, 1988.)

A Theft, New York: Penguin, 1989. (*Een diefstal*, vert. R.P. Meijer, Houten: Agathon, 1989.)

It All Adds Up, New York: Viking, 1994. (*Van een vaag verleden naar een onzekere toekomst*, vert. Jelle Noorman, Amsterdam: Bert Bakker, 1995.)

Ravelstein, New York: Viking, 2000. (*Ravelstein*, vert. Ronald Jonkers, Amsterdam: Bert Bakker, 2000.)

Secundaire literatuur

ATLAS, James. *Bellow. A Biography*, New York: Random House, 2000.

CRONIN, Gloria L. (red.). *Saul Bellow in the 1980s. A Collection of Critical Essays*, East Lansing: Michigan State UP, 1989.

CRONIN, Gloria L. *A Room of his Own. In Search of the Feminine in the Novels of Saul Bellow*, Syracuse: Syracuse UP, 2000.

GLENDAY, Michael K. *Saul Bellow and the Decline of Humanism*, London: Macmillan, 1990.
GOLDMAN, L.H. et al (red.). *Saul Bellow. A Mosaic*, New York: Peter Lang, 1992.
PIFER, Helen. *Saul Bellow. Against the Grain*, Philadelphia: University of Pennsylvania Press, 1990.

J.M. COETZEE
(1940-)

Ludo Teeuwen

In de openingsscène van het semi-autobiografische *Boyhood. Scenes from Provincial Life* (1998) geeft J.M. Coetzee een beschrijving van een woonwijk net buiten Worcester, een landelijk dorpje in de West-Kaap op iets meer dan 100 km van Kaapstad. De straten in deze wijk hebben namen van bomen, maar er staan geen bomen. De identieke huizen zijn van elkaar gescheiden door prikkeldraad en hebben achteraan allemaal een bijgebouw waarnaar verwezen wordt als de "servant's room", maar de gezinnen die er wonen hebben geen bedienden. Het huis van de verteller heeft ook een kippenren, maar de kippen worden ziek en houden op met leggen. Deze scène is in eerste instantie een realistische schets van een wat armzalige woonwijk voor de minder begoede Zuid-Afrikaanse blanke middenklasse, ergens tijdens de jaren vijftig of zestig van de vorige eeuw, maar de implicaties ervan reiken veel verder. Belangrijker dan de beschrijving zelf, is namelijk de suggestie van wat er niet (meer) is. Met de prikkeldraad, de bijgebouwen en de kippen roept Coetzee het beeld op van de traditionele boerderij die ooit tot het wezen van de blanke Afrikaanse samenleving behoorde. De boerderij, met zijn vaak uitgestrekte landerijen, was een geïsoleerde entiteit, een klein koninkrijk waarover de boer souverein regeerde. Door het beeld uit te hollen, en enkel nog fragmenten te tonen van wat eens was, wordt meteen ook de oorspronkelijke mythologie of ideologie onder de aandacht gebracht. Het oproepen van zo'n historische, ideologische of literaire context, om die dan vervolgens in zijn dynamiek en constructie te analyseren of te ontrafelen, is meteen een eerste belangrijke techniek die Coetzee in zijn oeuvre hanteert.

Boyhood, en het vervolg, *Youth* (2002), zijn autobiografische teksten, maar ze zijn wel geschreven in een afstandelijke derde persoon zodat de tekst toch weer een fictief karakter krijgt. Eigenlijk kan je stellen dat de autobiografie als een soort sub-tekst fungeert, waarbij de auteur de grenzen van het genre aftast. *Boyhood* en *Youth* zijn autobiografische oefeningen waarin zowel de confessie zelf als de structuur en de wetmatigheden van de confessie worden gethematiseerd, en waarin fictie en waarheid tegenover elkaar worden uitgespeeld. Niettemin vormen de teksten een belangrijke bron van informatie voor de lezer die geïnteresseerd is in de biografische persoon achter de auteur, vooral omdat Coetzee in gesprekken of interviews doorgaans heel terughoudend is wanneer hem vragen worden gesteld over zijn creatieve werk of zijn leven.

HET RATIONELE BEWUSTZIJN

De schrijverscarrière van Coetzee begon in 1974, met de publicatie van *Dusklands*, een combinatie van twee novellen waarin al heel duidelijk de contouren zichtbaar zijn van een schrijversproject met een zeer specifieke thematiek. Coetzee begon te schrijven aan het boek toen hij in de Verenigde Staten verbleef (1965-1968 – het moment dat de oorlog in Vietnam volop bezig was), maar de tekst werd afgewerkt in Zuid-Afrika. In de eerste novelle, *The Vietnam Project*, speelt het Amerikaans-Vietnamese conflict – zoals de titel al laat vermoeden – een centrale rol. Het hoofdpersonage, Eugene Dawn, heeft voor zijn militaire oversten een essay geschreven over psychologische oorlogsvoering, waarin hij een aantal suggesties doet om de oorlog snel te kunnen winnen. Hij hanteert hiervoor de taal van het wetenschappelijk discours, gestoeld op het analytische instrumentarium van de rationele analyse. Maar Dawn kan deze wetenschappelijke benadering niet volhouden en verliest meer en meer de controle over zijn tekst, tot hij psychisch volledig desintegreert. Het rationele bewustzijn waarop zijn discours gebouwd is, met daarin een aantal opmerkelijke parallellen met de hedendaagse "strike & awe" doctrine, blijkt een falend bewustzijn.

De tweede novelle, *The Narrative of Jacobus Coetzee*, wordt voorgesteld als een vertaling uit het Afrikaans van een reisverhaal naar het binnenland van Zuid-Afrika. Het origineel zou rond 1760 zijn opgetekend door een verre voorouder van Coetzee, een zekere Jacobus Coetzee, ontdekkingsreiziger, avonturier en kolonisator. Het verhaal lijkt veraf te staan van de problematiek of de thematiek van *The Vietnam Project*, maar als we de karakters met elkaar vergelijken, merken we al gauw dat het bewustzijn van Jacobus Coetzee eigenlijk van dezelfde orde is als dat van Eugene Dawn. In het denken van de kolonisator en van de oorlogsadviseur zijn dezelfde mechanismen aan het werk en hun bewustzijn is gestoeld op dezelfde falende rationaliteit. Het thema van de westerse rationaliteit en haar grenzen zal overigens herhaaldelijk opduiken in het werk van Coetzee. *The Narrative of Jacobus Coetzee* dient zich aan als een reisverhaal, maar de historische juistheid van de gebeurtenissen is duidelijk niet prioritair. Waar het wel om gaat, zijn de conventies van het genre die door de tekst ontmanteld worden.

Het gebruik van zo'n literaire subtekst ligt ook aan de basis van Coetzees tweede roman, *In the Heart of the Country* (1977). De tekst is ditmaal opgebouwd uit korte genummerde fragmenten, een beetje vergelijkbaar met snel op elkaar volgende filmshots, en vertelt ons het relaas van Magda die op een kleine boerderij in de Karoo ten onder gaat aan eenzaamheid en isolatie. Dit verhaal, dat de techniek van de nouveau roman doordrijft tot het uiterste, brengt een moeilijke, intrigerende monoloog van een solipsistisch personage. Maar het boek wordt al een stuk minder ongrijpbaar als het gelezen wordt tegen de achtergrond van de pastorale roman, een genre dat aan de basis ligt van de Zuid-Afrikaanse literatuur. Daar waar in het pastorale genre de verbondenheid van mens en land, van mens en natuur wordt bezongen, brengt *In the Heart of the Country* een anti-idylle met een personage dat volledig faalt in de communicatie met haar omgeving. Magda slaagt er niet in om zich te definiëren ten opzichte van een land van steen en zijn zwarte inwoners. Deze problematiek, de verhouding van een blank bewustzijn tot een land dat in wezen zwart is, vormt een ander essentieel bestanddeel van het oeuvre van de auteur.

IMAGINING THE UNIMAGINABLE

Coetzees literaire doorbraak en zijn bekendheid bij een ruimer publiek komen er in 1980 met *Waiting for the Barbarians*. In een a-historische setting wordt in deze roman een al even a-specifiek grensgebied opgeroepen waar zich een confrontatie afspeelt tussen het

"Rijk" en de "Barbaren". In het midden van die strijd staat de magistraat, de verantwoordelijke voor een kleine grenspost, die zich als humanist afkeert van het leger en zijn vuile methodes. De magistraat is een rechter van de waarheid, een archeoloog die op zoek gaat naar de logica of de drijfveer achter de martelpraktijken op de gevangen genomen barbaren. Hij zoekt een verklaring of een zingeving voor het lijden maar het enige dat hij vindt is een gapende leegte, het niets. *Waiting for the Barbarians* is een beklemmende roman die de lezer nauwelijks houvast biedt. In tegenstelling tot de liberaal-humanistische roman, de subtekst van deze roman, wordt hier geen project aangeboden, geen alternatief voor een onrechtvaardig systeem waarin machthebbers hun gevangenen met willekeur behandelen. In plaats van een oproep tot engagement, spreekt veeleer de stem van scepticisme en van een verregaand relativisme. En toch doet de roman heel sterk beroep op onze emoties en laat de rauwe werkelijkheid van de folteringen de lezer beduusd achter. Ondanks de eindeloze zelfanalyses van de magistraat, ondanks de voortdurende relativering van categorieën als goed en slecht, of rechtvaardig en onrechtvaardig, blijft er de brutale aanwezigheid van pijn en lijden, een gegeven dat niet zomaar kan weggeschreven worden.

Het meest onthutsend voor de lezer is misschien wel de impliciete identificatie in het boek tussen de magistraat en zijn folteraar, kolonel Joll, de vertegenwoordiger van het kwaad. Vooral de parallel die Coetzee trekt tussen seks en macht, een voorafspiegeling voor wat later in *Disgrace* in zijn volle dimensie aan bod komt, maakt die identificatie mogelijk. De magistraat trekt zich het lot van één van de gefolterde barbarenmeisjes aan en maakt haar tot zijn vriendinnetje. Maar hij mag haar dan al fysisch nemen, geestelijk kan hij niet tot haar doordringen. Zij blijft een compleet 'andere', een 'object', dat hij – tot zijn eigen ontzetting – nauwgezet aftast en een betekenis tracht te geven, waardoor hij net als kolonel Joll de 'kolonisator' van haar lichaam wordt. De magistraat heeft geen verklaring, geen verantwoording, geen uitleg voor de gruwelijke gebeurtenissen in zijn nederzetting, en als hij op het einde van de roman achter zijn tafel gaat zitten om de geschiedenis van de grenspost neer te schrijven, ontbreken hem de woorden. Het gebeurde kan niet in woorden worden gevat. De magistraat is een verloren ziel. Hij is een humanist met een woordenschat en een analytisch apparaat dat niet in staat is om een antwoord te bieden op de absurde natuur van het lijden. En tegelijkertijd is er het besef dat hij als persoon of als mens wel degelijk geïmpliceerd is in de gebeurtenissen, dat het systeem waarvan hijzelf een product is, in wezen een systeem van macht is, van macht in zijn meest naakte, ontmenselijkte vorm. Vandaar de drang en de poging om toch iets op papier te zetten en de noodzaak om het onvoorstelbare toch voor te stellen.

In de jaren zeventig was het vooral Nadine Gordimer die met sociaal-kritische en geëngageerde romans als *The Conservationist* (1974) en *Burgher's Daughter* (1979) het beeld van de Zuid-Afrikaanse literatuur bepaalde. Met *Waiting for the Barbarians* diende zich echter een nieuwe stem en een nieuwe geluid aan. Kritische waardering voor Coetzees werk bleef dan ook niet uit en in 1983 ontving Coetzee de Booker Prize voor de roman *The Life & Times of Michael K*. Ditmaal is de plaats van het gebeuren vrij specifiek, het verhaal speelt zich af in en rond Kaapstad, maar het tijdskader blijft vaag. Zo blijven ook de verwijzingen naar de politieke toestand indirect, al is het in de Zuid-Afrikaanse context van de jaren tachtig toch niet onbelangrijk dat het beeld van een burgeroorlog wordt opgeroepen. Wat karakters betreft, zet Coetzee met Michael K. nog een stap verder in de richting van de non-communicatie. In *Dusklands* waren de karakter grotendeels opgesloten in zichzelf en werd het proces van zingeving of betekenisvorming sterk gedirigeerd door patronen en systemen. In *Waiting for the Barbarians* doet de magistraat verwoede pogingen om contact te krijgen met zijn folteraars, en probeert hij dieper door te dringen tot de geest van het barbarenmeisje, maar het lijkt wel of een gemeenschappelijk platform voor een dialoog – de mogelijkheid om zich in te leven in het perspectief van de ander – onbestaande is. De magistraat blijft gevangen in een monologisch discours. Michael K. daarentegen, doet zelfs geen poging tot communicatie. Hij werd geboren met een hazenlip en zijn moeder hield hem altijd angstvallig verwijderd van andere kinderen. Hij is een onvatbaar personage, tot grote frustratie van onder meer de dokter van het werkkamp waar Michael terechtkomt. De rol van de dokter, en zijn pogingen om Michael K. te begrijpen, reflecteren de interpreterende activiteit die elke lezer, in confrontatie met de tekst, onderneemt. Betekenis komt tot stand door de transpositie van het reflecterende bewustzijn van de karakters naar de leesact waarin de conventies van de fictie, hetzij linguïstisch, historisch of literair, eveneens een belangrijke rol spelen. Deze meta-fictionele problematiek houdt verband met de structuren of systemen waarbinnen betekenis tot stand komt, en, in het verlengde ervan, met de mogelijkheid of de onmogelijkheid om aan deze (machts)structu-ren te ontsnappen.

Van schrijvers wordt vaak impliciet verwacht dat ze, zeker in politiek onstabiele tijden, een zeker engagement tonen. Je zou van Coetzee bij-voorbeeld kunnen verwachten dat hij een karakter als Michael K., temidden van een burgeroorlog, toont als held of als slachtoffer. Maar dat gebeurt juist niet. Michael K. is in alle opzichten een anti-held, een anti-rebel die zich onttrekt aan de historische situatie, aan zijn ruimtelijke omgeving, en zelfs aan het proces van zingeving. Waar de magistraat in *Waiting for the Barbarians* nog een ethisch beroep deed op zijn folteraars, is zelfs die geste bij Michael K. nagenoeg volledig verdwenen. Enkel de dokter blijft in de roman over als instrument van ethische bekommernis, maar dan wel een bekommernis die zwaar overschaduwd wordt door de onmogelijkheid van een wederkerige dialoog.

HET HART VAN HET VERHAAL

De vraag is natuurlijk in hoeverre men de grenzen van wat fictio-neel mogelijk is, kan blijven aftasten. Het experiment wordt het verst doorgevoerd in *Foe* (1987), Coetzees meest allegorische en metafic-tionele roman. Het verhaal is een herschrijving van *Robinson Crusoe* waarbij een vrouwelijke schipbreukeling aanspoelt op het eiland van Cruso en Friday, vervolgens gered wordt, en in Londen beroep doet op de schrijver Foe om haar verhaal neer te schrijven. Foe fungeert dus als exponent van de geïnstitutionaliseerde of gecanoniseerde literaire traditie, Susan Barton als vrouwelijke verteller op zoek naar vertel-autoriteit, en Friday als de ontbrekende en genegeerde stem van de gekoloniseerde. Naarmate het verhaal vordert, schuift Friday steeds meer naar het centrum, maar omdat hij doofstom is – slavenhande-laars zouden zijn tong hebben uitgerukt – blijft zijn stem afwezig. De focus van de roman mag dan al gericht zijn op het verhaal van Fri-day, de paradox is juist dat hij staat voor een leegte die niet in woor-den gevat kan worden. *Foe* is zeker niet de meest toegankelijke roman van Coetzee, maar wel de roman die het literair project van de auteur het duidelijkst naar voor brengt. "Pas als we het onuitgesprokene hebben uitgesproken, geraken we tot het hart van het verhaal", zegt Foe (*Foe*, p. 141). Uitdrukking geven aan dat wat in wezen geen stem heeft, of wat zich niet zomaar in woorden laat vatten, zonder daarbij opnieuw te vervallen in een conventie of een systeem, is de uitdaging die de schrijver zich gesteld heeft. De officiële geschiedschrijving, die uitgaat van feiten en bronnen, zal Friday nooit een stem kunnen verlenen, maar misschien ligt het wel binnen de mogelijkheden van de literaire verbeelding om zich in te denken in het perspectief van de ander.

Om zich dat wat onvoorstelbaar is toch te kunnen voorstellen, heeft een metafictioneel experiment als *Foe* slechts een beperkte draagkracht. *Foe* is in zekere zin een vlucht in literaire spielerei, en daarom een toegeven aan de onvrijheid van de literatuur in een systeem van apartheid. Na *Foe* verschijnen er van Coetzee twee belangrijke teksten, de "Jeruzalem Prize Acceptance Speech" (1987) en "Into the dark chamber: The novelist and South Africa" (*The New York Times*, 1986), waarin de auteur vrij expliciet ingaat op de relatie tussen literatuur en apartheid, en zich de vraag stelt of de schrijver toch geen morele verplichting heeft om in "een bewuste daad van de verbeelding" door te dringen tot de echte wereld:

> Wat belet de Zuid-Afrikaanse auteur om [...] zich een weg te schrijven uit een situatie waarbij zijn kunst, hoe goedbedoeld ook – en hier moeten we eerlijk zijn – toch te traag, te ouderwets, te indirect is om ook maar het kleinste en meest laattijdige effect te hebben op het leven van de gemeenschap of de loop van de geschiedenis? (Atwell, 1992, p. 99)

Na *Foe* schrijft Coetzee romans die, met uitzondering misschien van *The Master of Petersburg*, veel directer aansluiten bij de Zuid-Afrikaanse situatie en waarin ook de ethische thematiek veel nadrukkelijker aanwezig is. In *Waiting for the Barbarians* bleef de magistraat, als exponent van een ethisch bewustzijn, na de confrontatie met de wreedheid van zijn folteraars, verweesd achter, "alsof ik al lang geleden ben verdwaald maar toch verder ga over een weg die misschien nergens heen leidt" (*Wachten op de barbaren*, p. 221). In *Age of Iron* (1990), gepubliceerd op een moment dat in Zuid-Afrika de oude orde zijn laatste dagen telde, staat voor het eerst – zowel in tijd als in ruimte – de politieke situatie helemaal centraal.

VAN ZOONS EN DOCHTERS

Age of Iron vertelt het verhaal van Mevrouw Curren, een wat oudere dame die aan kanker lijdt en die in een lange brief aan haar dochter in Amerika verslag uitbrengt van de laatste weken van haar leven. Parallel met haar persoonlijke, fysieke aftakeling, ziet ze ook haar omgeving ten prooi vallen aan straatoproer en brutale repressie. De verontwaardiging van Elizabeth Curren is groot, maar als zieke, oude vrouw vindt ze natuurlijk weinig gehoor. Belangrijker dan haar protest is echter haar 'verstomming': het feit dat ze haar verontwaardiging niet kan benoemen, dat haar woorden niet volstaan of niet geschikt zijn om de intensiteit van de werkelijkheid te omschrijven. Als haar zwarte vrienden haar na een danteske tocht door de brandende sloppenwijken van Kaapstad om een reactie vragen, blijft ze het antwoord schuldig: "'Om hierover te praten' – en ik gebaarde met een hand naar de struiken, de rook, de rommel waarmee het pad bezaaid lag – 'heb je de tong van 'n god nodig.'" *(Ijzertijd,* p. 100)

Net zo min als de magistraat vindt Mevrouw Curren een gepast antwoord op het onrecht en de gruwel waarmee ze geconfronteerd wordt. Maar het cruciale verschil is dat de magistraat niet aan het schrijven geraakt, terwijl Curren in haar lange brief tenminste een aanspreekpunt creëert voor zichzelf, en zo een ik-jij relatie opzet waarin de ander wordt uitgenodigd om mee te voelen. Belangrijk is eveneens dat Curren erkent en beseft dat ze in het systeem geïmpliceerd is, en dat ze, ondanks haar persoonlijk waardige manier van leven, de schaamte van de apartheid moet dragen. In een maatschappij, aangetast door een fundamentele onrechtvaardigheid, is het niet voldoende om voor zichzelf 'goed te leven'. Zoals de magistraat op zijn grenspost of Michael K. in zijn schuilplaats in de Karoo al aantoonden, kan niemand buiten de tijd, buiten de geschiedenis leven.

Daar waar in *Age of Iron* een moeder-dochter relatie het verhaal bepaalt, wordt in *The Master of Petersburg* (1994) het verhaal gedragen door een vader-zoon relatie. De roman, geschreven in de nadagen van de apartheid, situeert zich in het tsaristische Rusland van de tweede helft van de negentiende eeuw, en voert Dostojevski op als centraal personage. De schrijver gaat in Petersburg op zoek naar de ware toedracht van de dood van zijn stiefzoon Pavel, die in verdachte omstandigheden is overleden. Doorheen het verhaal raakt Dostojevski niet alleen verwikkeld in het mysterie rondom de dood van Pavel, hij probeert ook door te dringen tot de psyche en de motivaties van de jongeman zelf. *The Master of Petersburg* is een donker en moeilijk boek, geschreven tegen de achtergrond van de zelfmoord van Coetzees eigen zoon, waarin vooral de thema's van zelfkennis en de bekentenis zwaar doorwegen.

De problematiek van de bekentenis bij Dostojevski had Coetzee voordien al behandeld in zijn essay "Confession and Double Thoughts: Tolstoy, Rousseau and Dostoevsky" (Attwell, 1992, pp. 251-93). Hij toont hierin hoe het verwerven van zelfkennis een eindeloos proces is omdat het zelfbewustzijn elk moment weer aan een bepaald zelfbeeld kan gaan twijfelen. Dostojevski kon die eindeloze spiraal doorbreken vanuit een christelijke inspiratie, vanuit een act van geloof en gratie. Voor Coetzee is die stap minder evident: "Niets van wat hij zegt is waar, niets is onwaar, niets is betrouwbaar, niets verwerpelijk. Er is geen enkel houvast, er zit niets anders op dan te vallen" (*De meester van Petersburg*, p. 216). *The Master of Petersburg* behandelt in grote mate een gelijkaardige thematiek als *Foe*. In beide romans staat de notie van het auteurschap centraal, en daarmee samenhangend de mogelijkheid of onmogelijkheid van de auteur om de 'waarheid' te vertellen. Coetzees Dostojevski probeert het verhaal, het innerlijke leven en de psyche van zijn stiefzoon te recreëren, maar in dat proces stoot hij telkens op de onmogelijkheid daarvan. Schrijven is een vorm van verraad: "Ik schrijf perversies van de waarheid. Ik kies de bochtige weg en breng kinderen naar duistere plekken. Ik volg de dans van de pen" (p. 216).

VERLIES EN VERLANGEN

VERLIES EN VERLANGEN

The Master of Petersburg wordt gevolgd door *Boyhood*, een semi-autobiografische tekst waarover in het begin van dit artikel al sprake was. De 'bekentenis' zoals die eerder onder het mom van de Russische schrijver werd gebracht, krijgt nu een veel persoonlijker karakter. *Boyhood* is dan wel geschreven in een afstandelijke derde persoon maar het is duidelijk dat Coetzee nu zelf het onderwerp is van 'waarheid'. Zoals *The Master of Petersburg* een reconstructie was van het leven of de innerlijke wereld van Pavel, zo is *Boyhood* de reconstructie van

Coetzees eigen verleden. De vorm van *Boyhood* is voor Coetzee eigen-lijk een bijna ideale constructie die hem toelaat zowel zijn eigen ik te doorgronden als zich voldoende te distantiëren, zodat een zekere reflectie mogelijk blijft. De derde persoon waarin de tekst geschreven is, zorgt voor de nodige afstand, terwijl het gebruik van de tegen-woordige tijd en het perspectief van een opgroeiend kind toch toelaat om in soort van onbewuste onschuld zeer direct te zijn. Hierdoor tre-den thema's als verlies en verlangen op de voorgrond, twee thema's die misschien wel de drijfveer vormen van Coetzees literaire werk.

Het thema van het verlangen komt bijvoorbeeld tot uiting in de reflecties van de jonge Coetzee bij het bezoek aan de boerderij waar zijn ouders opgroeiden. Vooral de verhalen rond de boerderij en de nostalgie naar een verloren tijd, fascineren de jongen mateloos. De boerderij is perfect ("Op de boerderij, zo lijkt het, bestaat geen bederf", *Boyhood*, p. 83) en vormt een veilig toevluchtsoord ("hier kan niets ergs gebeuren"). Maar toch zal de jonge Coetzee nooit zoals de zwarte knecht Outa Jaap echt tot de boerderij kunnen behoren ("Outa Jaap hoorde bij de boerderij", p. 84); hij is slechts een bezoe-ker. Het verlangen om tot de boerderij te behoren is een geheim ver-langen, een onrealiseerbare droom en een pijnlijke indicatie van tekortkoming. De keerzijde van de droom is dan ook het besef van verlies en vergankelijkheid. Als de jonge Coetzee de boerderij met zijn ouders bezoekt, heeft het verval zich al ingezet, ook al is hij zich daar maar onrechtstreeks van bewust. Tijdens de eerste bezoeken aan de boerderij zijn er nog allerlei dieren maar na de dood van de grootva-der verdwijnen die één voor één: eerst de paarden, dan de varkens, de koeien en de eenden, tot enkel de schapen nog overblijven omdat de wol ervan zo winstgevend is. Het verval blijkt nog duidelijker uit de jaarlijkse uitstap of "pelgrimstocht" naar Bloemhof, de voorvaderlijke boerderij, waarvan alleen nog de funderingen overblijven. Ook van de vroegere tuin en de boomgaard blijft niets meer over dan een alleenstaande palmboom in een dor landschap. De verwijzing naar een 'verloren paradijs' is overduidelijk. Tegen dit verval en het ontlui-kend besef van vergankelijkheid, bouwt de jonge Coetzee een arche-typisch of mythisch beeld op van de boerderij, dat losstaat van tijd en ruimte. De boerderij als gebouw kan vervallen, maar niet de idee ervan: "De boerderij is groter dan zij allemaal. De boerderij bestaat van eeuwigheid tot eeuwigheid. Als zij allemaal dood zijn, als zelfs het huis zelf in verval is geraakt zoals de kraals op de heuvel, zal de boerderij er nog steeds zijn" (p. 96).

De echo's van dit tijdloze bestaan op de boerderij, en het verlangen naar een ongecorrumpeerde tijd, duiken op in de meeste romans van Coetzee. Eugene Dawn, in *The Vietnam Project*, heeft het over "de vredige hof tuin waarin we kunnen ontsnappen aan de tijdkringen" (p. 40). Magda spreekt dan weer over "die gouden tijd voordat de worm kwam" en verlangt naar "een verleden waarin dier en mens en meester een gemeenschappelijk leven leidden dat even onschuldig was als de sterren in de hemel" (*In het hart van het land*, pp. 26, 12). De magistraat in *Waiting for the Barbarians*, vraagt zich dan weer af: "Wat heeft het ons onmogelijk gemaakt om in de tijd te leven als vissen in het water, als vogels in de lucht, als kinderen?" (*Wachten op de barbaren*, p. 192). Het verlangen om 'deel uit te maken van' in een zwart continent waar de blanke altijd tot op zekere hoogte kolonisator zal blijven, en het besef dat het bewustzijn van dit verlangen al afstand creëert, zetten de tragische en romantische toon van Coetzees fictie.

DE SCHANDE VOORBIJ

Disgrace, de roman die Coetzee in 1999 opnieuw de Booker Prize bezorgde, is samen met *Waiting for the Barbarians* één van Coetzees meest indringende romans. Het verhaal is opgebouwd rond de 52-jarige professor David Lurie die van de universiteit (de Cape Technical University) wordt weggestuurd omdat hij de vrouwelijke studenten niet met rust kan laten. Lurie moet voor een soort onderzoekscommissie verschijnen. En ook al geeft hij de feiten toe, toch weigert hij zich 'schuldig' te voelen of 'berouw' te betonen. In de context van de Zuid-Afrikaanse post-apartheid periode met zijn waarheids- en verzoeningscommissie waarin de misdaden van het regime in een open forum worden (of werden) besproken, zijn de passages waarin Lurie pertinent weigert om 'openlijk' zijn misstappen te bekennen, uiteraard zwaar symbolisch geladen. In vorige romans al legde Coetzee het metaforische verband tussen seksualiteit en macht. In deze roman gebeurt dat expliciter dan ooit. De seksuele verhouding van Lurie tot zijn studente – die trouwens Melanie heet, een

bijna onverholen verwijzing naar 'melanine', of 'donker gekleurde' –
is een duidelijke weerspiegeling van de machtsverhouding tussen blank
en zwart tijdens de apartheid. De aard van hun seksuele relatie laat
daarover weinig twijfel bestaan: "Ze verzet zich niet. Het enige dat ze
doet is zich afwenden: haar lippen afwenden, haar ogen afwenden.
[...] Geen verkrachting, dat net niet, maar niettemin ongewenst,
ongewenst tot op het bot" (*In ongenade*, pp. 23-24).

Na zijn ontslag trekt Lurie weg uit Kaapstad en zoekt hij een onderkomen op het platteland bij zijn hippiedochter Lucy. Het leven van
Lucy is simpel. Ze baat een hondenkennel uit en met de hulp van
Petrus, haar zwarte buur en mede-eigenaar van de grond, kweekt ze wat
groenten en bloemen voor de markt. David staat aanvankelijk vrij scep-
tisch tegenover het leven van zijn dochter, maar toch probeert hij zich
beetje bij beetje aan te passen aan de veranderde omstandigheden. De
vlucht uit de stad naar het platteland brengt echter niet de idyllische
vrijhaven waarop David misschien gehoopt had. Een gewelddadige
roofoverval door drie zwarte mannen verstoort op brutale wijze het
'pastorale' bestaan op de boerderij. Lucy wordt verkracht, in het bijzijn van haar vader, die zelf zwaar gewond raakt. De vroegere relaties,
tussen vader en dochter, maar ook tussen hen en Petrus, zijn na de
overval compleet overhoop gehaald. David kan niet begrijpen dat zijn
dochter het gebeurde lijkt te aanvaarden en dat ze zelfs bereid is om
het kind van haar verkrachter te dragen. Hij wil dat zijn dochter de
boerderij van de hand doet en een paar maanden vakantie neemt om
te herstellen van het trauma, maar Lucy weigert om op dat voorstel in
te gaan. Ze overweegt zelf om bij Petrus – die eerst haar helper is maar
die later mede-eigenaar wordt van de grond en zich vervolgens opwerpt
als een soort van manager van de boerderij – te gaan inwonen,
desnoods als zijn derde vrouw. Als een "bywoner", merkt haar vader
op, waarmee hij een Afrikaans woord in de mond neemt dat vroeger
werd gebruikt voor arme, blanke landarbeiders die zelf geen grond hadden maar in loondienst gingen werken bij andere boeren.

Deze omkering van de geschiedenis, met de blanke Lucy die zich
onderwerpt aan een zwarte meester, heeft voor heel wat controverse
gezorgd, waarbij de houding van Lucy geïdentificeerd werd als het
standpunt van de auteur. Dit is echter niet de manier van werken van
Coetzee. De houding van Lucy is slechts een mogelijke houding en
ze mag dan al – vanuit het perspectief van de vader en wellicht ook

van de lezer – zo onbegrijpelijk en radicaal lijken, het is een denksprong of denkoefening die we misschien toch moeten proberen te maken. Vooral de idee van de *tabula rasa*, het volledig terug van nul beginnen, zonder wapens, zonder eigendom, zonder rechten, zonder waardigheid, ligt in de lijn van de uitgepuurde essentie waarnaar ook andere karakters in Coetzees oeuvre op zoek zijn. Maar de houding van Lucy, of misschien beter de 'koloniserende' onderwerping door Petrus, kan net zo goed suggereren dat machtssystemen een interne logica bezitten waaraan moeilijk te ontsnappen valt. Met andere woorden, de nieuwe 'macht' in Zuid-Afrika steunt misschien op een gelijkaardige systematiek als de oude. In het laatste deel van de roman groeien vader en dochter naar elkaar toe. David Lurie gaat werken in een kleine dierenkliniek waar hij zich ontfermt over straathonden. Zijn vroegere onverschilligheid voor dieren maakt gaandeweg plaats voor mededogen, vooral voor de honden die moeten afgemaakt worden. In de laatste momenten voor hun dood, omringt hij hen met 'liefde', een woord waarvoor hij niet langer terugschrikt. De honden die moeten afgemaakt worden, zijn armtierige, schurftige beesten, maar juist via deze ongewenste verschoppelingen komt David Lurie tot een nieuw besef van empathie.

Met het trieste lot van de zwerfhonden en -katten kan meteen de link gelegd worden naar *The Lives of Animals*, een tekst die Coetzee schreef voor de Tanner-lectures in Princeton (1997-1998). De geïnviteerde sprekers brengen normaal een aantal essayistische lezingen over ethische onderwerpen, maar Coetzee zou Coetzee niet zijn als hij de essay-vorm niet op een of andere manier zelf tot thema zou maken. *The Lives of Animals* is een fictionele tekst waarin het hoofdpersonage, de schrijfster Elizabeth Costello, door een universiteit wordt uitgenodigd om een tweetal lezingen te geven over een onderwerp dat ze zelf mag kiezen. Haar lezing wordt dus ingebed in de lezing die Coetzee zelf moet geven. Coetzee creëert zo een fictionele situatie, waarbij hij zichzelf, als biografische persoon, niet noodzakelijk hoeft te binden aan wat hij zegt. Elizabeth Costello spreekt in haar lezing over 'dierenleed', en over het criminele gedrag van mensen tegenover dieren. Ons inlevingsvermogen en onze sympathie tegenover de medemens zijn volgens haar grenzeloos, maar voor dieren hebben we ons hart gesloten. Redelijke argumenten weerhouden ons ervan om ons in te leven in het leed dat we dieren aandoen, of om ons een idee te vormen van de 'ziel' van dieren. De westerse filosofie, gesteund op de universele rede, verhindert elke vorm van sympathie met dieren. Costello opteert dan ook voor de literatuur die door een proces van "poëtische verbeelding" identificatie met het dier kan mogelijk maken (*The Lives of Animals*, p. 89). De houding van Elizabeth Costello is controversieel, niet het minst omdat ze het massale doden van dieren durft te vergelijken met de holocaust. Elizabeth moet zich dan ook voortdurend verantwoorden en haar standpunt toelichten, waardoor de discussie en de argumentatie in het boek worden ingebouwd. Het verschaft Coetzee de comfortabele positie zelf geen expliciet standpunt te hoeven innemen.

Youth (2002), het vervolg op *Boyhood*, en voorlopig het laatste boek van Coetzee, is een soort van "portrait of the artist as a young man". *Youth* is het verhaal van een wat verlegen, teruggetrokken jongeman – Coetzee zelf – die enerzijds tracht om te gaan met de monotonie van de dagelijkse werkelijkheid, maar die anderzijds innerlijk verteerd wordt door een grote artistieke en literaire ambitie om aan die monotonie te kunnen ontsnappen. Dichters die zich volledig gaven aan de kunst, zoals Pound of Hemingway, zijn zijn grote voorbeelden. Cruciaal in het verhaal en in de fascinatie voor kunst is het "herscheppend vuur van de kunst" waarmee een ervaring of gevoel het hier en nu kan overstijgen en gedeeld kan worden door de lezers (*Youth*, p. 25). Zo is Emma Bovary, volgens de jonge Coetzee, ontstaan uit de ervaringen van Flaubert met echte vrouwen. Maar deze ervaringen werden in het boek getransformeerd en samengebracht in het beeld van de fictieve Emma die voor zovele lezers herkenbaar is. Net als *Boyhood*, is *Youth* geschreven in de derde persoon waardoor de autobiografische tekst toch een fictioneel karakter krijgt. De tegenwoordige tijd maakt een zeer direct meebeleven mogelijk, maar verhindert tezelfdertijd de beschouwende afstand tussen de oudere schrijver en zijn jongere ik, die de traditionele autobiografie kenmerkt. Wel wordt de kritische blik enigszins gerecupereerd door het afstandelijk vertelstandpunt.

DE CRITICUS EN DE KRITIEK

Het artistieke oeuvre van Coetzee zit stevig verankerd in een bredere literair-theoretische context. De stap van het creatieve naar het wetenschappelijk-kritische is voor Coetzee dan ook niet zo groot. Één van de belangrijkste teksten in zijn kritische werk is *White Writing. On the Culture of Letters in South Africa* (1988), waarin hij onder meer de Zuid-Afrikaanse pastorale roman onder de loep neemt. Zoals in zovele van zijn romans, gaat zijn betoog over taal, en meer specifiek over de mogelijkheid om vanuit een Europees koloniaal perspectief een taal te ontwikkelen waarmee vanuit en over Afrika gesproken kan worden. De landschapspoëzie in Zuid-Afrika is wat Coetzee betreft een mooie illustratie van hoe de blanke dichter in dialoog probeert te treden met een landschap dat niet het zijne is. Ander kritisch werk van Coetzee vinden we in *Giving Offense, Essays on Censorship* (1997) en in *Stranger Shores: Literary Essays* (2001), een collectie van vroeger gepubliceerde essays en van artikels of recensies die hij schreef voor de *New York Review of Books*.

Het oeuvre van Coetzee vormt op zijn beurt voor de academische wereld een dankbaar voorwerp van onderzoek en kritiek. Aanvankelijk richtte dat onderzoek zich vooral op de literaire en literatuurwetenschappelijke context waaruit de romans voortkwamen. In haar studie *The Novels of J.M. Coetzee* (1988) beschrijft Teresa Dovey de romans van Coetzee als "Lacaniaanse allegorieën" en ze analyseert zijn werk door middel van het begrippenapparaat van theoretici als Derrida, Barthes of Foucault. In de meer recente receptie van Coetzees werk is de post-structuralistische benadering wat naar de achtergrond geschoven en zien we meer en meer aandacht ontstaan voor de relatie tussen het esthetische en het ethische. Mike Marais bijvoorbeeld legt erg de nadruk op de ethische component in het werk van Coetzee, waarmee hij trouwens in de lijn ligt van David Attwell die al in 1993, in zijn studie *J.M. Coetzee: South Africa and the Politics of Writing* wees op het belang van het ethisch bewustzijn.

Van de hand van diezelfde David Attwell is ook de publicatie *Doubling the point. Essays and interviews* (1992). Attwell verzamelde voor dit boek een aantal niet-ficionele teksten van Coetzee, zoals essays, krantenartikels of lezingen, en hij bracht ze samen rond een aantal thema's die telkens worden ingeleid door een interview met de auteur. Het woord interview is echter misleidend, want vragen en antwoorden werden schriftelijk uitgewisseld en geven slechts de illusie van een direct gesprek. De methode is tekenend voor het wantrouwen van Coetzee voor het gesproken woord: "Voor mij [...] hangt waarheid samen met stilte, met reflectie, met de praktijk van het *schrijven*. Het spreken is niet de bron van waarheid maar een zwakke en voorwaardelijke vorm van schrijven" (Attwell, 1992, p. 66). Het bewijst nog maar eens dat bij de lectuur van Coetzees werk ook de stiltes aandacht verdienen: dat wat niet gezegd wordt of niet gezegd kan worden. *Doubling the point* vormt een uitstekende inleiding tot de auteur en gaat zeer ver in de exploratie van de beweegredenen en de gronden van Coetzees oeuvre. In het laatste interview vraagt Attwell naar het belang en de betekenis van de autobiografie voor de auteur. In zijn antwoord gaat Coetzee dieper in op de relatie tussen waarheid en autobiografie, en zet de twee extremen uiteen: "Cynisme: de ontkenning van een fundamentele grond voor waarden. Gratie: een toestand waarin de waarheid duidelijk en zonder blinde vlekken verteld kan worden" (Atwell, 1992, p. 392) In het vervolg van het interview overschouwt Coetzee de voorbije twintig jaar van zijn schrijverschap. Wat we lezen is de blauwdruk voor *Boyhood* en *Youth* zovele jaren later.

Coetzee is een complex en veelzijdig auteur, en het is niet makkelijk om de draagwijdte van zijn oeuvre in enkele zinnen samen te vatten. Essentieel in zijn werk lijkt me het voortdurend aftasten van de grenzen en de mogelijkheden van de literatuur en de kust. Vooral het "herscheppende vuur van de kunst" kan gezien worden als de centrale motivatie voor zijn schrijverschap. In hoeverre die kunst of literatuur echt een verschil kunnen maken in ons leven of in de samenleving, is een kwestie van geloof, van balanceren tussen cynisme en gratie.

Beknopte bibliografie

Primaire literatuur

Dusklands, Harmondsworth: Penguin, 1974. (*Schemerlanden*, vert. Peter Bergsma, Houten: Agathon, 1986.)

In the Heart of the Country, Harmondsworth: Penguin, 1977. (*In het hart van het land*, vert. Peter Bergsma, Weesp: Agathon, 1985.)

Waiting for the Barbarians, Harmondsworth: Penguin, 1980. (*Wachten op de barbaren*, vert. Peter Bergsma, Bussum: Agathon, 1983.)

The Life and Times of Michael K., Harmondsworth: Penguin, 1983. (*Wereld & wandel van Michael K.*, vert. Peter Bergsma, Weesp: Agathon, 1984.)

Foe, London: Secker & Warburg, 1986. (*Foe*, vert. Peter Bergsma, Houten: Agathon, 1987.)

White Writing. On the Culture of Letters in South Africa, New Haven: Yale UP, 1988.

Age of Iron, London: Secker & Warburg, 1990. (*Ijzertijd*, vert. Peter Bergsma, Amsterdam: Ambo, 2001.)

The Master of Petersburg, London: Secker & Warburg, 1994. (*De meester van Petersburg*, vert. Frans van der Wiel, Amsterdam: Ambo, 2000.)

Giving Offense: Essays on Censorship, Chicago: Chicago UP, 1997.

Boyhood: Scenes from Provincial Life, London: Secker & Warburg, 1997. (*Jongensjaren*, vert. Peter Bergsma, Amsterdam: Ambo, 2002.)

Disgrace, London: Secker & Warburg, 1999. (*In ongenade*, vert. Joop van Helmond en Frans van der Wiel, Amsterdam: Ambo, 1999.)

The Lives of Animals, Princeton: Princeton UP, 1999. (*Dierenleven*, vert. Joop van Helmond en Frans van der Wiel, Amsterdam: Ambo, 2001.)

Stranger Shores: Literary Essays: 1986-1999. London: Vintage Viking, 2001.

Youth: Scenes from Provincial Life II. London: Secker & Warburg, 2002. (*Portret van een Jongeman*, vert. Peter Bergsma, Amsterdam: Cossee, 2002.)

Secundaire literatuur

ATTWELL, David. *J.M. Coetzee: South Africa and the Politics of Writing*. Berkeley: University of California Press, 1993.

ATTWELL, David (red.). *Doubling the point: Essays and interviews*. Cambridge: Harvard UP, 1992.

DOVEY, Teresa. *The Novels of J.M. Coetzee: Lacanian Allegories*. Johannesburg: Ad Donker, 1988.

VANZANTEN GALLAGHER, Susan. *A Story of South Africa. J.M. Coetzee's Fiction in Context*. Cambridge: Harvard UP, 1991.

DON DELILLO
(1936-)

Jasmine VERVENNE

DE AMERIKAANSE DROOM DOORPRIKT

Wie het in anti-Amerikaanse middens populaire beeld deelt dat de gemiddelde Hollywood sitcom een perfecte weerspiegeling zou zijn van de realiteit in dat land – oppervlakkig, volkomen gericht op een utopische toekomst en bijgevolg blakend van optimisme en weinig diepgaande kritische reflexen – moet dringend Don DeLillo ter hand nemen. Zoals bij veel van de gecanoniseerde schrijvers in de VS, straalt DeLillo's werk een veeleer sombere visie op zijn land uit. Al meer dan dertig jaar vormt de postmoderne cultuur de drijfveer van DeLillo's schrijverschap. Sinds zijn debuut in 1971 met *Americana* onderzocht hij totnogtoe in twaalf romans en een aantal toneelstukken en essays de labyrintische complexiteit van de postmoderne maatschappij. Bij die vivisectie van de cultuur draait het om het verband tussen contemporaine fenomenen en de crisis van het subject, vandaag de dag nog slechts een flauwe schim van het individu dat oprecht de Amerikaanse droom achternajoeg. Doorheen DeLillo's werk manifesteren zich een aantal verwante thema's: de conflictueuze verhouding tussen het Amerikaanse individu en het publieke leven met een onvervuld transcendent verlangen als inzet; de alsmaar grotere drang naar spektakel, zichtbaar in de aantrekkingskracht van (geweld)films, gefilmde rampen en terrorisme; en een tanend historisch bewustzijn in onze toekomstgerichte, gemediatiseerde, laatkapitalistische technocultuur.

Sinds de kritiek een ruime belangstelling ontwikkelde voor DeLillo's werk met de publicatie van *White Noise* (1985) en *Libra* (1988), en zeker sinds zijn doorbraak bij het grote publiek met *Underworld* (1997), is in zekere mate een consensus ontstaan over de manier waarop Don DeLillo met zijn onderwerpen omspringt. Een bijzonder kenmerk van DeLillo's satirische analyses van de postmoderne cultuur is de verbondenheid van de kritische auteur met de maatschappij. Don DeLillo pretendeert op geen enkel moment als een auctoriële instantie verheven te zijn boven de cultuur die hij aanpakt. Hij voert als het ware een dialoog vanuit de marge waarbij hij tegelijk de aantrekkingskracht erkent van institutioneel gestuurde mechanismen in de maatschappij en waarschuwt voor het gevaar volledig door de dominante spelers geëxploiteerd te worden.

Zoals in heel wat postmoderne literatuur vormt de ontmenselijking en de vervreemding waartoe de technologische 'vooruitgang' heeft geleid, ook bij DeLillo de rode draad van zijn oeuvre. Hij erkent wel dat die technologische overheersing niet totaal is, maar suggereert dat vooral zij die de touwtjes in handen hebben over de beeldvorming een grotere controle behouden dan de doorsnee burger. Die laatste is volkomen onderworpen aan de manipulatieve mogelijkheden van de moderne technologie, zoals de mediatisering, de informatisering, de erosie van zijn privacy door digitale opslag van persoonlijke gegevens in netwerken, en het bombardement met nieuwe producten en idealen waarvoor adverteerders gebruik maken van alle moderne digitale communicatiekanalen. Het beeld van de Amerikanen als "happy shiny people" is het resultaat van de impact op het collectieve bewustzijn van gewiekste marketeers die via de massamedia het publiek een ideaalbeeld voorspiegelen, "de universele derde persoon" zoals adverteerder David Bell het in *Americana* definieert (p. 270). Dat beeld appeleert aan het verlangen naar de vervulbaarheid van de Amerikaanse droom die het officiële discours hoog in het vaandel voert. Het vrije Amerikaanse individu kan elke droom verwezenlijken en een succesverhaal van zijn leven maken als hij maar voldoende in de toekomst gelooft en bereid is de handen uit de mouwen te steken. DeLillo ontmaskert echter genadeloos dit optimisme en de bijhorende glitter en glamour als slechts een laagje vernis dat een realiteit maskeert waarin angst en vervreemding troef zijn.

"Een beeld in een beeld en naar de gelijkenis van beelden"

Dit neemt niet weg dat het subject maar weinig weerwerk kan bieden tegen de manipulatieve mechanismen die hem als een goed geolied radertje doen fungeren. In veel gevallen ervaart hij die inbreuk op zijn autonomie niet eens als dusdanig, omdat hij een product is van de baudrillardiaanse beeldcultuur waarin de representatie doorheen beelden het heeft overgenomen van echtheid. De beelden worden ervaren als echter dan echt, als "hyperreal". Het zijn simulacra waaraan we ons vasthouden om ons wereldbeeld en onze identiteit te bepalen. In "The Power of History", een artikel over zijn roman *Underworld* (1997), bespreekt de auteur in de eerste plaats de aanleiding voor en de krachtlijnen van die roman, maar hij expliciteert er tevens de visie die aan zijn hele oeuvre ten grondslag ligt. DeLillo ziet het als de taak van de literatuur om een tegengewicht te vormen voor de impact die de beeldenovervloed heeft op de realiteitsperceptie van het individu. Deze impact, zo stelt hij, neemt de vorm aan van een verdubbeling van de realiteit:

> Het is onopgesmukt, het is echt, het is live, het staat op video. Het houdt je in de greep, het is verstarrend, het is digitaal gemicrotimed en daarom vervuld van non-stop informatie. [...] en het scheidt je van de realiteit die alsmaar zachter klopt in de verflauwende wereld buiten de video.

In de zelfanalyse die David Bell in DeLillo's debuut *Americana* onderneemt, kan je serieuze aanwijzingen ontdekken dat de auteur zich bij momenten ten volle bekent tot de postmoderne visie dat de hedendaagse Amerikaanse 'realiteit' volkomen gemediatiseerd en artificieel is. De realiteit bestaat uit beelden waaraan niet noodzakelijk een 'echte' realiteit beantwoordt, maar die wel krachtig genoeg zijn om de individuele vrijheid te kortwieken en authenticiteit onmogelijk maken. Buiten de simulacra die marketeers instandhouden door moderne communicatietechnieken, kan het individu zich immers nauwelijks een identiteit vormen.

In de Bildungsroman *Americana* geeft David Bell een roemrijke carrière als televisieadverteerder op omdat hij zo dicht bij de bron van de beeldenproliferatie de fundamentele leegte achter de gepromote TV-realiteit ervaart en zichzelf wil bevrijden uit dat systeem. Zijn zelf is immers niets meer dan een lege schelp, een composiet van geconsumeerde filmshots, acteursimago's en reclame-idealen. Het is echter symptomatisch voor de ziekte van de tijd dat Bell zijn doel wil bereiken door een autobiografische film te maken die hem een klare kijk moet verschaffen op zijn verleden en hem er tegelijk van moet bevrijden. Natuurlijk ligt precies in de keuze van het medium Davids falen besloten. De film, een pastiche op de technieken uit zijn vaders TV-archief en zijn eigen televisieopleiding, leert hem een lesje in "het effect van echo's". Hij moet toegeven dat hij lange tijd alle institutionele boodschappen, advertenties en slogans heeft geslikt. De impulsen van de media voedden zijn dromen en maakten van hem een "beeld gemaakt in een beeld en naar beeld en gelijkenis van beelden" (*Americana*, p. 130). Maar de roman eindigt niet op die negatieve noot. De tekst die we lezen blijkt immers het resultaat van Bells poging om het over een andere boeg te gooien en zijn levensverhaal en inzichten neer te schrijven.

Hoewel de rijpere Bell gelaten beseft dat elke kunstenaar als consumptieproduct door het systeem geëxploiteerd kan worden, suggereert DeLillo niettemin dat de oppositionele schrijver enigszins kan ontsnappen aan de macht van de kapitalistische consumptiemaatschappij die hem tot inauthenticiteit doemt. In antwoord op een brief van Jonathan Franzen, één van zijn aanhangers in de jongere generatie Amerikaanse schrijvers, stelt DeLillo dat schrijven een vorm van persoonlijke vrijheid is die ons bevrijdt van de massa-identiteit die we overal om ons heen in de maak zien (Franzen, p. 95). Toch bedoelt DeLillo niet dat hij als een ongenaakbare god verheven zou zijn boven het systeem dat hem probeert te verleiden, maar wel dat hij als schrijver de marge moet opzoeken om van daaruit als een gevaar voor de gevestigde orde te verschijnen.

Hiermee wil DeLillo echter niet zeggen dat de schrijver het credo van "silence, exile and cunning" tot in het extreme moet huldigen. In *Mao II* (1991) ontvouwt hij de gevaren voor de schrijver die zich als een kluizenaar terugtrekt uit de maatschappij om aan de exploitatiedrang van de markt, de media en marketeers te ontsnappen. Bill Gray is erin geslaagd drieëntwintig jaar geen enkel interview te geven, geen publieke verschijning te maken en buiten beeld en schot van camera's te blijven. De media heeft echter precies dat enigmatische tot een verstild beeld verheven: de ongenaakbare schrijver die door zijn teruggetrokkenheid probeert een even groot gevaar te vormen voor de instituties als de de terrorist die spektakelaanvallen ensceneert. De man realiseert zich echter dat hij volkomen is opgedroogd door zijn hele zelfmythologisering en dat hij de confrontatie met de realiteit opnieuw moet aangaan. Bucky Wunderlick begaat in *Great Jones Street* (1973) dan weer de fout om de slinger helemaal naar de andere kant te laten doorslaan. Hij raakt volkomen opgezogen door de massacultuur waartegen hij aanvankelijk ageerde. Bucky breekt zijn tour dan ook halfweg af om te ontsnappen aan het gevaar zelf handelswaar te worden en probeert een houding te ontdekken waar hij moreel achter kan staan. Maar net als Bill Gray moet hij vaststellen dat stilte en teruggetrokkenheid niet de juiste keuzes zijn. Ook zij zijn als marketinginstrument exploiteerbaar voor een publiek met een onverzadigbare honger naar iconen vanuit een diep religieuze behoefte.

Zelf heeft DeLillo dan ook steeds geprobeerd om uit beide gevaarzones te blijven. Erg gul met interviews en tuk op promotionele campagnes is hij nooit geweest, maar hij heeft in de loop der jaren een gulden middenweg proberen te ontdekken. Zeker wat de inhoud van zijn werk betreft, weigert hij toe te geven aan wat hij het "fast-forward denken" noemt. In "The Power of History" trekt DeLillo van leer tegen de grote club contemporaine schrijvers die zich verliezen in mediageilheid in de hoop dat integratie in het dolgedraaide systeem hun zal behoeden voor de vergetelheid. Geconfronteerd met de overvloed aan informatie en middelen waarover de beeldmedia beschikken, maken ze bovendien de fout dat ze met het geschreven woord een waardig tegenstrever willen zijn van de beeldmedia in een spektakelbeluste cultuur waar flitsende beelden de norm zijn geworden. Zo kiezen ze voor een afspiegeling van de nervositeit en de chaos in de cultuur die de tijd zelf wil versnellen. Voor DeLillo is een boek echter een "oude, trage martelende zaak van vinding en twijfel en zelfcorrectie" en de literatuur bijgevolg dé manier om tegen de stroom in te gaan, achterom te kijken en zich te bezinnen. De literatuur kan zo het verleden voor de vergetelheid behoeden en precies dat primeert bij DeLillo op het verlangen zelf in de kijker te staan.

Het boek hoort volgens DeLillo bij de mens als zelfstandig individu. Het moet hem confronteren met conflicten en met een realiteit waarvan de entertainmentindustrie hem afschermt. De schrijver moet het kritische denken van het individu vrijwaren en hoeft het beeld dus geenszins als norm te hanteren. Maar om het belang ervan in het universum waaraan zijn romans refereren ook niet te negeren, incorporeert DeLillo het fotografische ook in zijn tekst en verenigt zo het publieke met het persoonlijke. In vroege werken zoals *Running Dog*

(1978) beperkt DeLillo zich nog grotendeels tot een satire op de beeldenhonger. De jacht op een pornovideo waarin Hitler de hoofdrol zou spelen, loopt uit op de ontdekking dat het in werkelijkheid gaat om een montage waarin de oude Hitler een imitatie ten beste geeft van Charlie Chaplins imitatie van Hitler in "The Great Dictator". Een hilarische ontknoping misschien, en een mooie illustratie van een "beeld gemaakt in een beeld en naar beeld en gelijkenis van beelden", maar de teneur in deze roman met een hoog thrillergehalte is eigenlijk bijzonder beangstigend (*Americana*, p. 130). Alsof het om de heilige graal zelf ging, zet de legendarische film aan tot ingewikkelde intriges waarbij de spelers over lijken gaan. Dat alles omdat een hooggeplaatst politicus de innerlijke leegte alleen nog kan verdrijven met buitengewone spektakels in "dots and soundbites" ("Power of History"). Maar naarmate zijn schrijverscarrière vordert, neemt DeLillo een andere houding aan. *Mao II* bijvoorbeeld is gestructureerd volgens een aantal foto's van massa's voor massa's, maar de tekst zelf behoort toe aan de auteur die een genuanceerd antwoord probeert te vinden op de positie die hij moet innemen in een gemediatiseerde cultuur. Nog steeds in "The Power of History" geeft DeLillo toe dat het "fast-forward-denken" in deze tijden een geschikt onderwerp kan vormen voor de roman, maar de kunstenaar moet de mogelijkheden van diezelfde roman benutten om het individu te behoeden voor een overdracht van het culturele drama van snelle consumptie en 'instant' afval naar dat subject.

"ALS DE OUDE GOD DE WERELD VERLAAT..."

Vooraleer we nader ingaan op de wijze waarop hij die doelstelling wil verwezenlijken, bespreken we eerst de roman waarin DeLillo de verschillende manieren exploreert waarop het (Amerikaanse) individu een mens- en wereldbeeld probeert te ontwikkelen dat de niet-aflatende onderhuidse angst in de laatkapitalistische maatschappij kan bestrijden. *White Noise*, waarvoor DeLillo een National Book Award kreeg, is in de eerste plaats een bijtende satire op het consumentisme en op de hegemonie van televisie en technologie in de postmoderne cultuur. Het boek bespreekt de lotgevallen van het Gladney-huishouden: een losvast geheel van oudere en jongere personen in een nogal complexe verwantschapsrelatie tot elkaar. Met de verteller Jack Gladney, academicus aan het "College-on-the-Hills" en oprichter van een faculteit Hitlerstudies, suggereert DeLillo dat cynisme een vrij radicale maar herkenbare manier is om met een benauwende omgeving om te gaan. Tegenover de televisie neemt Gladney alvast een terughoudende kritische houding aan en hij constateert niet zonder bezorgdheid dat het medium een "verdovende onderstroom van een angstaanjagende ongezonde zuigkracht op het intellect" op zijn kinderen uitoefent. Vooral documentaires over rampen en de dood houden hen danig in de ban. Voor Gladney zelf gaat die redenering niet op, aangezien hij nuchter vaststelt dat een bosbrand op het scherm op een lager niveau staat dan een spotje voor één of ander wasproduct. Maar dat neemt niet weg dat ook voor hem een goedmoedig cynisme niet volstaat om zich overeind te houden en aan zijn obsessie met de dood te ontsnappen.

De haast onverwoestbare heilsillusie in dit postindustriële TV-Amerika is het consumentisme dat onlosmakelijk met de massamedia is verbonden. Lange tijd gedraagt Gladney zich als *de* modelconsument waarvan de onzichtbare maar machtige auteurs achter het systeem dromen. Zijn persoonlijke queeste is er één naar "gemoedsrust in een winstgerichte context" (*White Noise*, p. 87). Dit wil echter niet zeggen dat zijn verlangen naar een transcendent of magisch systeem dat zijn existentiële angst kan bezweren, niet minder diepgaand zou zijn. Integendeel, de roman kreeg niet voor niets de werktitel "The Book of the Dead" mee. Precies in Gladney schept DeLillo een figuur in wie de angst voor de dood zich uitermate diep heeft genesteld. Hoewel de uiteindelijke titel van de roman op het eerste gezicht dat grondthema nauwelijks nog laat vermoeden, verwijst "witte ruis" wel degelijk naar het doodsbesef waardoor het postmoderne individu zich onophoudelijk belaagd voelt. Oorspronkelijk een term om het elektronische gezinder dat beeldloze televisie uitstraalt mee aan te duiden, verwijst de term bij uitbreiding naar de hele soundtrack van de consumptiemaatschappij. Met deze titel geeft DeLillo dus aan waar hij de oorzaak ziet van de alomtegenwoordige doodsangst in onze tijd.

Zo duidt Jacks collega Murray het kuieren door de supermarktgangen, vergezeld van de elektronische geluiden eigen aan de plek, als een voorbereidende oefening op de doortocht naar de dood zoals beschreven in het Tibetaanse Dodenboek. Gladney hoopt echter dat hij, door zich als ideale consument te gedragen, uitzicht kan krijgen op numineuze momenten die zijn constante doodsangst naar het achterplan zullen verdrijven. Voor hem zijn de elektronische scanners en de helle verlichting immers manifestaties van het wonderlijke in het alledaagse. Gladney laat zich bovendien letterlijk en figuurlijk inpakken door de PR-gestuurde magische voorstelling van consumptieproducten die door hun herkenbare verpakkingsdesign en hun kleurige bedrukking een gevoel van "herbevoorrading [...] van welzijn" verschaffen (*White Noise*, p. 20). Hij realiseert zich maar heel langzaam dat die glimmende verpakking toekomstig afval bevat, dat consumptieproducten bijgevolg een fundamentele leegte verhullen, en dat materiële rijkdom zijn spirituele armoede nauwelijks zal verminderen. Tot het ogenblik dat dit inzicht hem overvalt, blijft hij het levende bewijs dat de reclamejongens er aardig in slagen een simpele muntkauwgom, spray of tandpasta te presenteren als de eenvoudigste weg om tegen een prijsje het gezondheidsideaal in vervulling te laten gaan en de eeuwige jeugd binnen handbereik te brengen.

DeLillo suggereert in dit boek dat identiteit en een groter zelfbewustzijn op precies hetzelfde principe steunen. De toverformule bepaalt dat je alles kan worden wat je wil en alles kan krijgen waarvan je droomt, als je je maar omringt met de juiste producten – of beter nog, jezelf ermee inpakt – om hun aura op je eigen persoon te laten afstralen. Het TV-scherm toont de heiligen waarnaar men zich tot beeld en gelijkenis moet boetseren, en reclameboodschappen leveren de juiste mantra's. De televisie is waarheidsorakel, priester en raadgever voor het koopgedrag. De juiste producten zijn hier niet de artikelen die authenticiteit en originaliteit uitstralen. Integendeel, het beschermende aura vergroot naarmate nieuwheid en reproduceerbaarheid opvallender op de voorgrond treden. Reproduceerbaarheid symboliseert immers onsterfelijkheid. Hoe groter het verlangen om aan de dood te ontsnappen en zich op een stabiel zelfbewustzijn te kunnen beroepen, des te excessiever men moet consumeren. Zo simpel is dat. De koopwoede die zich van Gladney meester maakt bij een uitstapje naar het winkelcentrum met vrouw en kinderen maakt zijn naïeve geloof in dat credo pijnlijk duidelijk. Jack koopt omwille van het kopen en beweert dat zijn zelfrespect zo toeneemt en hij ongekende facetten in zijn persoon ontdekt. DeLillo vertrouwt erop dat de flinke portie ironie in dit soort passages zijn boodschap duidelijk maakt. De figuur waarmee hij de lezer confronteert, is evenzeer een lege doos als de producten zelf; elk winkelbezoek is een oefening om de "universele derde persoon" uit de kijkkast te worden.

Het zal duidelijk zijn dat we evenmin DeLillo's stem horen wanneer "Mastercard, Visa, American Express" als de heilige drievuldigheid aangesproken worden, of wanneer geld spenderen gerelateerd wordt aan een stijgend levenskrediet, alsof elke betaalhandeling een schietgebedje is voor een jaartje langer leven. Wanneer Gladney's doodsangst na blootstelling aan een giftige gaswolk in Blacksmith ongehoorde proporties heeft aangenomen, kan de consumptieheilsboodschap niet langer verlossing brengen. Uitgerekend tijdens zijn zoektocht naar Dylar, de pillen die zijn vrouw slikte omdat ze doodsangst zouden wegtoveren, rommelt Jack door het huishoudelijk afval en voelt zich een "schender van de privacy" van zijn gezin: het bewijs dat de persoonlijkheden van zijn naasten en hemzelf afhangen van de marktproducten waarmee ze zich verpakken (*White Noise*, p. 258).

Hitler daarentegen blijft een veilige haven. Als geen ander slaagde hij erin om zich van een massale fascinatie voor zijn persoon te verzekeren door een aura van onheil, calamiteiten en dood rond zijn figuur te scheppen en die uitstraling in de media uit te spelen. Het beeldscherm schept immers de nodige distantie tussen de gruwelijke werkelijkheid en de toeschouwer waardoor de weg naar esthetisering en fictionalisering openligt. De massa weet zich door Hitler, net zoals door gemediatiseerde rampspoed, verzekerd van "een schild tegen hun eigen dood". Het succes dat Gladney als Hitlerdocent bij de studenten oogst, dankt hij overigens aan een zekere overdracht van Hitlers duistere maar beschermende aura op zijn eigen persoon. Maar ook dat verschaft hem niet voldoende innerlijke rust. Het boek eindigt in Jacks wanhopige poging om zelf een moordscenario uit te voeren – nota bene door de wonderdokter om te brengen die zijn vrouw tot overspel verleidde – en zo levenskrediet te kopen. Zijn oorspronkelijke intentie stuit gelukkig op zijn mededogen en leert hem bovenal dat iedereen, hijzelf incluis, steeds weer verstrikt raken in voorgekauwde verhalen die geen uitkomst bieden. DeLillo is duidelijk: al de schijnbaar zaligmakende verhalen die onze cultuur beheersen, schenken op geen enkel moment volkomenheid of authenticiteit, en vervullen geenszins het transcendente verlangen naar een constitutieve orde waarin persoonlijke vrijheid overeind blijft.

Suggereert de auteur daarmee dat de postmoderne cultuur werkelijk niets meer te bieden heeft dan het buitengewone in het alledaagse dat te vinden is op televisie, in supermarkten, roddelblaadjes en in staaltjes van technologisch vernuft, waarvan steeds ook een bedreiging uitgaat? DeLillo ironiseert de aantrekkingskracht van al deze 'nieuwe verhalen' niet zonder meer, omdat hij ze beschouwt als antwoorden op de vraag "Als de oude God de wereld verlaat, wat gebeurt er dan met alle onverbruikte geloof?" (*Mao II*, p. 7). Tegelijk lijkt een waarachtig welwillend mysterie veraf in de cultuur die DeLillo ontrafelt als een speeltuin voor ideologieën met duistere kantjes. En toch. In *Underworld* vinden we wel degelijk de aanzetten voor een hoopvol alternatief tegenover de tirannie van het "fast-forward denken", de heerschappij van de technologie, de greep van consumentenkapitalisme en spektakelcultuur op de volwaardige, vrije ontwikkeling van het individu.

DE MACHT VAN DE GESCHIEDENIS VS. HET INDIVIDUELE ZELF

Deze kroniek van de Amerikaanse cultuur sinds de jaren vijftig onderzoekt de gevaarlijkste uitwasemingen van de Koude Oorlog: wapenproliferatie, het militair-industriële complex, en de oncontroleerbare nucleaire, chemische en huishoudelijke afvalberg. *Underworld* gaat van start met een proloog die de lezer meeneemt naar de Polo Grounds waar op 3 oktober 1951 de historische Giants-Dodgers confrontatie plaatsvond. Toen de nederlaag van de Giants een feit leek, sloeg Bobby Thomson er een homerun die het tij van de match keerde waardoor de Giants alsnog de titel pakten. Op datzelfde moment lanceerden de USSR een atoombom in Kazachstan, wat voor een cruciaal moment in de Koude Oorlog zorgde. Deze historische verdubbeling van een tweestrijd vroeg als het ware om een subjectieve uitbreiding. DeLillo wou, zo schrijft hij in "The Power of History", tegenover de "macht van de geschiedenis, zo krachtig, zichtbaar en echt" een andere geschiedenis tonen in *Underworld*, en wel die van "het individuele zelf". Het belang van het individuele in de geschiedenis overstijgt immers nauwelijks dat van een vervangbaar onderdeeltje in een complex netwerk gestuurd door onzichtbare auteurs. Steeds dreigt het individu ondergraven te worden door de bedreigende schaduwwerelden waarvoor geheime scenario's in heden én verleden verantwoordelijk zijn.

In de roman laat DeLillo de verwevenheid tussen deze "onderwe-relden" onder meer tot uiting komen door een omgekeerde chrono-logie te hanteren. Hiermee wil hij aantonen hoe de oorzaken van de huidige ontbinding van de Amerikaanse gemeenschap tot een verza-meling geïsoleerde en vervreemde individuen, in de vroeg-naoorlogse periode te vinden zijn. Op de proloog volgt dan ook een hoofdstuk uit de jaren negentig waarin het hoofdpersonage Nick Shay geïntro-duceerd wordt. Hij is op dat moment een vijftigjarige middenklasser die zich van jonge crimineel in de Bronx heeft opgewerkt tot een gevierd afvaldeskundige. Daarna gaat het verhaal stapsgewijs terug tot de jaren vijftig waarbij DeLillo steeds aandacht besteedt aan de belang-rijkste historische gebeurtenissen van het betreffende decennium. Het boek sluit af met een epiloog die zich enerzijds opnieuw in de jaren negentig afspeelt, maar anderzijds in een tijdloze cyberspace-achtige ruimte. Vooral dit Bildungsverhaal van Nick Shay, maar ook de lot-gevallen van andere personages, illustreren zo de impact van het angst-aanjagende verleden op het subject en het verband tussen de lasten van het verleden en de vervreemding. Tegelijk manifesteert zich in de pers-onages ook het verlangen naar eenheid en harmonie, waarbij DeLillo een mogelijke oplossing hoofdzakelijk door zijn hoofdpersonage Nick realiseert. Maar later meer daarover.

DeLillo laat in "The Power of History" uitschijnen dat *Underworld* zijn eerste historische roman zou zijn. Het is inderdaad de eerste his-torische roman waarin hij hoop op verandering suggereert. Maar eer-der waagde hij zich al aan het genre met *Libra* (1988). Deels door het populaire onderwerp bereikte DeLillo een groot publiek met die roman. Het centrale historische gegeven van het boek is immers de moord op JFK in 1963, die nog steeds niet helemaal is opgehelderd. De centrale figuur van de roman is bijgevolg Lee Harvey Oswald. DeLillo presenteert in zijn roman een plausibele versie van de samen-zweringtheorieën en van de rol die Oswald daarbij speelde. Hij illus-treert in *Libra* tevens de typisch Amerikaanse paranoia die na de trau-matische aanslag op de president nog toenam. Maar doorheen deze narratieve lijn weeft DeLillo ook bespiegelingen over de mogelijkheid objectieve historiografie te bedrijven, en dit via de de figuur van Nicholas Branch, een voormalig CIA-agent belast met de accurate reconstructie van de 'feiten'. Door Oswalds preoccupatie met zijn eigen rol in de geschiedenis, belicht DeLillo tenslotte, net als in zijn vorige werken, ook de moeilijke verhouding tussen het individuele en het publieke leven. Hij besteedt dan ook veel aandacht aan het psychologisch portret van Oswald, dat nog maar weinig sporen draagt van zijn gangbare typering als eenzame gek. Zeer tegen de zin van rechtse conservatieve critici, verschijnt Lee als een *everyman* en kan zijn lot gezien worden als een vluchtpoging uit de benauwende kapitalistische omgeving, vergelijkbaar met die van Lyle Wynant in *Players* (1977). Bovendien zijn het geheime leven en de alternatieve identiteiten die Lee aanvankelijk voor zichzelf uittekent een ver doorgedreven vorm van de kluizenaarsimpuls die ook andere van DeLillo's personages al ontwikkelden om aan de onzichtbare maar al te voelbare socio-economische machinaties te ontsnappen. Door de angstaanjagende ervaring van de werkelijkheid als een totaliserend geheel expliciet te verbinden met de geschiedenis zelf, voegt DeLillo in *Underworld* aan deze visie een historische dimensie toe.

Door de grenzen te laten vervagen tussen zijn persoonlijke wereld en de wereld in het algemeen, mutatis mutando de geschiedenis, wil Oswald zich tot een betekenisvolle entiteit in de cultuur verheffen. Maar David Ferrie, een personage met een sterke interesse voor astrologie en wellicht een spreekbuis voor DeLillo zelf, legt aan Oswald uit dat het verloop van de geschiedenis fundamenteel onafhankelijk is van menselijke ingrepen en dat uiteindelijk niemand een wezenlijk verschil kan maken, welke pogingen hij daartoe ook onderneemt. Elk individu is volkomen onderworpen aan hetzelfde allesoverstijgende en onvatbare plan.

Underworld nodigt echter uit tot een correctie op deze sombere visie. Enerzijds besteedt de roman heel veel aandacht aan de zogenaamde "geheime geschiedenis", het werk van menselijke beslissingen, waarvan de impact op het individu ontegensprekelijk voelbaar is. Anderzijds maakt de notie van het dreigende onvatbare plan uit *Libra* plaats voor de suggestie van een welwillende mysterie waaraan het individu zijn identiteit kan afmeten. In de proloog waarin de baseballmatch centraal staat, zelf een mooi voorbeeld van de "geschiedenis van het volk", sluist DeLillo al meteen de "geheime geschiedenis" binnen waarachter de machtige spelers in het bestel schuilgaan. De historisch correcte aanwezigheid van toenmalig hoofd van de FBI, Edgar J Hoover, bood DeLillo immers een uitgelezen kans om de lezer met zijn neus op de dagelijkse realiteit buiten de Polo

Grounds te drukken. Uitgerekend tijdens de match wordt Hoover ingelicht over de Russische atoomtest. Zijn overpeinzingen daarbij geven uitdrukking aan DeLillo's interpretatie van de naoorlogse periode. Edgar J. Hoover vraagt zich af welke geheime geschiedenis de Sovjets aan het schrijven zijn. Als één van de hoofdontwerpers van de verborgen Amerikaanse geschiedenis is hij er zich immers terdege van bewust dat de geheime technologie van de Bom tal van verwante geheimen genereert.

DeLillo laat er geen twijfel over bestaan dat de politieke machtshebbers de bestaande onrust bij de Amerikanen over de Russische dreiging dan ook aangrepen om een 'Ons tegen Hen'-gevoel in het leven te roepen en uit te bouwen tot de heuse fundering voor de Amerikaanse identiteit. Doorheen de mijmeringen van radioverslaggever Russ Hodges na de bewuste baseballmatch, laat de auteur verstaan dat het gepropageerde 'Ons' een bindmiddel was, gevoed door collectieve angst en onbegrip voor "de reusachtige, zich ontwikkelende strategieën van eminente leiders" die een cultuur schiepen waar een oprecht gemeenschapsgevoel vrijwel onmogelijk was (*Onderwereld*, p. 66). De constante onderhuidse doodsangst opgewekt door de Bom, de paranoia gevoed door de geheime diensten en de propaganda tegen het Rode Gevaar waren factoren genoeg om zich binnenshuis terug te trekken met een alsmaar grotere individualisering tot gevolg.

Maar het gebrek aan een oprecht gemeenschapsgevoel, de verscholen onrust en de onzekerheid bij het individu, kortom het Januskarakter van de naoorlogse maatschappij, valt niet enkel te verklaren vanuit deze al dan niet effectieve oorlogstoestand. In de innerlijke strijd van een aantal personages onthult DeLillo ook in deze roman de haast onweerstaanbare macht van manipulatiestrategieën en onzichtbare mechanismen die de eigen institutionele elite aanwendt om het verloop van de geschiedenis te dirigeren en het gedrag en wereldbeeld van het subject te sturen. De geheime belangen achter de Amerikaanse steun aan een aantal Latijns-Amerikaanse regimes of het omverwerpen ervan onder het mom van "containment" van het Rode Gevaar, het CIA complot dat *Libra* suggereert bij de moord op JFK, de Vietnamperikelen: het zijn maar een paar voorbeelden die in *Underworld* aan bod komen als bewijzen van de verborgen agenda die de eigen bewindvoerders er steeds op nahouden. Maar ook de Grote Verhalen uit de vorige romans worden aangehaald als voorbeeld van de wijze waarop de institutionele elite probeert eventuele ontevredenheid over de eigen huishouding in de kiem te smoren.

Tegelijk legt DeLillo meer dan in enig ander werk de nadruk op die momenten in de voorbije halfeeuw die het de elite wel heel erg moeilijk maakten om kritische reflexen bij de bevolking te verhinderen. Zo is er de passage rond de staking van de huisvuilophalers, waardoor mensen geconfronteerd werden met de gevolgen van hun excessieve consumptiedrang. Het protest tegen Dow Chemicals verwijst dan weer naar een spontane grotere bewustwording van de gevaren verbonden aan de industriële massaproductie van onze geurige zeepjes en detergenten. Nick bezoekt verschillende afvalopslagplaatsen en realiseert zich telkens opnieuw de onoplosbaarheid van nucleaire afvalprobleem en de angstaanjagende oncontroleerbaarheid van de aangroei van huishoudelijk afval. In het verlengde daarvan voert DeLillo in *Underworld* meer dan in andere werken personages op die zich vrij snel bewust worden van de verwevenheid tussen de verschillende dominante systemen in de maatschappij en van de ongezonde samenwerking tussen de machtige spelers in het technocorporatistische bestel. Het personage Matt, bijvoorbeeld, wordt tijdens de oorlog in Vietnam getroffen door de gelijkenis tussen een vat "agent orange" en een busje "Minute Maid jus d'orange". Hij beseft dat je het verschil tussen beiden niet meer kan zien als hetzelfde massale systeem ze verbindt op niveaus die je niet kan bevatten. Anderzijds is het Nick die tijdens een werkbezoek aan een Kazachstaanse testsite voor de verwerking en beheersing van radioactief materiaal, oog in oog wordt geplaatst met de schade die de nucleaire wapenproliferatie en radioactief afval reeds heeft aangebracht. Misvormde en gehandicapte kinderen confronteren hem met een werkelijkheid die door de autoriteiten tot in de jaren negentig doodgezwegen kon worden.

De kracht van het Woord

In *Onderwereld* is het de werkwijze van de kunstenares Klara Sax die een haalbaar perpectief biedt op vrijheid en autonomie – hoewel hier niet mee gesuggereerd wordt dat alle kunstenaars in DeLillo's werk de oppositionele esthetica van de auteur uitdragen. Het meest frappante voorbeeld betreft haar methode om afval tot kunst te transformeren door gedeactiveerde B52s te beschilderen. Hiermee bezweert ze als het ware de angst voor de oncontroleerbaarheid van de afvalberg in de hedendaagse cultuur. Ook DeLillo maakt afval niet enkel tot thema maar eveneens tot ondersteunend principe van wat we een esthetica van de recyclage kunnen noemen. Die recyclage heeft naast de recontextualisatie van thema's ook betrekking op de recuperatie van literaire stijlen en conventies evenals op het spel van de intertextualiteit. Maar bovenal beoogt de auteur om verschillende redenen de recyclage van verloren gewaande idiomen. In "The Power of History" verduidelijkt hij zijn intentie om halfvergeten idiolecten, de *slang* in de naoorlogse periode, de *adspeak* van Madison Avenue, de taal die je hoort in streetgames en gesprekken op de hoek van de straat, te laten herleven. "Laat taal de wereld scheppen. Laat haar het geloof in conventionele re-creatie breken" luidt het credo. Taal kan een vorm van "countergeschiedenis" in het leven roepen. Het conceptualiseren van de geschiedenis als taal biedt bovendien de mogelijkheid om de onderdrukte diversiteit van stemmen en van culturele discours, die symbool staan voor de vrijheid van het individu, te laten conflicteren met de machtige enkelvoudige stem van de staat, big business en producten.

Taal heeft dus onmiskenbaar een realiteitsscheppende kracht bij DeLillo, een ontologische functie die bovendien subversief is. Tegelijk echter maakt DeLillo royaal gebruik van zijn onvergelijkbare talent om ook het jargon van die heersende groepen op te pikken en zo de discours die de hedendaagse maatschappij overspoelen, te parodiëren. Sport, business, politiek, media, academia, geneeskunde, de entertainmentindustrie, journalistiek, wetenschap, technologie, het militaire discours: al die constituenten van 'de' macht worden door DeLillo veroordeeld als talige dragers van tirannieke ideologische systemen die het individu verstikken. Met dit geloof in de realiteitsscheppende kracht van taal gaat DeLillo in tegen de postmoderne opvatting dat taal enkel zichzelf representeert en geen transparant medium is, maar een op zichzelf besloten complex systeem dat wel kan noemen, maar waarbij het genoemde altijd aan de aandacht blijft ontsnappen. In *The Names* (1982) exploreert DeLillo deze postmoderne visie in al zijn vormen. Maar in datzelfde boek doet zich ook een kentering voor en komt DeLillo uiteindelijk tot een genuanceerde conclusie over taal. In een creatieve omgang met taal zoals die waarmee een onbevangen kind gezegend is, ligt een bevrijding en een wonderlijk mysterie waarbij het enigma van de veronderstelde betekenisloosheid van taal in het niets verzinkt.

Meer nog dan tegen de postmoderne opvatting van taal, ageert DeLillo tegen de *hardline* postmodernen die de tweedimensionaliteit van de contemporaine cultuur als een *fait accompli* beschouwen en subjectiviteit voorstellen als een beeld. DeLillo verzet tegen de idee dat de realiteitsoppervlakte die we aanschouwen niet te doordringen zou zijn, door te stellen dat het individu doorheen een intens doorleefd contact met taal een dieper welwillend mysterie op het spoor kan komen dat staat tegenover de verpletterende ongrijpbaarheid van het totaalsysteem dat angst en vervreemding voedt. Hij stelt zich het principieel onmogelijke doel het fundamenteel onnoembare en onzegbare uit te drukken om zo de realiteit van een richtinggevend anker te voorzien. Hiermee belanden we meteen bij het perspectief op vrijheid dat DeLillo ook weggelegd ziet voor het doorsnee individu dat niet over kunst beschikt om zijn eigenheid tot uitdrukking te brengen en om de diverse machten die hem overrompelen, te bestrijden. In *Underworld* wordt DeLillo's eigen fascinatie voor de subversieve kracht van taal om de werkelijkheid te kennen, door een aantal personages verwoord. Zo probeert Father Paulus, een onomasticus, aan de hand van de benamingen voor de onderdelen van een schoen de jeugdige Nick diets te maken dat het onverwoorde, ook het principieel kenbare en verwoordbare, onzichtbaar blijft zolang het niet benoemd wordt. Nick leert van de geestelijke dat "de enige manier om te ontsnappen aan de zaken die je gemaakt hebben" besloten ligt in een actief engagement om de rijkdom van taal te exploreren (*Onderwereld*, p. 543). Het boek ontmaskert ook het *schijnbaar* onzegbare als een strategie om een ongewenste realiteit te verdonkeremanen. Zo legt een collega in Kazachstan aan Nick uit dat het woord 'straling' simpelweg gebannen werd onder het Sovjetregime.

Onderwereld stelt echter ook dat de hunkering naar een herkenbaar transcendent kader waartegen men de zin van het bestaan kan afmeten worden, slechts gestild kan worden door een *mot pure*. En ook al slaagt Nick er niet in dat bevredigend woord te vinden, dat neemt niet weg dat DeLillo het bestaan van een dergelijk numineus woord wel suggereert. Nick mag dan wel beweren dat de meeste menselijke verlangens steeds onvervuld zullen blijven en dat we steeds zullen hunkeren naar iets wat verloren of vervlogen of anderszins onbereikbaar is, toch bereikt hij een zekere innerlijke rust. Bovendien besluit de roman met een veelzeggend "Vrede", misschien voor het eerst de stem van de auteur zelf in het werk en DeLillo's voorlopige poging om het onnoembare mysterie uit te drukken.

In *The Body Artist* (2001), het minimalistische werkje dat na *Underworld* verscheen, ziet DeLillo af van elke franje om zich volledig te concentreren op de verhouding tussen taal, lichaam en bewustzijn. In *Cosmopolis*, DeLillo's jongste roman, is het zoeken naar een spoor van dat optimisme in de subversieve mogelijkheden van taal als krachtdadig verweermiddel tegen de vervreemding in de hedendaagse hoogtechnologische Amerikanse cultuur. Anderzijds laat het essay "In the Ruins of the Future", dat DeLillo schreef kort na de aanslagen van 9/11, vermoeden dat de houding die de auteur aanneemt in *Cosmopolis*, geenszins de bovenhand zal halen. Het is echter nog even afwachten in welke mate de inzichten in dat essay omtrent de kracht van verhalen en de nood om de realiteit op een groter aantal manieren te bekijken, in een volgende roman een hoopvolle uitdrukking zullen vinden.

Beknopte Bibliografie

Primaire literatuur
Americana, Boston: Houghton Mifflin, 1971.
End Zone, Boston: Houghton Mifflin, 1972.
Great Jones Street, Boston: Houghton Mifflin, 1973.
Ratner's Star, New York: Knopf, 1976.
Players, New York: Knopf, 1977.
Running Dog, New York: Knopf, 1978. (*Jachthond*, vert. Marijke Koch, Amsterdam: Anthos, 2000.)
The Names, New York: Knopf, 1982.
White Noise, New York: Viking, 1985. (*Witte Ruis*, vert. Rien Verhoef, Amsterdam: De Bezige Bij, 1986.)
Libra, New York: Viking, 1988. (*Weegschaal*, vert. Jan Fasteneau, Amsterdam: Bakker, 1989.)
Mao II, New York: Viking, 1991. (*Mao II*, vert. Frank van Dixhoorn, Amsterdam: Bakker, 1992.)
Underworld, New York: Scribner, 1997. (*Onderwereld*, vert. Marijke Koch, Amsterdam: Anthos, 1998.)
The Body Artist, New York: Scribner, 2001. (*Lichaamskunst*, vert. Harry Pallemans, Amsterdam: Anthos, 2001.)
Cosmopolis, New York: Scribner, 2003.
"The Power of History", *New York Times Magazine*, 7 Sept. 1997, pp. 60-63.

Secundaire literatuur
COWART, David. *The Physics of Language*, Athens: U of Georgia P, 2002.
DUVALL, John. *Don DeLillo's Underworld: A Reader's Guide*, New York: Continuum, 2002.
FRANZEN, Jonathan. "Why Bother?", in *How to be Alone*, London: Fourth Estate, 2002, pp. 55-97.
LENTRICCHIA, Frank (red.). *Introducing Don DeLillo*, Durham: Duke UP, 1991.
LENTRICCHIA, Frank (red.). *New Essays on White Noise*, New York: Cambridge UP, 1991.
OSTEEN, Mark. *American Magic and Dread. Don DeLillo's Dialogue with Culture*, Philadelphia: U of Pennsylvania P, 2000.
TABBI, Joseph. *Postmodern Sublime. Technology and American Writing from Mailer to Cyberpunk*, Ithaca: Cornell UP, 1995.
RETTBERG, Scott. "American Simulacra: Don DeLillo's Fiction in Light of Postmodernism", *Undercurrents* 7 (1999). online.

JAMES ELLROY
(1948-)

Theo D'HAEN

HELLEHOND VAN DE AMERIKAANSE LITERATUUR

De Amerikaanse romancier James Ellroy koestert zijn koosnaampje "de hellehond van de Amerikaanse literatuur". Hij laat zich ook graag fotograferen naast een paar bloeddorstig uitziende honden, bij voorkeur even kaal en gladgeschoren als hijzelf. Bij hun eerste ontmoeting, zo herinnert zich Ellroys tweede vrouw, Helen Knode, vond ze dat er van hem "geweldige dreiging" uitging, een "nauwelijks ingetoomd geweld". Dat publieke imago, zorgvuldig gecultiveerd, komt de verkoop van Ellroys boeken ongetwijfeld ten goede. Ellroy is een populaire auteur. Dat bewijzen zijn verkoopscijfers. Zijn werk laat echter ook zien hoe in onze postmoderne tijden de grenzen tussen de officiële en de populaire literatuur in snel tempo worden gesloopt. Ellroy debuteerde in het begin van de jaren tachtig in het misdaadgenre. In de jaren negentig groeide hij uit tot toonaangevend Amerikaans auteur.

Ellroy werd geboren in Los Angeles, op 4 maart 1948. Zijn moeder, Geneva Hilliker, was een verpleegster. Zijn vader was boekhouder bij een filmmaatschappij in Hollywood. Toen Ellroy vier was gingen zijn ouders uit elkaar. Hij werd opgevoed door zijn moeder, die een nogal woelig leven leidde. Op 22 juni 1958 kreeg Ellroy te horen dat zijn moeder dood was gevonden, op straat. Blijkbaar was ze de nacht tevoren gewurgd door een man die ze in een bar had opgepikt. De moord werd nooit opgehelderd. In zijn werk komt Ellroy voortdurend terug op deze gebeurtenis uit zijn jeugd. Zijn tweede roman, *Clandestine* (1982), brengt een gefictionaliseerde versie van Geneva Hillikers dood. *My Dark Places* (1996) is een autobiografisch verslag van hoe Ellroy zelf, geholpen door de gepensioneerde rechercheur Bill Stoner, meer dan twintig jaar na datum de moord op zijn moeder reconstrueerde, evenals het politioneel onderzoek dat erop volgde. Ook in veel ander werk van zijn hand echter speelt wat met Geneva Hilliker gebeurde een rol. Centraal in *Blood on the Moon* (1984), de eerste aflevering van de zogenaamde Lloyd Hopkins trilogie – met als overige delen: *Because the Night* (1985) en *Suicide Hill* (1986) – staan de moorden op een twintigtal vrouwen. De bijzonder gruwelijke echt gebeurde moord op een knappe jonge prostituee, Betty Short, in 1947, levert de intrige voor *The Black Dahlia* (1987). In *L.A. Confidential* (1990) wordt detective Bud White geobsedeerd door een reeks moorden op prostituees.

Ellroy kende een moeilijke jeugd. Hij werd weggestuurd van school in 1965. Zijn vader stond erop dat Ellroy dienst nam in het leger. Ellroy zorgde er echter prompt voor dat hij uit het leger werd ontslagen toen zijn vader nog tijdens zijn opleiding stierf. Van 1965 tot 1977 leidde Ellroy een zwervend bestaan, meestal in Los Angeles. Hij belandde regelmatig in de gevangenis voor kleine vergrijpen, zoals openbare dronkenschap. In 1977 trad hij toe tot Alcoholics Anonymous, en begon te werken als caddy voor een golfclub in Hollywood. Een golfclub vormt ook de achtergrond voor Ellroys eerste roman, *Brown's Requiem* (1981). De hoofdpersoon, Fritz Brown, is een liefhebber van klassieke muziek, liefst Duits, liefst Romantisch. Hij is ook een alcoholicus, en een geweldenaar. Brown had ooit academische ambities, maar is uiteindelijk privé-detective geworden, gespecialiseerd in het in beslag nemen van auto's waarvan de eigenaars achterstallig zijn met hun afbetalingen. Brown wordt ingehuurd voor wat een routineklusje lijkt: het schaduwen van een jonge vrouw en haar oudere weldoener, en mogelijk minnaar. Al snel echter blijkt Brown verwikkeld in een zaak van rassenhaat en rechts extremisme. De intense verwevenheid tussen misdaad en politiek zal een constante blijken in Ellroys werk. Minder uitgesproken in de romans uit de jaren tachtig, neemt vanaf de jaren negentig, en vooral sinds *American Tabloid* (1995), de politiek zelfs duidelijk de bovenhand op de misdaad als belangrijkste voedingsbron voor Ellroys werk. In 1984 verhuisde Ellroy van Los Angeles naar de Oostkust van de Verenigde Staten, naar Connecticut, en huwde Marie Doherty. Midden jaren negentig vestigde hij zich met zijn tweede vrouw, Helen Knode, in Kansas City.

Met *Brown's Requiem* toonde Ellroy dat hij gerust zijn voet kon zetten naast de besten uit de Amerikaanse "hard-boiled" privé detectivetraditie. Hoe schatplichtig Ellroy overigens was aan die traditie blijkt al meteen bij het begin van *Brown's Requiem*, dat opent met een scène die wel afgekeken lijkt van de grootmeester in het genre, Raymond Chandler:

> De zaken gingen goed. Zo ging het elke zomer. De smog en de hitte kwamen opzetten en namen bezit van de kom tussen de heuvels waarin L.A. ligt; de mensen werden zo loom en ongemakkelijk dat ze er bijna aan kapot gingen; oude voornemens werden opgegeven; aangegane verplichtingen werden niet nagekomen. En ik voer daar wel bij: mijn bureau lag vol met opdrachten om auto's waarvan de betalingen achterstallig waren in beslag te gaan nemen, van miezerige Datsun Sedans tot peperdure Eldorado Ragtops, en van het zwarte Watts tot Pacoma, waar de rijken wonen. Achter mijn bureau, met een vioolconcert van Beethoven op de radio en lurkend aan mijn derde kop koffie rekende ik uit hoeveel ik zou vangen, na onkosten. (*Brown's Requiem*, p. 11)

Na deze eerste roman echter zette Ellroy zich bewust af tegen Chandler en diens hoofdpersoon Philip Marlowe uit *The Big Sleep* (1939). In het voorwoord tot de heruitgave van *Browns's Requiem* in 1995 stelde Ellroy zelfs dat Chandler voor hem een "icoon was waaraan hij een grondige hekel had gekregen", en dat hij er niets bij te winnen had hem verder na te volgen. In een voorwoord tot de gebundelde heruitgave van de Lloyd Hopkins-trilogie onder de titel *L.A. Noir* (1997), betoogde Ellroy dat Hopkins, een racistische, gewelddadige en seksistische politieagent, zijn "tegengif was tegen de overgevoelige, halfbakken en voortdurend filosoferende privé detective".

L.A. NOIR

Vanaf het midden van de jaren tachtig kiest Ellroy resoluut voor het genre van de zgn. police procedural, waar niet een privé detective de hoofdrol speelt, maar wel één of meerdere leden van het politionele apparaat. Daarmee schaart hij zich bij diegenen die stellen dat de hedendaagse Amerikaanse maatschappij zo complex is dat een eenzame detective onmogelijk nog het verschil kan maken. Enkel een machtsapparaat dat kan beschikken over alle moderne technologische en andere middelen kan dat. Dat wil daarom nog niet zeggen dat dit machtsapparaat zich noodzakelijk ook inzet voor het welzijn van de burgers van die Amerikaanse maatschappij. Integendeel zelfs. Het is deze paradox die Ellroy uitwerkt in de drie opeenvolgende reeksen romans die hij sedert 1984 heeft gepubliceerd, en die een voortdurend ruimere horizon bestrijken. De enige "losse" werken uit zijn oeuvre sindsdien zijn *Silent Terror* (1986, ook uitgebracht als *Killer on the Road*), waarin we doorheen de ogen van een seriemoordenaar kijken; het al genoemde autobiografische *My Dark Places*; *Dick Contino's Blues and Other Stories* (1994); *Hollywood Nocturnes* (1994), een verhalenbundel; en *Crime Wave: Reportage and Fiction from the Underside of L.A.* (1999).

De eerste van de betrokken reeksen is het al genoemde *L.A. Noir*, met als centrale figuur de antipathieke, gewelddadige Lloyd Hopkins, detective bij de moordbrigade. Seriemoordenaars stonden sterk in de belangstelling in de jaren tachtig, en Ellroy pikte daarop in met *L.A. Noir*. Anders dan bij de meesten van zijn collega's echter – denken we maar aan *Red Dragon* en *Silence of the Lambs* van Thomas Harris – zijn Ellroys seriemoordenaars niet enkel psychologisch ontspoorde eenzaten, psychopaten met persoonlijke obsessies. Zij worden vaak ook gedreven door racistische ideologieën, en met name de overtuiging van de blanke suprematie.

Hoewel Lloyd Hopkins en zijn tegenspeler, Teddy Verplanck, in *Blood on the Moon* op het eerste gezicht tegenpolen lijken, hebben ze toch heel veel met elkaar gemeen – onderhuids. Beiden maakten ongeveer hetzelfde mee in hun jeugd. Het verschil tussen beiden zit hem in hoe ze met die ervaringen omgaan. Of, preciezer: in hoe de maatschappij de manier waarop ze er mee omgaan beloont dan wel bestraft. Zowel Hopkins als Verplanck werden op zeer prille leeftijd seksueel misbruikt. De roman vangt aan met een zeer expliciete beschrijving van hoe Verplanck anaal wordt verkracht door twee klasgenoten, die zich op hem willen wreken om wat zij zien als zijn arrogante afstandelijkheid en intellectueel overwicht. Door deze ervaring wordt Verplanck een verdoken homoseksueel, en na verloop van tijd een seriemoordenaar. Over een periode van twintig jaar vermoordt hij een reeks jonge vrouwen, en uiteindelijk ook één van de twee vroegere klasgenoten die hem verkrachtten. Net zoals Verplanck moet Hopkins afrekenen met een vreselijk verleden. Toen Hopkins acht was werd ook hij verkracht, door een oude zwerver die hij tot dan als zijn vriend had beschouwd. De moeder van Hopkins executeert de zwerver. Hopkins zelf verdringt de herinnering. Het enige wat hij er aan overhoudt is een onoverkomelijke afkeer van luide muziek, daar zijn verkrachter gedurende de twee dagen dat hij Hopkins gevangen hield en misbruikte, steeds luide muziek draaide. Net zoals Verplanck maakt ook Hopkins onophoudelijk jacht: op jonge vrouwen – niet om ze te vermoorden, wel om ze seksueel te veroveren – en op misdadigers, en wel specifiek moordenaars. Zowel seksueel als wat de uitoefening van zijn ambt betreft schrikt Hopkins niet terug voor buitensporig geweld, en hij heeft geen enkele scrupule als het erop aankomt een misdadiger uit de weg te ruimen. Waar Verplanck in de ogen van de maatschappij een misdadiger is, mag Hopkins doden onder de dekmantel van de wet.

Ellroy beklemtoont de fundamentele verwantschap tussen Hopkins en Verplanck door beiden te laten vallen op dezelfde vrouw: Hopkins heeft een verhouding met de vrouw waarop Verplanck twintig jaar geleden verliefd was, of waarmee hij zich in elk geval identificeerde, en wiens vernedering en verloochening door een groep medestudentes hij wil wreken met zijn seriemoorden. Ellroy onderstreept die verwantschap echter ook door Verplanck de "bloedbroeder" van Hopkins te noemen wanneer beiden letterlijk in een gevecht op leven en dood verwikkeld zijn over deze vrouw:

> Toen de schijnwerper aankwam stond Teddy Verplanck drie meter van hem vandaan, klaar om zijn lot onder ogen te zien met een kaliber 32 automatisch pistool en een honkbalknuppel bezet met spijkers.
> Beide mannen vuurden tegelijkertijd. Teddy greep naar zijn borst en sloeg achterover op hetzelfde ogenblik dat Lloyd de kogel in zijn lies voelde scheuren. Zijn vinger haalde de trekker over en de terugslag sloeg het pistool uit zijn hand. Hij viel op de vloer en zag dat Teddy op hem af kwam kruipen, met de spijkers op de knuppel glinsterend in het withete licht.
> Lloyd haalde zijn kaliber 38 met korte loop boven en hield hem opwaarts, wachtend tot hij Teddy in de ogen kon kijken. Toen Teddy boven op hem lag en de knuppel omlaag kwam en hij kon zien dat zijn bloedbroeder blauwe ogen had, haalde hij de trekker zes keer over. (*L.A. Noir*, pp. 269-70)

Hoewel zijn pistool ongeladen blijkt, ontsnapt Hopkins toch aan een gewisse dood door de tussenkomst van een collega. De verwondingen die Verplanck hem toebracht overleeft hij echter slechts door een massale transfusie van bloed van diezelfde Verplanck, net wanneer die zijn laatste adem uitblaast. Naderhand moet Hopkins er van worden doordrongen dat Verplanck niet zijn echte broer is, een trauma dat hij heeft opgedaan tijdens het gevecht, maar dat ook teruggaat op Hopkins' verhouding tot zijn eigen broer. Tenslotte is duidelijk dat Hopkins enkel als politieman een min of meer "normaal" leven kan leiden: enkel zo slaagt hij erin zijn gewelddadige neigingen op een voor de maatschappij aanvaardbare manier te kanaliseren.

L.A. Noir biedt ongetwijfeld spannende lectuur, maar grote literatuur kunnen we het niet noemen. Daarvoor zijn de drie romans rond Lloyd Hopkins te melodramatisch van toon, te gechargeerd in hun taalgebruik, te barok en overladen wat de tekening van de personages betreft, te geforceerd qua intrige. De gruweldaden van de hoofdpersonen worden uitvoerig psychologisch gemotiveerd, maar het ligt er alles te dik bovenop. Origineel is wel dat Ellroy van zijn detective geen heilige maakt, maar een monster dat nauwelijks onderdoet voor de seriemoordenaar. Verplanck komt in menig opzicht zelfs sympathieker over dan zijn belager Hopkins. Al even origineel is dat Ellroy radicaal komaf maakt met het idee dat een detective zoals Lloyd Hopkins begaan zou zijn met het welzijn van zijn medemensen, en dat de politie er zou zijn om de maatschappij te beschermen. Hopkins wordt gedreven door dezelfde lage lusten, dezelfde obsessies, hetzelfde kortzichtige egoïsme als Verplanck – en, lijkt Ellroy wel te willen zeggen, als elk van ons.

L.A. QUARTET

L.A. Noir grijpt plaats in het heden, dat wil zeggen de tijd van schrijven van de romans. Met *Clandestine* had Ellroy al een misdaadroman gesitueerd in het recente verleden, in 1951. De vier romans die samen het *L.A. Quartet* vormen bestrijken de periode van de late jaren veertig, in *The Black Dahlia*, over de vroege jaren vijftig, in *The Big Nowhere* (1988), tot 1958, met *L.A. Confidential* en *White Jazz* (1992). Tegelijkertijd slaat Ellroy hier ook maatschappelijk en stilistisch zijn vleugels uit. In het *L.A. Quartet* worden niet de persoonlijke obsessies van één politieman en één misdadiger breed uitgesmeerd.

Hier wordt het proces gemaakt van de politie als machtsinstrument in de handen van de meest diverse maatschappelijke belangen: economisch, sociaal, politiek. Als er één conclusie is die zich daarbij opdringt is het dat al deze maatschappelijke sectoren sterk met elkaar verweven zijn, en met de georganiseerde misdaad. Met recht en rechtvaardigheid heeft dit alles bitter weinig te maken.

The Black Dahlia gaat over de weerzinwekkende moord op een jonge prostituee. We schrijven 1947. Betty Short, algemeen bekend als de "zwarte dahlia" om haar korte, nauwsluitende zwarte jurkjes, wordt vermoord aangetroffen op een stuk vage grond in Los Angeles. Haar lichaam is opengesneden, de organen zijn verwijderd, haar gezicht is ingekerfd zodat het lijkt op dat van een clown. Bucky Bleichert, de hoofdpersoon, uit wiens mond we het verhaal vernemen, wordt met het onderzoek belast. Bleichert is nog bokser geweest, en zo ook zijn maat, Lee Blanchard. Bleichert en Blanchard leven in een ingewikkelde driehoeksverhouding met de jonge Kay Lake. Dit soort driehoeksrelaties komt veelvuldig voor in Ellroys werk, tot en met zijn recente *The Cold Six Thousand* (2001). Dat het dubbelgangersmotief, indien al niet in fysieke dan toch in morele en psychologische zin, zoals we dat in *Blood on the Moon* al aantroffen, ook in *The Black Dahlia* ruimschoots aan bod komt moge al blijken uit het feit dat de namen "Bleichert" en "Blanchard" eenzelfde betekenis hebben, zij het in verschillende talen. Ook dit is een constante in Ellroys werk. We vinden dezelfde elementen bijvoorbeeld ook terug in de derde roman uit het *L.A. Quartet, L.A. Confidential,* waarin Ed Exley en Bud White, aanvankelijk elkaars absolute tegenpolen, eenzelfde vrouw delen, en ook uiterlijk steeds meer op elkaar gaan lijken. De moordenaar in *The Black Dahlia* blijkt uiteindelijk eenzelfde soort psychopaat te zijn als die in *Blood on the Moon*, gedreven door eenzelfde ziekelijke rassenhaat.

Dezelfde thema's keren weer in de volgende romans uit het *L.A. Quartet,* maar van langsom meer verlegt Ellroy het accent van de individuele misdadiger en diens persoonlijke obsessie naar het politieke bedrijf, en naar de alomtegenwoordige corruptie die Amerika ondermijnt. Daardoor worden zijn romans steeds complexer. In *The Big Nowhere* en *L.A. Confidential* volgen we, verteld in de derde persoon, de lotgevallen van een aantal detectives in Los Angeles. *The Big Nowhere* speelt aan het eind van de jaren veertig en het begin van de jaren vijftig. Op één niveau is het een verhaal over de strijd om de macht over de onderwereld van Los Angeles. Op een ander niveau gaat het over hoe politiek rechts in Amerika gebruik maakt van het uitbreken van de Koude Oorlog om zijn positie te versterken. Tenslotte gaat het ook over de strijd om de macht over Hollywood, de "dromenfabriek", en dus ook over de collectieve verbeelding van Amerika. Op een bepaald punt blijken al deze dingen mekaar te raken. Deze lijn wordt doorgetrokken in *L.A. Confidential*, de centrale roman uit het *L.A. Quartet*. De vier romans uit het kwartet worden gedragen door weerkerende personages, zoals de van oorsprong Ierse politieluitenant Dudley Smith. Smith blijkt uiteindelijk de grote boosdoener te zijn, een man die promotie maakt binnen het politiekorps en zich tegelijkertijd tot koning van de onderwereld van Los Angeles kroont.

Drie personages dragen *L.A Confidential*: Ed Exley, Jack Vincennes, en Bud White, bij aanvang van het verhaal alledrie rechercheur in Los Angeles. Eds vader, Preston Exley, was een beroemde rechercheur, die na zijn pensionering een succesrijke bouwondernemer is geworden, en die nu een gooi wil doen naar het gouverneurschap van California. Preston Exley is ook goede vrienden met Raymond Dieterling, Hollywood magnaat, en duidelijk gemodelleerd op Walt Disney. Eds broer was een rechercheur die sneuvelde tijdens een opdracht. Ed is opgevoed met een zeer strikte eerbied voor gezag. Hij is erop uit zijn vader en broer te evenaren. Als een held is hij teruggekeerd van de Koreaanse oorlog. Hij zou eigenhandig tientallen vijanden in de pan hebben gehakt. De waarheid is dat hij zich verborg bij een aanval, en het geluk had als enige te overleven. Als rechercheur doodt hij drie negers die veroordeeld werden voor een groepsverkrachting, en uit de gevangenis ontsnapten. Pas later blijkt dat de negers in kwestie onschuldig waren, en ongewapend.

Bud White kende een ongelukkige jeugd, met een vader die Bud zelf, en diens moeder vaak ongenadig afranselde. Bud heeft er een grondige hekel aan overgehouden voor mannen die vrouwen mishandelen. Hij doet er dan ook alles aan om een serie moorden op prostituees op te helderen. Vincennes tenslotte is een televisieberoemdheid door zijn rol als adviseur bij een van de eerste politieseries. Hij speelt ook politie-informatie door naar schandaalblaadjes. Zo raakt hij betrokken bij de moord op een redacteur van een dergelijk blaadje, dat banden blijkt te hebben met de mysterieuze multimiljonair Howard Hughes.

De verschillende zaken waarmee Ed, Jack en Bud bezig zijn blijken nauw verwant. Voor elk van de misdaden waar de drie rechercheurs aan werken zijn er rechtstreekse schuldigen. De diepere oorzaak voor alle onheil blijkt echter te liggen bij Dieterling en diens uiterst rechtse opvattingen, en bij wie die opvattingen delen of steunen, zoals Preston Exley en de zakenmagnaat en ex-filmster Howard Hughes. Gegeven Walt Disneys rol als "dromenspinner" bij uitstek houdt deze stelling een regelrechte afwijzing in van veel wat Amerika heilig is. Ed Exley zal het tot corpschef brengen. Daarvoor heeft hij wel zijn ziel moeten verkopen aan "het systeem". De ware winnaar is echter Dudley Smith, die alle criminele touwtjes in handen blijkt te hebben gehad. White wordt zwaar gewond, en Vincennes vindt de dood, bij een actie gericht tegen Smiths criminele machine.

Underworld U.S.A.

In de laatste roman in het *L.A. Quartet*, *White Jazz*, verschuift de focus naar Howard Hughes als belichaming van wat er schort aan de Amerikaanse maatschappij. Hughes is de ultieme rassenhater: geobsedeerd door "zuiver" bloed en wat hij ziet als de historische missie van het blanke ras. Hij speelt ook een centrale rol in de trilogie die volgt op het *L.A. Quartet*, en waarvan tot op heden twee afleveringen verschenen: *American Tabloid* en *The Cold Six Thousand* (2001). Aan het begin van *American Tabloid* kijkt Pete Bondurant, één van de drie hoofdpersonen van de roman, toe hoe Hughes zich een dosis heroïne inspuit in een hotelkamer in Las Vegas. Op de televisie lopen berichten over de opstand van Fidel Castro tegen de Cubaanse dictator Batista. Bondurant was ooit politieagent, is nu officieel een privé detective, maar fungeert vooral als manusje-van-alles voor Hughes. Zijn voornaamste opdracht bestaat erin ervoor te zorgen dat zijn baas altijd ruim is voorzien van drugs en vrouwen. Bondurant is ook een goede bekende van de georganiseerde misdaad, en meer in het bijzonder van Jimmy Hoffa, de grote baas van de *Teamsters*, het vrachtrijderssyndicaat.

De tweede hoofdpersoon in *American Tabloid* is Kemper Boyd. Boyd is officieel een agent van de FBI, maar hij werkt ook voor de

CIA, voor de Kennedy-clan, en voor de Maffia. Ward Littell, eveneens een FBI agent, maakt het trio hoofdpersonen rond. Alle personages in *American Tabloid,* en in *The Cold Six Thousand,* worden gedreven door een mengeling van hebzucht, ambitie, machtswellust, seksuele lust, en, ongelooflijk maar waar, idealisme. Dat laatste geldt bijvoorbeeld voor Boyd en Littell, die allebei bewonderaars zijn van Jack en Bobby Kennedy. Beiden worden echter het slachtoffer van belangenconflicten wanneer de Kennedys de georganiseerde misdaad de oorlog verklaren. Hun rechtstreekse baas, J. Edgar Hoover, vreest dat de Kennedys hem uit zijn ambt willen ontzetten, en kiest ervoor te heulen met de Maffia. Hoover is een homoseksueel en een voyeur, en hij is tuk op allerlei roddels, die hij kan gebruiken om zijn tegenstanders te chanteren. Ook Hughes heeft een ongezonde voorkeur voor de smeuïgste details uit het leven van anderen, en vooral op alles wat zijn afkeer van negers kan voeden

Bondurant, Boyd en Littell spelen de Kennedys, de Maffia, Hoover en Hughes tegen elkaar uit. Op hun beurt worden zij tegen elkaar uitgespeeld. De Kennedys blijken trouwens helemaal niet de "witte ridders" te zijn die vooral Littell in hen zag. Boyd voelt zich dan weer eerder tot hen aangetrokken omdat hij zich tot dezelfde sociale elite rekent. Wanneer Littell geschoffeerd wordt door Jack Kennedy vat hij het plan op de president te vermoorden. Dat is een plan waar de Maffia wel oren naar heeft, vooral na het mislukken van de door Kennedy geplande en gesteunde invasie van Cuba – de beruchte "Varkensbaaiexpeditie". De Maffia had gehoopt op het welslagen van deze expeditie om zo haar casino's en andere bezittingen in Cuba terug te krijgen. Geld voor hun plannen vinden Bondurant, Boyd en Littell bij Hughes, die niet graag ziet dat de Kennedys de rassendiscriminatie willen wegwerken in Amerika, en de Maffia. De drie brengen alles in gereedheid voor een aanslag op Jack Kennedy, uit te voeren op 22 november 1962, in Dallas, de thuisstaat van vice-president Lyndon B. Johnson. De roman eindigt met Bondurant in Dallas, wachtend op de doortocht van Kennedy. Toch zal de aanslag zoals beraamd door de drie hoofdpersonen van *American Tabloid* nooit plaatsvinden! Hun complot diende uiteindelijk slechts als afleidingsmanoeuvre voor een ander complot, uitgedokterd door de FBI en de CIA. Dit tweede complot kent succes, zoals wel bekend.

Net voor Kennedy gaat worden doodgeschoten last Ellroy een scène in die teruggrijpt op het begin van *American Tabloid*, alleen is het deze keer niet Bondurant die toekijkt hoe Howard Hughes zich een dosis drugs toedient, maar Littell:

> Hij stak naast een ader in zijn heup. Hij plofte de naald in zijn penis en activeerde de pomp.
> Zijn haar hing tot op zijn rug. Zijn vingernagels krulden om tot tegen zijn handpalmen.
> De kamer rook naar urine. Insecten dreven in een emmer vol pis.
> Hughes trok de naald eruit. Zijn bed boog door onder het gewicht van een dozijn gedemonteerde gokmachines. (*American Tabloid*, p. 583)

Hughes deelt een hospitaalbed met een aantal onderdelen van eenarmige bandieten, zoals er duizenden staan in de speelzalen van Las Vegas. Hij kijkt naar de televisie, die onophoudelijk tekenfilmpjes en reclame spuit. De machtigste man van Amerika wordt door het hotelpersoneel Graaf Dracula genoemd, en De Vampier. Voor Ellroy staat Hughes dan ook voor een Amerika dat zich volzuigt aan het levensbloed van zijn burgers, en dat ten onder gaat aan rassenwaan en rassenhaat, aan consumptiedwang, en aan de meest platte vormen van volksvermaak. Corruptie, verraad, machtsmisbruik tieren alom. "De" waarheid bestaat niet meer in dit Amerika: roddel en achterklap hebben haar plaats ingenomen. De titel van het boek verwijst precies naar de rol van de media hierbij: *American Tabloid* of "Amerikaans riool(krantje)".

American Tabloid schetst een goor, maar indrukwekkend beeld van de Amerikaanse maatschappij in de periode 1958-1963, gezien van de onderkant van die maatschappij. *The Cold Six Thousand* pikt de draad op in 1962, met Bondurant in Dallas. De verdere hoofdpersonen in deze roman zijn de ons al bekende Ward Littell, en Wayne Tedrow Jr., een Mormoonse politieagent uit Las Vegas. De vader van Wayne Jr., Wayne Senior, is een bijzonder machtig man, die nauwe banden onderhoudt met de Ku Klux Klan en allerlei radikaal-rechtse organisaties. Ook Wayne Jr. is in Dallas op het ogenblik van de moord op Jack Kennedy. Zijn vader heeft ervoor gezorgd dat Wayne Jr. werd uitgestuurd om in opdracht van de Maffia een neger te vermoorden die grote speelschulden heeft gemaakt in Vegas. Daarvoor is Wayne Jr. zesduizend dollar uitbetaald. In plaats van de neger in kwestie om te brengen maakt Wayne Jr. een andere politieman, die hem begeleidde, van kant en geeft de neger het geld. Die betaalt Wayne Jr. terug door diens vrouw in Vegas op beestachtige wijze te vermoorden. Wayne Jr. zweert zijn liberaal-humanistische denkbeelden af en zint voortaan op wraak. Hij verlaat het politiekorps, en wordt, net zoals Bondurant en Littell, een instrument in de handen van de Maffia.

In het midden van de jaren zestig zijn de Verenigde Staten volop verwikkeld in de oorlog in Vietnam. Cuba blijft een doorn in het oog van de Amerikaanse politiek. Bondurant, Littell en Wayne Jr. zetten, met goedkeuren en zelfs hulp van de CIA en de FBI, en de Maffia, een zeer lucratieve handel in heroïne op tussen Zuid-Oost-Azië en de Verenigde Staten. De opbrengst wordt gebruikt om wapens te leveren aan het verzet tegen Fidel Castro in Cuba. Intussen bemiddelt Littell tussen Hughes en de Maffia met de bedoeling Hughes alleenheerser van Las Vegas te maken. In opdracht van J. Edgar Hoover werkt Littell ook samen met Wayne Tedrow Sr. om de invloed van Martin Luther King, en van diens actie voor gelijke burgerrechten voor zwarten in de Verenigde Staten, te ondermijnen. In werkelijkheid, en zoals steeds in Ellroys werk, bedriegt iedereen iedereen. Littell sluist een deel van Hughes' geld door naar King, via een tussenpersoon. Hij brieft ook allerlei geheime informatie over de georganiseerde misdaad door aan Bobby Kennedy, die op het punt staat een gooi te doen naar het presidentschap. Tenslotte draait de Maffia onze drie hoofdfiguren een rad voor de ogen waar het de steun aan *La Causa*, of het verzet tegen Castro, betreft. Alle gewin uit de drugshandel die Bondurant en Co. runnen verdwijnt gewoon in de zakken van een aantal Maffiosi.

Wanneer Martin Luther King en Bobby Kennedy te lastig worden voor de Maffia, voor Hoover en Hughes, worden ze, net zoals Jack Kennedy voor hen, koudweg uit de weg geruimd. Bondurant, Wayne Tedrow Jr. en Littell spelen daarbij, vaak tegen hun zin en wil, een hoofdrol. Littell gaat daaraan ten onder: hij pleegt zelfmoord na de moord op Bobby Kennedy. Bondurant en Tedrow Jr. hebben meer geluk. Hoewel: Bondurant is op zijn zevenenveertigste een oude, versleten man, met een aantal hartaanvallen achter de rug. Hij is nog slechts een schim van de reus die hij ooit was. Eigenlijk stond hij als volgende op de lijst van de Maffia om te worden opgeruimd, omdat hij te veel weet, en zijn bazen niet langer van enig nut is. Zijn hachje, en dat van zijn vrouw, worden echter gered door Tedrow Jr., die bezwarend materiaal voor een aantal Maffiabazen, dat oorspronkelijk

werd verzameld door Littell, in handen heeft gekregen. Hij gebruikt
het als pasmunt om Bondurant vrij te kopen. Tegelijkertijd koopt hij
zichzelf in bij de Maffia. Het boek eindigt met de aankondiging dat
Wayne Tedrow Jr. verbindingsman gaat spelen tussen de Maffia en
Richard Nixon, de corrupte politicus die met de steun van de Maffia, Howard Hughes, de Ku Klux Klan, J. Edgar Hoover, en alle
rechtse krachten in Amerika, de volgende president van de Verenigde
Staten moet worden.

Ellroy ziet het duidelijk niet meer zitten met Amerika. Hij is enorm
kwaad, en dat laat hij ook horen in zijn stijl. Van *Brown's Requiem* tot
The Cold Six Thousand wordt zijn toon steeds grimmiger. Zijn zinnen
worden steeds korter, afgebetener. Het ritme van zijn proza is staccato,
als mitrailleurvuur:

> Opstootjes. Revolte. Opstand..
> NBC draaide herhalingen. TV-deskundigen gaven commentaar.
> Littell keek.
> Negers gooiden Molotov-cocktails. Negers gooiden bakstenen. Negers
> plunderden drankwinkels. (*The Cold Six Thousand*, p. 454)

Ellroys romans staan stijf van de vloeken en de schuttingtaal. Hun
wereld wortelt in de zelfkant van Amerika, en zo ook hun taal. Mocht
de lezer na dit alles menen dat Ellroy nog enige illusie koestert met
betrekking tot zijn vaderland, dan zal de volgende roman in wat Ellroy
aankondigde als zijn *Underworld U.S.A.* trilogie diezelfde lezer ongetwijfeld ras van mening doen veranderen.

Aan het begin van de eenentwintigste eeuw is Ellroy één van de
meest gevierde Amerikaanse schrijvers. Hij houdt zijn medeburgers
ongenadig de spiegel voor van vijftig jaar politieke onmacht en corruptie, van de verloedering van Amerika teweeggebracht door een god-
deloos verbond tussen de georganiseerde misdaad, rechtse politici, het
grootkapitaal, en de media. Daarmee rukt hij ook voor de rest van de
wereld het masker af van Amerika als kampioen van de vrijheid, als
lichtend baken onder de naties. Vanzelfsprekend is zijn stem er slechts
één onder de vele die de Amerikaanse literatuur rijk is. Ze schalt wel
krachtig, en rauw, ongelooflijk rauw.

Beknopte bibliografie

Primaire literatuur

Brown's Requiem, New York: Avon, 1981.

Clandestine, New York: Avon, 1982.

L.A. Noir: The Lloyd Hopkins Trilogy, New York: Mysterious Press, 1984, 1985, 1986.

The Black Dahlia, New York: Mysterious Press, 1987. (*De zwarte dahlia*, vert. Ronald Vlek, Amsterdam: Arbeiderspers, 1991.)

The Big Nowhere, New York: Mysterious Press, 1988. (*De lange leegte*, vert. Auke Leistra, Amsterdam: Arbeiderspers, 1993.)

L.A. Confidential, New York: Mysterious Press, 1990. (*Strikt vertrouwelijk*, vert. Auke Leistra, Amsterdam: Arbeiderspers, 1995.)

White Jazz, New York, Knopf, 1992. (*Zwartboek L.A.*, vert. Auke Leistra, Amsterdam: Arbeiderspers, 1998.)

American Tabloid, New York, Knopf, 1995. (*Amerikaans riool*, vert. Auke Leistra, Amsterdam: Arbeiderspers, 1996.)

My Dark Places, New York: Knopf, 1996. (*Mijn moordkuil*, vert. Tinke Davids, Amsterdam: Arbeiderspers, 1997.)

The Cold Six Thousand, New York: Knopf, 2001. (*Zes ruggen*, vert. Gerda Baardman en Huub Groenenberg, Amsterdam: Atlas, 2001.)

Secundaire literatuur

BERTENS, Hans en Theo D'HAEN. *Contemporary American Crime Fiction*, Houndmills: Palgrave, 2001.

COHEN, Josh. "James Ellroy, Los Angeles and the Spectacular Crisis of Masculinity", in: Peter Messent (red.), *Criminal Procedings: The Contemporary American Crime Novel*, London and Chicago: Pluto Press, 1997, pp. 168-86.

PEPPER, Andrew. *The Contemporary American Crime Novel*, Edinburgh: Edinburg UP, 2000.

JANET FRAME
(1924-)

Marc DELREZ

NAAR DE DERDE PLAATS

Janet Frame, geboren op 8 augustus 1924, is Nieuw-Zeelands meest befaamde en minst publieke auteur. Ze is de schrijfster van elf romans, vier verhalenbundels, een dichtbundel en een kinderboek. Haar vroege jaren, die ze doorbracht in kleine Zuidereiland steden in Nieuw-Zeeland, werden getekend door een reeks traumatische familietragedies, zoals de diagnose van epilepsie bij haar broer, maar vooral het plotse overlijden aan een hartaanval van twee van haar adolescente zussen. Als jong volwassene werd Frame in een psychiatrische instelling opgenomen, waar ze niet minder dan acht jaar verbleef wegens vermeende schizofrenie, een diagnose die later fout bleek te zijn. Na haar ontslag uit de inrichting begon ze te schrijven, aangemoedigd door haar mentor Frank Sargeson (op dat ogenblik een toonaangevend auteur van kortverhalen in Nieuw-Zeeland), op zoek naar een veiliger, persoonlijk houvast in een als vrij vijandig ervaren wereld. Toen het succes niet uitbleef – een bestsellerauteur werd Frame echter nooit – had dit niet de minste invloed op haar maatschappelijke houding en Frame bleef teruggetrokken en verlegen. Haar legendarische terughoudendheid leidde ertoe dat zich een mythisch aura rond haar persoon vormde dat nooit echt ontkracht zou worden ondanks een aantal publicaties die daartoe een aanzet wilden geven, zoals Michael Kings merkwaardige geautoriseerde biografie *Wrestling with the Angel* (2000). Gezien haar centrale literaire rol is het enigszins ironisch dat de schrijfster bij het bredere publiek, zeker buiten de Engelstalige wereld, vooral bekend is door *An Angel at My Table*, Jane Campions filmadaptatie van Frames driedelige autobiografie (1982-85). De speelfilm volgt het literaire origineel zo getrouw als men van een dergelijke onderneming mag verwachten. Het blijft echter de vraag in hoeverre Frames eigen tekst haar levensverhaal accuraat trachtte weer te geven.

Tijdens haar verblijf in de psychiatrische instelling werd Janet zo'n tweehonderd keer behandeld met elektroshocktherapie, als een onderdeel van de achterlijke benadering van de psychotherapie gangbaar in het naoorlogse Nieuw-Zeeland. Later zou ze verklaren dat haar angst voor elk van deze behandelingen die was van een ter dood veroordeelde. Afgaand op het enorme oeuvre dat ze vervolgens heeft voortgebracht mogen we zonder twijfel stellen dat de behandeling haar intellectuele vermogens geen schade heeft toegebracht, maar, zo geeft ze zelf toe, haar geheugen bleef niet onaangetast, zodat één en ander aan de verbeelding moest worden overgelaten. "Mythologisering", zo stelt één van haar critici, "is een verbeeldingsproces [...] dat een centrale rol speelt in Frames zelfbeeld" – een inzicht dat bevestigd wordt door de aanzet van de autobiografie zelf, die begint met de woorden: "Van de eerste plaats van vochtige duisternis, in de twee plaats van lucht en licht, teken ik dit verslag op, met zijn mengeling van feiten en waarheden en herinneringen aan waarheden en die neiging altijd naar een Derde Plaats, waar het vertrekpunt de mythe is" (*To the Is-Land*, p. 7). We kunnen stellen dat elk van Frames werken naar deze Derde Plaats van de mythe wijst. Dat is zeker het geval wanneer haar schriftuur zich als bewust fictioneel aandient, zodat de verankering in de realiteit nog brozer is dan bij de autobiografie – waar de dingen alleszins al ambivalent zijn, "waarheidsgetrouw beschreven en getransformeerd" (*The Envoy from Mirror City*, p. 153).

De relevantie van Frames autobiografie voor haar fictie is enerzijds onmiskenbaar, maar anderzijds ook een voortdurende bron van onzekerheid en speculatie. We moeten ons in elk geval hoeden voor al te eenvoudige verbanden die, bijvoorbeeld, de excentrieke prozastijl van de auteur verklaren door te verwijzen naar haar medisch dossier; of die haar vroege werken, in het bijzondere *Owls Do Cry* (1957) and *Faces in the Water* (1961), afdoen als zonder meer autobiografisch. Mark Williams heeft aangetoond dat dit laatste boek, dat wel eens gereduceerd wordt tot een gevalstudie of een onproblematische documentaire over het leven in de psychiatrie, ook kan gelezen worden als een complexe literaire constructie gebaseerd op het "patroon van afdaling, ontdekking en terugkeer" dat centraal staat in archetypische werken als Homeros *Odyssey*, Dantes *Divine Comedy* of Conrads *Heart of*

Darkness (*Leaving the Highway*, p. 37). Ontdekking heeft hier minder te maken met een interesse voor de parafernalia van de waanzin zelf dan met de zoektocht naar een hogere bewustzijnsvorm die door de waanzin wordt mogelijk gemaakt en die ervaren wordt als een nabijheid tot de dood: een acute gevoeligheid voor "de toename van verandering en verval" zelfs in het alledaagse bestaan (*Faces in the Water*, p. 128). Met andere woorden, hoe graag ze ook komaf wil maken met de "romantische populaire gedachte van de waanzinnige als een persoon wiens taal onmiddellijk poetisch is", toch poëtiseert Frame zelf de waanzin wanneer ze die beschouwt als een exclusief kanaal waarmee dimensies kunnen verkend worden die doorgaans niet toegankelijk zijn voor 'normale' individuen die het liefst in een doodsvrije zone vertoeven (p. 112). Op dezelfde wijze onderscheidt Daphne zich in *Owls Do Cry* van haar medemensen door haar weigering om de herinnering aan haar dode zuster Francie te laten varen. Met gecursiveerde, poëtische passages die toegeschreven kunnen worden aan Daphne, die deze zwijgend reciteert vanuit de "dodenkamer" van het gekkenhuis, maakt Frame duidelijk dat de heuristische ervaring van de waanzin een zoektocht impliceert naar de radicale expressiviteit van een taal die volledig als scheppend wordt beleefd.

TALIG OF ONTOLOGISCHE UTOPISME

Bewonderaars van Janet Frame zijn het er doorgaans over eens dat ze één van de grootste stilisten is van de Engelse taal. Het is dan ook verleidelijk haar verbale vuurwerk te beschouwen als een poging om in haar werk deze opvatting van een vernieuwde taal te benaderen. Frames idiosyncratische schrijfstijl kant zich immers tegen de collectieve gevangenschap in wat ze "de tempel van de adjectieven, de straat van de slogan, de stad van de verwrongen betekenis" noemt (*Scented Gardens for the Blind*, p. 119). Anderzijds is het ook duidelijk dat haar talig utopisme meestal eerder thematisch dan stilistisch wordt uitgewerkt, want ook al hunkert ze naar een post-symbolisch representatieniveau, toch weigert ze zich te verliezen in het enigmatische. Haar thematische afbakening van het talige supplement neemt dan ook de paradoxale vorm aan van een obsessie met de sprakeloosheid, die het hele oeuvre beheerst. Zo vindt de zwijgzame Daphne in *Owls Do Cry* haar tegenhanger in Decima in *The Carpathians* (1988), die enigma-tisch en ongekend blijft omdat ze niet spreekt, zodat ze symbool staat voor de "decimering" van de woordeloze ervaring in het collectieve bewustzijn. Het probleem is opnieuw dat het conformisme van de formulering de ervaring in een keurslijf stopt en daardoor een verlies van kennis met zich meebrengt dat enkel verlost kan worden in een zoektocht naar de juiste woorden. Op die manier onstaat een gelijk-schakeling van Frames tekst en de polen van verstomming die deze inkapselt. Dit is misschien wel het duidelijkst in *Scented Gardens for the Blind* (1963), Frames meest onthutsende roman. Het boek dient zich aan als de bewustzijnsstroom van de schizofrene Vera, die in het laatste hoofdstuk een psychiatrische patiënt blijkt te zijn die door haar dokter van haar sprakeloosheid genezen moet worden. De rochelende klank die uiteindelijk over haar lippen komt, "Ug-g-Ug. Ohhh Ohh g. Ugg", en toegejuicht wordt als de "nieuwe taal" van de mensheid, kunnen we enkel als regressief bestempelen zolang we het verband niet zien met het uitgesproken verhaal dat eraan voorafgaat (pp. 251-52). Frame ziet het als haar taak als schrijfster om het onnoembare naar het gearticuleerde woord te vertalen en zo opnieuw een stem te geven aan ervaringssferen die anders ongekend blijven.

Deze nadruk op het heuristische aspect van Frames werk biedt een tegengewicht aan kritische lezingen die vooral het satirische en sta-tische aspect van haar werk onderkennen. Lange tijd hebben de meeste commentatoren beweerd dat haar aandacht voor de positieve waarde van de verbeelding in de eerste plaats bedoeld was als een aanklacht tegen de emotionele en intellectuele bekrompenheid van haar land-genoten – alsof het haar voornaamste bekommernis zou zijn de maat-schappelijke verdrukking van non-conformistische individuen te heke-len. Frames milde humor staat inderdaad vaak ten dienste van een satirisch project, zoals bij het begin van *The Rainbirds* (1968) waar het hoofdpersonage, een jonge Engelsman, geschikt wordt bevonden voor begeleide immigratie in Nieuw-Zeeland omdat hij "geen veroordeelde misdadiger is, niet lijdt aan lichamelijke of mentale ziektes, politiek gematigd en baardeloos is" (p. 3). Dit portret van geruststellende nor-maliteit valt echter ironisch genoeg in duigen wanneer de protagonist na een auto-ongeval door de medische wereld dood verklaard wordt, en plots uit zijn comateuze toestand ontwaakt. Hier zien we dat Frames hoofdbedoeling niet zozeer in één of ander satirisch opzet ligt maar wel in de gewaagdere bevraging van het bewustzijnssurplus van iemand die terugkeert uit de dood. Hoe verontrustend dit ook mag zijn, de dood is hier opnieuw één van de metaforen die Frame gebruikt bij de verkenning van alternatieve ontologieën die haar verbeeldingswereld typeren.

Zowel Frames afkeer voor conventionele beperkingen, als de obsessie met ontoegankelijke bewustzijnsmodi die daarmee samenhangt, komen verder tot uiting in haar voorliefde voor ambivalente kunstenaarsfiguren en hun visionaire kwaliteiten, die zelfs in het beste geval geen bron zijn van onverdeeld geluk. Als we de stomme kinderen (zoals Daphne en Decima) wier inzichten door anderen in woorden moeten vertaald worden, even buiten beschouwing laten, zien we dat Frames universum bevolkt wordt door een hele resem figuren die verschillende posities innemen op een creatieve schaal van Richter. In een relatief vroege roman als *The Edge of the Alphabet* (1962) ontmoeten we Toby, die verteerd wordt door de ambitie een boek met de titel *The Lost Tribe* te schrijven, ook al is hij nauwelijks geletterd. Snel wordt duidelijk dat Toby zijn artistieke droom nooit zal kunnen waarmaken; en toch worden zijn creatieve neigingen gerechtvaardigd door epilepsieaanvallen die zijn "speurend hoofd" aansporen de andere kant van zijn zelf te bereiken, terwijl een wazige sluier rond zijn bewustzijn valt (p. 189). Nog zo'n "waanwijze dromer" is Malfred, de protagonist van *A State of Siege* (1966) en amateur-landschapschilderes. Op drieënvijftigjarige leeftijd valt ze ten prooi aan een existentiële en esthetische crisis die in haar het verlangen doet rijzen afstand te nemen van een bekrompen realisme dat gevangen zit in een "driemijlsbeperking opgelegd door wetten, niet door een visie" (p. 50). Haar worsteling met artistieke conventies brengt haar tot wat ze een Nieuwe Visie noemt, een geometrisch abstracte methode die recht moet doen aan haar vaststelling dat "zelfs het meest banale gegeven bij nader onderzoek drager blijkt te zijn van een onderliggende maar niet identificeerbare verduistering die niet wordt geregistreerd door één of andere kennisfysionomie" (p. 67). Haar verlangen om door te dringen tot een sfeer buiten de feitelijke beschouwing raakt echter in de loop van het verhaal aan het wankelen. Uiteindelijk moet Malfred zelf op het realisme terugvallen om haar gevoel van eigenheid te versterken tegen de zelfvernietiging die ze ervaart. Op dezelfde manier zal Alwyn, het hoofdpersonage van *The Adaptable Man* (1965), uiteindelijk afzien van zijn jeugdige ambities als "ontluikend romancier" ten gunste van een vorm van journalistiek proza dat ironisch als de nieuwe kunst van de tijd opgevoerd wordt. Wanneer hij een aantal "brieven uit verre oorden" voor verscheidene kranten schrijft blijkt hij daarmee tegemoet te komen aan de toenemende vraag naar een pseudo-exoticisme dat gecommercialiseerd wordt als de nieuwe menselijke rage en "het nieuwe kalmeermiddel" dat de dreiging van diversiteit verzacht en daardoor een zelfgenoegzame culturele en ontologische status quo mogelijk maakt (*The Adaptable Man*, p. 250).

Frame neemt zo bewust afstand van wat ze de "grootgeschreven abstracties" van de stationsroman noemt, zoals Leven en Dood, de Kunst, maar ook de Liefde, die ze vervangt door haar persoonlijke opvattingen (*An Angel at my Table*, p. 16). Haar wereld is inderdaad opvallend liefdeloos, in die zin dat romantische idealiseringen systematisch worden ontmaskerd. Dit is al het geval in *Owls Do Cry*, waar verkering en huwelijksvooruitzichten geassocieerd worden met de materiële waarde van het doorsnee bruiloftsgeschenk – in tegenstelling tot de "echte schat" gekoesterd door de kinderen. In *The Edge of the Alphabet* heeft Zoe, een lerares uit Midden-Engeland het "alfabet van de liefde" zodanig grondig geassimileerd dat ze de "traditionele methode" volgt om een gebroken hart te genezen en een uitstapje maakt naar Australië (pp. 117, 238). Zelfs deze schijnbaar wanhopige maatregel is nog steeds doordrongen van de gebruikelijke sprookjesverwachtingen, tot ze van een dronken schipper een totaal betekenisloze eerste kus krijgt die haar met de onromantische waarheid confronteert: "Al die jaren in Engeland heeft niemand me gekust. Ik ben geen schone slaapster. Prinsen banen zich geen weg door doornbossen om de plaats te bereiken waar ik lig, als rozerood sneeuwwitje in haar glazen kist" (p. 237). Deze gedesillusioneerde kijk op de liefde vinden we ook in een roman als *Intensive Care* (1970), die duidelijk maakt dat het zeer goed mogelijk is "te veel lief te hebben, zoals bombarderen", waarbij elke hartstocht steevast ontaardt in bloedvergieten (p. 234).

EEN ALTERNATIEVE VOORSTELLING VAN DE MENS

Eens te meer mogen we deze vrij radicale voorstelling van de menselijke omgang niet herleiden tot een biografische kenmerk dat per definitie van toepassing is op het leven van Janet Frame zelf. We kunnen het wel beschouwen als een onderdeel van Frames poging om een alternatieve voorstelling van de mens te schetsen. Liefde in haar goedkopere vormen wordt van de hand gedaan als een egoïstisch verlangen dat niet kan voldoen aan de edelmoedigere drang naar een "ruimte waar iedereen thuishoort", waar alle identiteitsbarrières worden opgeheven (*A State of Siege*, p. 177). In dit verband is het belangrijk dat Frame traditionele liefde associeert met een vorm van gepantserde individualiteit. Denken we bij voorbeeld aan Alwyn in *The Adaptable Man*, die zijn vriendin Jenny begeert omwille van de bekoorlijke stevigheid van haar lichamelijke rondingen, die zijn "geometrisch welomlijnd, als een duidelijke lijn op een wit blad", zodat hij zich geborgen weet in de bevestiging van zijn eigen identiteit wanneer hij haar aanschouwt (p. 72). Hij klaagt er dan ook over dat in de meeste gevallen "het een hinderlijke eigenschap van de mensen [is], dat hun geest en gevoelens geen grenzen hebben. De huid is niet echt een efficiënte afbakening."

Frames avontuurlijkere personages daarentegen streven naar een vorm van gemeenschapsgevoel waarbij persoonlijke verschillen en eigenaardigheden overstegen worden. Dit type van onbaatzuchtige liefde komt aan bod in *Intensive Care*, waar Milly's passie voor Sandy een positieve tegenhanger vormt voor de verschillende vormen van destructieve begeerte die in het boek voorkomen. Milly is opnieuw één van Frames mentaal achterlijke helden die leven "in het land van de eenvoudigen van geest, wier kusten gespoeld en vervuild worden door het wrakhout van de Zeeën van de Complexiteit" (pp. 248–49). Haar achterlijkheid gaat duidelijk gepaard met een bijzondere verbeeldingskracht die haar toelaat Sandy tot leven te roepen, een personage dat enkel bestaat als een hersenspinsel in haar stoutste dagdromen. Het is opvallend dat ze zich Sandy verbeeldt in de vorm van een artificieel gereconstrueerde man, door wetenschappers geschapen uit menselijke 'stukjes' verzameld op de slagvelden van de wereld. Dit denkbeeldig personage tracht daarom de fragmentatie te overstijgen en de totaliteit te belichamen van wat in menselijk opzicht veloren is gegaan ten gevolge van de verwoestingen van de geschiedenis. In haar mijmering verwacht Milly dat hij haar ten huwelijk zal vragen op haar achtentwintigste verjaardag, tevens de dag waarop ze, in Frames dystopie, zelf zal vernietigd worden samen met andere gebrekkige mensen, als onderdeel van een eugenetische poging om het menselijke ras te saneren. Het vooruitzicht van een verbond tussen deze verschoppelingen van de maatschappij wordt zo de ultieme belichaming van een gevoelloze vergetelheid. Samen staan ze symbool voor het opofferen van een "een groot verziekt en onproductief gebied" van het collectieve bewustzijn dat maar al te graag afgestoten wordt maar dat Frame door haar bijzondere herinneringskunst wil terugwinnen (p. 251).

CREATIEVE FICTIE

Dit terugvorderen van een vergeten mensheid is aangewezen op een praktijk van verhoogde creativiteit, die een beter alternatief moet bieden voor de mimetische representatie (de journalistiek), die opoffering onderschrijft en vooroordelen in stand houdt. Deze visie op de creatieve fictie helpt ook één van de meest enigmatische aspecten van het oeuvre te begrijpen, namelijk de voorstelling van Botti Julio in *The Adaptable Man*. Dit schijnbaar ondergeschikt personage, een Spaanssprekende migrant uit Andorra, trekt naar East Suffolk op zoek naar werk, en wordt in de nacht van zijn aankomst in Engeland koelbloedig vermoord in een dorpsteegje. Volgens sommige critici toont deze wending van de plot – een moord op het platteland – dat Frame zich wou inschrijven in de conventies van de detectiveroman. Wat hierbij moeilijk te verklaren valt is dat ze de naam van de moordenaar bijna onmiddellijk prijsgeeft, en op die manier de opbouw van spanning opoffert aan een kritische reflectie op de beperkingen van de hedendaagse maatschappij. Het idee is immers dat Alwyn, de "flexibele man" uit de titel, El Botti gewoon van kant maakt om aan te tonen dat hij thuishoort in de twintigste eeuw, een tijdperk waarin "genocide de basis [is] van het voortbestaan" (p. 149). Een verdere implicatie is dat elk spoor van de moord uitgewist wordt door de heersende schrijfpraktijk die enkel de bekommernissen van de tijd weergeeft en daarmee de belangrijkste vooroordelen zonder meer bevestigt. Het is dan ook geen toeval dat de protagonist, een zekere Unity Foreman, een stadsjournaliste is wier verslag van het leven op het platteland niets zegt over het lot van Botti Julio. Door haar als hoofdpersonage te laten fungeren toont Frame hoe haar eigen fictie, inzoverre ze flirt met de conventies van het realisme, medeplichtig is aan een verstard en zelfgenoegzaam wereldbeeld dat "zo waterdicht is dat geen enkele gedachte aan de Andorraanse nacht kon binnendringen" (p. 18). Door als het ware van binnenuit op de eigen epistemologische beperkingen te wijzen zinspeelt de roman echter impliciet op een breder perspectief. De stem van de verteller die ons laat weten dat "Botti Julio standhoudt" als "een spook in ons verhaal", kan dan ook niet uitsluitend toebehoren aan de journalist (pp. 149, 20). Zo ontstaat er geleidelijk aan een kloof tussen de stellige schriftuur waaraan Unity zich bezondigt en een andere vorm van de verbeeldingskunst zoals Frame die zelf beoefent en die blijkbaar in staat is een stem te geven aan een alteriteit die stiekem in de tekst van *The Adaptable Man* vervat zit.

Frames bereidheid om na te denken over de implicaties van de romanvorm is duidelijk verbonden met haar interesse voor de problemen van de metafictie. Zoals we gezien hebben uit dit zich in haar fictionele obsessie met kunstenaarsfiguren en hun verschillende vormen van creativiteit. Het is dan ook aannemelijk dat het spectrum aan creatieve registers vooral zinvol is door de impliciete vergelijking met het model dat door haar eigen kunst gerepresenteerd wordt. Een bijzonder soort zelfdramatisering doordringt haar werk dan ook sinds het optreden van Thora Pattern in *The Edge of the Alphabet*, een personage waarvan de familienaam een ironische echo is van Frames eigen naam. Centraal in deze roman staat Thora's voornemen om de ervaring van haar eigen personages (in het bijzonder Toby en Zoe) te recupereren en te hergebruiken in een secundair verhaal dat ze zelf creëert. Op die manier wijst het fictieve materiaal verder dan zijn eigen grenzen: het wordt voorgesteld als tegelijk ontoereikend en open voor voltooiing door de tussenkomst van een zelfbewuste kunstenares als Thora. Dit staat model voor veel van Frames latere werken, waar de strategie er steeds in bestaat om zowel het vernietigen van de ervaring in de dagdagelijkse praktijk te tonen als deze negatie door de recreatieve handeling te compenseren. Deze voorliefde voor het 'zowel-als' – voor een dualistische benadering waarin elke beperking slechts voorwaardelijk is – verklaart Frames beweging in haar latere werken naar een nieuwe fase van experimenteren waarin ze de mogelijkheden van reflexiviteit en *mise-en-abyme* ten volle zal exploiteren.

Herstellende poëtica

In Frames latere werk keert Thora Pattern terug in de persoon van Turnlung, een Nieuw-Zeelandse dichter die zich ontpopt tot de voornaamste creatieve instantie in *Daughter Buffalo* (1972); van Mavis Furness, die een personage wordt binnen haar eigen fictieve wereld in *Living in the Maniototo* (1979); of van John Henry, een nevenfiguur in *The Carpathians* (1988), die uiteindelijk de belangrijkste verbeeldende macht blijkt en zelf de hand heeft in het ontstaan van het boek. Hoe stereotiep dit alles ook moge lijken, het is belangrijk erop te wijzen dat Frames toepassing van schijnbaar modieuze Borgesiaanse of postmoderne technieken in feite een antwoord is op de eisen van haar eigen originele poëtica van de herinnering. Ze belicht de fictionaliteit van haar werk dan ook niet zozeer in een poging haar vooronderstellingen te relativeren of haar waarheidsdrang te ondermijnen, maar wel om de nadruk te leggen op de herstellende en terugvorderende krachten van fictie zoals zij die opvat. In die zin heeft elk van haar kunstenaarsfiguren de gave van een bijzondere opmerkzaamheid die weerstand moet bieden tegen de machten van slijt en vergetelheid. Dit verklaart waarom Mavis er in *Living in the Maniototo* getuige van moet zijn hoe Tommy, een ander personage, weggewist wordt door de "Blauwe Furie", een reinigende tornado uit een fles detergent. Ondanks de herkenbaarheid van een dergelijk voorval – de Blauwe Furie is slechts één van de vele "ontbinders en afbrekers" waarvoor op televisie reclame wordt gemaakt – kan Mavis haar ogen niet geloven: "Zulke dingen gebeuren niet" (p. 38). Een vergelijkbaar gevoel van vervreemding werd ervaren door de critici, die in deze episode een aanduiding zagen van Frames stap in de richting van een magisch realisme "dat de bizarre romans van Thomas Pynchon bijna alledaags doet lijken" (Williams, *Leaving the Highway*, p. 25). Er is echter zo'n een intense en bijna uitsluitende nadruk op de realiteit van de zelfvernietiging in Frames werk dat zulke dingen inderdaad gebeuren. De ogenblikkelijke verbanning van Tommy is dan slechts de belichaming van het trage slijtproces dat ons allen aantast, als het ware van binnenuit en door ons bestaan zelf. Er is met andere woorden een continuüm tussen deze plotse vernietiging en de meer geleidelijke erosie die aan Frames andere personages vreet. Vanuit dit perspectief krijgt de bizarre episode in *Living in the Maniototo* een groot symbolisch belang, zodat het niet hoeft te verwonderen dat die ook op de reddende aandacht van de romanschrijver mag rekenen. De surreële verdwijning van Tommy kan zo begrepen worden als een herinnering dat hij "nog steeds bestaat" (p. 39) – net als Botti Julio in *The Adaptable Man* – terwijl hij wacht op zijn herschepping als een personage in het verhaal dat Mavis zal produceren.

Andere figuren die de onderzoekende aandacht van Mavis trekken zijn de aan wolfswaan lijdende tweeling in het ziekenhuis die ze maar niet kan vergeten; of haar vriend Brian, die overleed aan een hartaanval op het moment zelf dat ze zich aan het schrijven zette. Dit laatste, persoonlijke verlies herinnert de romanschrijver er aan dat er bij de scheppingsact wel degelijk iets op het spel staat, hoewel de relevantie ervan de persoonlijke sfeer uiteraard ook overstijgt. Mavis beseft gaandeweg dat schrijven evenzeer relevant is voor al "die schepsels en werelden die we enkel kennen in slaap, droom en mythologie – van gisteren en vandaag" zodat er, voorbij het niveau van de persoonlijke opgraving, hele culturen zijn die "met kracht voor de geest gehaald" kunnen worden (pp. 39, 73). Frames bekommernis om het teloorgegane bestaan strekt zich met andere woorden ook uit tot een antropologisch onderzoek naar verdrongen lagen van de beschaving, met inbegrip van de Maori's in Nieuw-Zeeland. Dit aspect van haar werk, waarmee Frame in aanmerking komt om te worden opgenomen in het kanon van de postkoloniale literatuur, is misschien wel het meest uitdrukkelijk aanwezig in *The Carpathians*, haar recentste roman.

In dit boek is het hoofdpersonage Mattina, een Amerikaanse miljonair die door Nieuw-Zeeland reist om feiten en data te verzamelen voor haar echtgenoot, een romanschrijver die reeds vele jaren te kampen heeft met *writer's block*. Het is in dat opzicht veelzeggend dat een volledig hoofdstuk van *The Carpathians* gewijd is aan Mattina's ééndaags bezoek bij de Maori families die zich in het binnenland gevestigd hebben om de gebruiken en het gemeenschapsleven van hun voorouders opnieuw leven in te blazen. De kolonisten zijn ervan overtuigd dat de Maori een 'authentiekere' versie van het nationale geheugen bezitten "die de laatkomers, de andere inwijkelingen, zich nu pas aan het toe-eigenen zijn" (p. 81). Het ironische van de hele zaak is echter dat de inboorlingen zelf op zoek zijn naar gegevens over hun eigen cultuur, waarvoor ze aangewezen zijn op het protocol van wetenschappelijke kennis gepopulariseerd in televisiedocumentaires over

wildlife in Nieuw-Zeeland. Zo klaagt één van hen bij Mattina dat haar
eigen mensen niet over een "veelkleurig verenkleed" beschikken zoals
de vogels die in zulke programma's worden bestudeerd, zodat deze
meer aandacht krijgen en daarom bekender zijn dan "zeldzame soorten" mensen (pp. 88, 105). Een belangrijk punt is ongetwijfeld dat de
Maori's net zoals Decima gedoemd zijn een plaats te bekleden die
"niemand kent" (p. 106); maar ook dat enkel fictie de belofte van
cultureel herstel kan bieden, omdat de documentaire modus niet in
staat is de noodzakelijke heruitvindinding van de herinnering teweeg
te brengen. De postkoloniale conditie, zoals wel meer elementen in
Frames fictie, blijkt zo een oneindig uitgestelde, utopische mogelijkheid, die in de hedendaagse situatie nooit als vanzelfsprekend mag
worden beschouwd.

Beknopte bibliografie

Primaire literatuur

The Lagoon and Other Stories, Christchurch: Caxton, 1951. (*De lagune an andere verhalen*, vert. May van Sligter, Breda: De Geus, 1992.)

Owls Do Cry, Christchurch: Pegasus, 1957. (*Uilen roepen*, vert. May van Sligter, Breda: De Geus, 1994.)

Faces in the Water, Christchurch: Pegasus, 1961. (*Gezichten in het water*, vert. May van Sligter, Breda: De Geus, 1993.)

The Edge of the Alphabet, Christchurch: Pegasus, 1962.

Scented Gardens for the Blind, Christchurch: Pegasus, 1963.

The Reservoir: Stories and Sketches, New York: George Braziller, 1963.

Snowman, Snowman: Fables and Fantasies, New York: George Braziller, 1963.

The Adaptable Man, Christchurch: Pegasus, 1965.

The Reservoir and Other Stories, Christchurch: Pegasus, 1966.

A State of Siege, New York: George Braziller, 1966.

The Pocket Mirror, New York: George Braziller, 1967.

The Rainbirds, London: W. H. Allen, 1968.

Yellow Flowers in the Antipodean Room, New York: George Braziller, 1969.

Mona Minim and the Smell of the Sun, New York: George Braziller, 1969.

Intensive Care, New York: George Braziller, 1970.

Daughter Buffalo, New York: George Braziller, 1972.

Living in the Maniototo, New York: George Braziller, 1979.

To the Is-Land. Autobiography: Volume 1, New York: George Braziller, 1982 (*Naar het Is-Land*, vert. Anneke Godijn-Blok en May van Sligter, Breda: De Geus, 1992).

An Angel at My Table. Autobiography: Volume 2, New York: George Braziller, 1984. (*Een engel aan mijn tafel*, vert. Anneke Godijn-Blok en May van Sligter, Breda: De Geus, 1997.)

The Envoy from Mirror City. Autobiography: Volume 3, New York: George Braziller, 1985. (*De gezant van Spiegelstad*, vert. Anneke Godijn-Blok en May van Sligter, Breda: De Geus, 1995.)

The Carpathians, New York: George Braziller, 1988. (*De herinneringsbloem*, vert. May van Sligter, Breda: De Geus, 1996.)

Secundaire literatuur

ALLEY, Elizabeth (red.). *The Inward Sun: Celebrating the Life and Work of Janet Frame*, St Leonards: Allen & Unwin, 1994.

DELBAERE, Jeanne (red.). *The Ring of Fire: Essays on Janet Frame*, Mundelstrup & Sydney: Dangaroo, 1992.

DELREZ, Marc. *Manifold Utopia: The Novels of Janet Frame*, Amsterdam: Rodopi, 2002.

EVANS, Patrick. *Janet Frame*, Boston MA: Twayne, 1977.

HARRIS, Wilson. "On the Beach", *Landfall* 39 (1985), pp. 335-41.

KING, Michael. *Wrestling with the Angel: A Life of Janet Frame*, Auckland: Penguin, 2000.

MERCER, Gina. *Janet Frame: Subversive Fictions*, St Lucia: U of Queensland P, 1994.

PANNY, Judith D. *I Have What I Gave: The Fiction of Janet Frame*, Wellington: Daphne Brasell Associates, 1992.

WILLIAMS, Mark. *Leaving the Highway: Six New Zealand Novelists*, Auckland: Auckland UP, 1990.

vertaald door Steven Vervaet

TONI MORRISON
(1931-)

Kathleen DE LOOF

CHLOE ANTHONY WOFFORD

Toni Morrison is een veeleisend auteur, voor zichzelf en voor de lezers die zich in haar werk willen verdiepen. Zeven romans gespreid over dertig jaar, het lijkt niet veel maar wie eenmaal met haar werk vertrouwd is, beseft dat die zeven boeken een oeuvre voorstellen waarin een complexe en boeiende fictionele wereld gestalte krijgt. Het is niet voor niets dat de Nobelprijs voor literatuur in 1993 aan Toni Morrison werd toegekend. Als er één schrijfster moet gekozen worden uit de steeds groter wordende groep Afro-Amerikaanse auteurs, dan is zij het wel. Met haar hele werk sluit zij nauw aan bij de traditie en de thema's die deze groep kenmerken.

Toni Morrison werd in 1931 geboren als Chloe Anthony Wofford in Lorain, Ohio. Tijdens de Depressie moesten haar ouders verschillende jobs tegelijkertijd uitoefenen om de touwtjes aan elkaar te kunnen knopen. Die werkkracht en volharding zijn haar bijgebleven en staan model voor haar persoonlijk leven, maar zijn ook een bron van inspiratie voor haar romans. Ze behaalde een B.A. in Engels en klassieke talen aan Howard University in Washington, D.C. en daarna een M.A. in Engelse literatuur aan Cornell University. Ze doceerde Engelse literatuur aan verschillende Amerikaanse universiteiten, ondermeer Princeton (waar ze nog steeds werkzaam is), en was ook actief als uitgever bij Random House.

In 1970 verscheen Toni Morrisons eerste roman, *The Bluest Eye*, en meteen was haar reputatie als schrijfster gevestigd. Daarna volgden nog zes romans, namelijk *Sula* (1973), *Song of Solomon* (1977), *Tar Baby* (1981), *Beloved* (1987), *Jazz* (1992) en tenslotte *Paradise* (1998). Daartussen verscheen in 1992 ook een literair kritisch werkje: *Playing *in the Dark: Whiteness and the Literary Imagination*, een studie over de Afro-Amerikaanse aanwezigheid in de mainstream Amerikaanse literatuur, gebaseerd op een reeks lezingen die Morrison gaf aan Harvard University. Met elk werk dat verscheen, steeg haar populariteit in de Verenigde Staten maar ook ver daarbuiten. Al haar werken zijn in verschillende talen, waaronder ook het Nederlands, vertaald. Ze ontving tal van literaire prijzen, waarvan ik hier slechts de belangrijkste opnoem. In 1977 ontving ze de National Book Critics Circle Award voor *Song of Solomon*, in 1988 de Pulitzer Prize for fiction voor *Beloved*. In 1993 bereikte ze het summum van literaire erkenning toen ze voor haar oeuvre de Nobelprijs voor literatuur kreeg. In 1998 zagen we de verfilming van *Beloved*, geregisseerd door Jonathan Demme met in de hoofdrol Oprah Winfrey. Misschien is het daarom dat Winfrey zo enthousiast is over het werk van Morrison. In ieder geval is het werk van Morrison al verschillende keren geselecteerd voor Oprah's Book Club en was de schrijfster vaak te gast in Oprah's talk shows.

Opgroeien in Amerika

Met *The Bluest Eye* en *Sula* exploreert Morrison de leefwereld van zwarte meisjes die opgroeien in een maatschappij waar de geldende idealen en normen die van de dominante blanke middenklasse zijn. In *The Bluest Eye* confronteert de auteur ons met het tragische leven van Pecola Breedlove. Pecola is niet alleen arm, zij is vooral ook kansarm. Haar vader Cholly zoekt in de fles wat de wereld hem niet kan bieden en haar moeder Pauline blijkt meer te houden van het leuke blonde meisje van haar werkgevers dan van haar eigen dochter, voor wie ze zich eigenlijk schaamt. Zelfs binnen de zwarte gemeenschap is Pecola een buitenstaander, omwille van haar familiale achtergrond, maar ook omdat ze zelfs daar voor lelijk doorgaat.

De roman heeft een ingewikkelde structuur. Er is een korte inleiding: een fragment uit het klassieke leesboekje van Dick en Jane, waarin kinderen van het eerste leerjaar leren lezen. Daarna komt Claudia, een van de personages aan het woord. Er zijn vier grote delen die samenvallen met de vier seizoenen en dus samen een jaar uit het leven van Pecola beschrijven. Binnen die delen hebben we afwisselend hoofdstukken van de pen van een alwetend verteller en van de ik-verteller, Claudia. De hoofdstukken die de alwetende verteller voor zijn of haar rekening neemt, hebben als titel een aaneengeschreven zinnetje uit de inleiding. Zo luidt de titel van het eerste hoofdstuk, waarin de erbarmelijke woon- en leefomstandigheden van Pecola beschreven worden, als volgt:

DITISHETHUISHETISGROENMETWITHETHEEFTEENRODE-
KLEERHETISEENHEELLEUKHUISHETISHEELEUKLEUK-
LEUKLEUK (*Het blauwste oog*, p. 29)

Bij Dick en Jane is alles leuk: het huis, vader, moeder, de kat, de hond en de vriendjes. Dick en Jane zijn in alles het tegengestelde van Pecola. En daarover gaat het nou precies in deze roman. Met welk zelfbeeld moeten kinderen als Pecola groot worden? Het Dick en Jane-boekje leert hen hoe het leven in Amerika er zou moeten uitzien. En de filmsterren die worden aanbeden zijn Jean Harlow en Shirley Temple: ze zijn blank, blond en hebben blauwe ogen. Het zijn schoonheidsnormen die Pecola zelfs nooit kan benaderen. Claudia en haar zus Frieda evenmin, maar zij groeien op in een stabiel huishouden waardoor ze er gaandeweg in slagen om op een evenwichtige manier volwassen te worden. Voor Pecola is er echter een tragischer einde weggelegd.

In haar tweede roman, *Sula*, laat Toni Morrison opnieuw zien hoe moeilijk het kan zijn voor zwarte meisjes om op te groeien in de Verenigde Staten. Bij gebrek aan positieve modellen waaraan ze zich kunnen spiegelen en aan de hand waarvan ze een eigen identiteit kunnen vormen, moeten ze zelf zien uit te maken wie ze zijn en wat ze van het leven willen. Sula Peace en Nel Wright groeien allebei op in dezelfde zwarte gemeenschap, de "Bodem" genaamd. We lezen hoe ze gedurende hun jeugd heel veel aan elkaar hebben:

> Omdat ze er allebei al jaren achter waren dat ze niet blank waren en ook geen man, en dat vrijheid en triomf voor hen verboden waren, hadden ze maar zelf iets in het leven geroepen wat wel kon. Het was een geluk dat ze elkaar tegenkwamen, want ze waren een vruchtbare bodem voor elkaar. (*Sula*, p. 49)

Het is pas wanneer ze volwassen zijn, dat hun wegen uit elkaar gaan. Sula trekt weg van de Bodem, zich niks aantrekkend van de verwachtingen die de zwarte gemeenschap van haar heeft. Ze kiest voor avontuur en carrière en verwerpt resoluut de vrouwelijke rol die de omgeving waarin ze opgroeide voor haar heeft weggelegd. Door die keuze wordt ze uit de traditionele gemeenschap gestoten. Voor mensen als Sula is er in de Bodem geen plaats. Nel daarentegen kiest bewust voor de traditionele rol waarin de maatschappij haar zo graag ziet, die van moeder en huisvrouw. Maar na verloop van tijd komen zowel Nel als Sula tot het besef dat de keuzes die ze gemaakt hebben hen niet bevredigen. De roman lijkt te suggereren dat de twee elkaar perfect complementeren. In een interview met Diana Cooper-Clark legt Morrison uit hoe de levenswandel en karaktertrekken van Sula en Nel samen een mooie persoonlijkheid hadden kunnen vormen. Met andere woorden, waarom moet je kiezen als je ook alles kunt hebben?

Morrison tekent de zwarte gemeenschap van de Bodem met veel sympathie, maar ook met enige ironie. We zien hoe deze plaats erg positief kan functioneren, vooral als antwoord op de omringende blanke wereld, die in het beste geval onverschillig en in het slechtste geval vijandig staat tegenover deze zwarte gemeenschap. Het thema van de zwarte gemeenschap is overigens in elk van Morrisons romans aanwezig. Het is een plaats waar traditionele waarden hoog staan aangeschreven, maar waar weinig ruimte is voor andersdenkenden. Dit suggereert Morrison althans in deze roman door ons te laten zien dat vrouwen als Sula er geen kansen krijgen.

VERLEDEN OF TOEKOMST

Terwijl het thema van de eerste twee werken zou kunnen samengevat worden onder de noemer "opgroeien in Amerika", gaan de twee volgende romans over de keuze "verleden of toekomst". In *Song of Solomon* voert Morrison voor het eerst een mannelijke protagonist op. Milkman Dead wordt tijdens zijn jeugd voortdurend heen en weer geslingerd tussen de wereld van zijn vader, Macon Dead, en die van zijn tante, Pilatus. De waarden die zijn vader hem probeert door te geven, worden vaak met Amerika geassocieerd: individualisme, kapitalisme, materialisme en realisme. Zijn tante brengt hem een totaal tegengestelde waardenset bij: collectivisme en de spirituele waarden die de grondslag van de Afro-Amerikaanse traditie vormen. Zij is ook vertrouwd met de mythes van haar volk en wil die op haar neef overbrengen. Terwijl Milkmans vader steeds vooruit wil en zijn blik op de toekomst gericht houdt, wil zijn tante hem erop wijzen dat ook de kennis van het verleden van essentieel belang is. Wanneer Milkman ten slotte een reis naar het Zuiden onderneemt, ontdekt hij zijn roots. Hij vindt er verre verwanten terug en leert ook zijn ware naam kennen. Naamgeving is trouwens een belangrijk motief in deze roman, net zoals in Morrisons andere werken. Op de terugreis zit Milkman hierover te mijmeren:

> Hoeveel vergane levens en vervagende herinneringen lagen er opgesloten of begraven in de plaatsnamen van dit land? Achter de officiële namen gingen weer andere namen schuil, zoals achter de naam 'Macon Dood', voor eeuwig opgetekend in een stoffig dossier, echte namen van mensen, plaatsen en dingen schuilgingen. Namen die iets betekenden. Geen wonder dat Pilatus haar naam aan haar oor had gehangen. Als je wist wat je naam was, diende je die te koesteren, want als je naam niet is opgeschreven en herinnerd blijft, verdwijnt hij met je dood uit deze wereld. (*De hemelvaart van Solomon*, p. 326)

Milkman blijft niet in het Zuiden, wat erop wijst dat hij, met kennis van en respect voor het verleden, toch bereid is de draad van het heden weer op te nemen en samen met zijn vader te werken aan de toekomst. Hij is er dus in geslaagd om de schijnbaar tegengestelde werelden van zijn tante Pilatus enerzijds en zijn vader anderzijds met elkaar te verzoenen in zijn eigen leven. Deze synthese komt ook stilaan tot uiting in de manier van schrijven. Aanvankelijk wordt een realistische stijl gehanteerd om de wereld van Macon en Milkman Dead te beschrijven. Deze contrasteert fel met de mythische stijl die gebruikt wordt wanneer de wereld van tante Pilatus geschilderd wordt. Op het einde van de roman weet de lezer echter niet langer wat werkelijkheid en wat mythe is. In de slotparagraaf maakt Milkman een sprong in het onbekende, waarbij wordt gesuggereerd dat hij kan vliegen. De laatste woorden van de verteller zijn: "als je je overgaf aan de lucht, dan zou ze je *dragen*" (p. 333). Milkman ontsnapt aan de slavernij van het materialisme, zoals zijn legendarische grootvader Solomon ontsnapte aan het juk van de slavernij door naar Afrika terug te vliegen.

Net als in *Song of Solomon* worden in *Tar Baby* twee werelden en twee corresponderende waardensets tegen elkaar uitgespeeld. En opnieuw worden realistische en mythische verhalen aan elkaar tegengesteld en uiteindelijk met elkaar vervlochten. Hier is de protagonist een ambitieuze jonge zwarte vrouw, Jadine, gediplomeerd en actief als fotomodel in New York en Parijs. Haar tegenspeler is Son, een zwarte voortvluchtige die niet de minste formele opvoeding heeft genoten en daar ook geen last van heeft. Hij is niet geïnteresseerd in Jadines carrière, maar is wel in de ban van de verhalen die zijn volk al generaties lang mondeling overlevert. Het Franse spreekwoord dat zegt, *les extrèmes se touchent*, gaat zeker op voor Jadine en Son. Hoe verschillend ze ook zijn, toch worden ze door elkaar aangetrokken en proberen ze (vergeefs) iets wat op een relatie lijkt op te bouwen. Allebei proberen ze de ander te veranderen, zodat die beter past in de wereld waar hij of zij thuishoort. Dat lukt natuurlijk niet. Jadine probeert Son ervan te overtuigen om rechten te gaan studeren, maar hij reageert hierop als volgt:

> Het maken in New York. Het maken in New York. Ik ben het zat om dat gelul aan te horen. Wat is dat dan wel verdomme. Als ik het maak in New York, dan is het ook niet meer dan dat: 'Het maken in New York.' Dat is geen leven, dat is het maken. Ik wil het niet maken, ik wil het zijn. (*Zwarte lokvogel*, p. 253)

Ook Son probeert Jadines ogen te openen voor zijn wereld door haar mee te nemen naar de plaats waar hij vandaan komt, maar Jadine kan alleen maar minachting voelen voor de eenvoudige vrouwen die haar duidelijk willen maken dat het tijd wordt om haar vrouwelijke rol in het leven te spelen. De tegenstellingen zijn te groot. Son is drager van traditionele waarden en rollenpatronen en gelooft enkel in het verleden. Jadine wil vooruit komen, carrière maken en gelooft alleen in de toekomst. Tussen deze karakters blijkt het water uiteindelijk veel te diep, want zo schrijft de verteller: "De een had een verleden, de ander een toekomst en ieder droeg in zijn handen de cultuur om het ras te redden" (p. 257).

De oorspronkelijke titel, *Tar Baby*, sluit dichter aan bij de Afro-Amerikaanse traditie dan de ietwat ongelukkig gekozen titel van de vertaling. "Tar Baby" is immers een van de bekendste volksverhalen over Brer Rabbit of Broeder Konijn, die bij de blanke boer een kool wil stelen. De boer verzint echter een list om het konijn te vangen. Hij maakt een kleverig poppetje, een "tar baby", dat hij op de weg legt. Het konijn kleeft er gauw aan vast, eerst met één poot, dan met nog een poot, en uiteindelijk met zijn hele lijf. Maar toch is Broeder Konijn de boer te slim af. Hij smeekt hem: "Je kunt alles met me doen, maar gooi me alsjeblieft niet in de doornen, want daar kan ik niet tegen." De boer denkt het konijn goed te straffen en slingert hem in de doornstruiken, maar dat is precies de plaats waar het dier zich goed thuis voelt. Moraal van het verhaal: wie niet sterk is, moet slim zijn. Het is een wijze raad aan de zwarten die leven in een land waar de blanke domineert.

Son wordt door Jadine aangetrokken zoals Broeder Konijn door de "tar baby" of zwarte lokvogel, als het ware voor hem uitgezet door de blanke boer. Even kleeft hij vast aan Jadine, verblind door de zogenaamde blank-Amerikaanse waarden die ze uitdraagt: individualisme, materialisme, dynamisme, carrière. Maar hij weet zich los te trekken en terug te keren naar de traditioneel zwarte waarden die hij koestert: gemeenschap en familie, rolverdeling tussen man en vrouw, een nauwe band met het verleden. Aan het einde van de rit hebben Son en Jadine weinig van elkaar geleerd en dat is jammer. Morrison spreekt geen oordeel uit, maar we kunnen opmaken uit de tekst dat ze allebei ongelijk hebben. Toekomst en verleden zijn wel degelijk verenigbaar.

AFRO-AMERIKAANSE GESCHIEDENIS

De thema's die Morrison in deze vier romans exploreerde, blijven ook aanwezig in haar recenter werk: drie romans die samen een heel los gecomponeerde trilogie vormen. Wat deze romans bindt is de chronologie. Je zou kunnen stellen dat ze alledrie samen de geschiedenis van de Afro-Amerikanen beschrijven. *Beloved* speelt zich af tijdens de periode van de slavernij, de Burgeroorlog en de Reconstructie. *Jazz* handelt over de jaren van de Grote Migratie en de Harlem Renaissance. In *Paradise* wordt dan ten slotte een groot deel van de twintigste eeuw verteld. De Depressie, de Tweede Wereldoorlog en de oorlog in Vietnam vormen het tijdskader waartegen de gebeurtenissen zich afspelen.

Beloved werd door velen de hemel in geprezen. De roman werd bekroond met de Pulitzer Prize en er bestaat ook een filmversie van. In dit boek wordt opnieuw de problematiek van de keuzemogelijkheden voor vrouwen uitgewerkt, maar nu vanuit een totaal ander perspectief. Het verhaal, gebaseerd op een krantenartikel, gaat over de slavin Sethe, die uit de slavernij ontsnapt omwille van haar kinderen. Maar nadat ze een maand in vrijheid heeft kunnen leven, krijgt ze op een kwade dag het bezoek van de sheriff en haar vroegere meester, die haar en haar hele familie weer opeist als zijn rechtmatige eigendom. Sethe verkiest echter de dood boven het leven in slavernij en daarom tracht ze haar kinderen te vermoorden voor ze in handen van de blanken komen. Ze slaagt erin haar baby, Beminde, te doden voor iemand het haar kan beletten.

Achttien jaar later wordt Sethe na haar werk opgewacht door een jonge vrouw die zichzelf als Beminde voorstelt. Is deze Beminde de vermoorde dochter van Sethe? En waarom is zij dan terug tot leven gekomen? De aandachtige lezer zal in de figuur van Beminde al gauw een metafoor zien voor "the return of the repressed", de terugkeer tot het bewustzijn van verdrongen traumatische herinneringen. Dit kan zowel het individueel verdrongen verleden van Sethe zijn als het collectieve onderbewustzijn van de hele Afro-Amerikaanse gemeenschap. De roman is dan ook opgedragen aan de "Zestig miljoen en meer", het geschatte aantal slaven dat de "Middle Passage" of de overtocht van Afrika naar de Nieuwe Wereld niet eens zou overleefd hebben. Bemindes aanwezigheid maakt in elk geval een hoop onderdrukte herinneringen los, niet alleen bij Sethe maar ook bij Paul D, een andere exslaaf die van plan is om samen met Sethe een nieuw leven uit te bouwen. Deze laatste is echter nog te veel door het verleden opgeslorpt om aan de toekomst te kunnen denken. Centraal in de roman staat Sethes verwerkingsproces van haar getraumatiseerde verleden, dat een climax bereikt in haar vernieuwde relatie tot haar vermoorde dochter Beminde. Daarom herhaalt ze maar steeds: "Ze was het beste wat ik had" (*Beminde*, p. 282). Sethe valt honderd procent samen met haar getormenteerde moederrol. Haar relatie met de levend geworden Beminde legt dan ook volledig beslag op haar. Ze wil als het ware de vele gemiste kansen van vroeger goedmaken nu Beminde bij haar terug is. Het is echter pas wanneer ze het verleden helemaal heeft verwerkt, ondermeer door erover te leren praten, dat ze Beminde voorgoed uit haar leven kan bannen en dat ze in staat is om aan de toekomst te werken. Paul D wil haar daarbij helpen. "Sethe", zegt hij, "jij en ik, wij hebben meer gisteren dan iemand anders. Wat wij moeten hebben is een soort morgen." Ten slotte zal hij haar kunnen overtuigen: "Jij bent het beste dat je hebt, Sethe. Jij bent het" (p. 283). Met deze roman lijkt Morrison te zeggen: moederliefde is misschien wel het mooiste dat er is, maar vrouwen zouden los daarvan nog een andere zin aan hun leven moeten kunnen geven. Er is méér dan moederliefde alleen.

Jazz, het tweede deel van de trilogie, brengt ons een stuk dichter bij het heden. Een groot deel van het verhaal speelt zich af in Harlem, in de roman steevast de Stad genoemd. De tegenwoordige tijd van de roman is 1926, een periode van ongekende bloei voor de Afro-Amerikaanse gemeenschap, zowel literair (de Harlem Renaissance) als muzikaal (de Jazz Age). Overal heerst groot optimisme en geloof in de toekomst, zoals blijkt uit volgend citaat, waarin de verteller "de Stad in 1926" bezingt:

> [...] als alle oorlogen afgelopen zijn en er nooit meer oorlog komt. [...] Eindelijk, eindelijk ligt alles voor ons. Dat zeggen de mensen die het weten kunnen en de mensen die het horen en lezen vinden dat ook: alles wordt nieuw. Let op. Weg met de tranen. En weg het verdriet. We komen er wel, ook al zijn we er nog niet. En hoe het was, dat kun je vergeten. De geschiedenis is afgelopen en eindelijk ligt alles voor ons. (*Jazz*, p. 11)

Door de roman heen wordt aan jazzmuziek gerefereerd als een exponent van de levensvreugde en het optimisme die in de geciteerde passage beschreven worden. In alle straten van Harlem blazen saxofonisten de ziel uit hun lijf en door de open ramen spelen Oké-platen vrolijke deuntjes. Joe Trace is aan het begin van de twintigste eeuw met zijn vrouw, Violet, "treindansend" uit het arme, gesegregeerde Zuiden naar het rijke Noorden gereisd, net zoals miljoenen andere zwarten. *Jazz* vertelt namelijk niet alleen het verhaal van het swingende Harlem in de jaren twintig, maar ook van wat eraan vooraf gaat, de Grote Migratie.

> De golf zwarte mensen, op de loop voor gebrek en geweld, bereikte zijn top tussen 1870 en '80, '80 en '90 en '90 en 1900, en was een gestage stroom in 1906 toen Joe en Violet zich erbij aansloten. Net als

de anderen waren ze plattelanders, maar wat vergeten plattelanders snel. Als ze verliefd worden op een stad, worden ze voor eeuwig verliefd en lijkt het een eeuwigheid. (pp. 37-38)

Joe en Violet slagen erin de nare herinneringen aan het Zuiden te verdringen tot Joe op een januaridag in 1926 zijn maîtresse, Dorcas, vermoordt. Net als de dode Beloved, dwingt de herinnering aan de vermoorde Dorcas de figuren met hun verleden in het reine te komen. De verteller voert ons vanaf dan mee naar het Zuiden, waar we de jeugd van Joe en Violet mee herbeleven en beter begrijpen waarom ze weg wilden. Wat Morrison in haar vorige romans beklemtoonde, wordt hier nog eens naar voren gehaald: er is geen toekomst zonder verleden. Het heden in de noordelijke Stad en het verleden op het zuidelijke platteland moeten met elkaar verzoend worden vooraleer er aan de toekomst kan gebouwd worden.

De anonieme verteller van de roman is ook op zoek naar harmonie, zij het van heel andere orde. Traditionele en moderne verteltechnieken worden op een complexe manier met elkaar verweven en op die manier worden heden en verleden ook stilistisch met elkaar verzoend. Er is enerzijds een onafhankelijke, zelfbewuste verteller, die de act van het schrijven zelf centraal stelt, en anderzijds is er een orale verteller die zich nauw verbonden weet met de zwarte gemeenschap. Vaak eist de verteller alle aandacht op, ten nadele van de figuren in het verhaal. Hier en daar vertelt de verteller iets over zichzelf, maar deze informatie blijft vaag en ontoereikend. Soms hebben we de indruk met een alwetende verteller te maken te hebben, iemand met kennis van verleden, heden en toekomst, maar dan wordt deze illusie weer doorbroken en lijken we eerder met een gedramatiseerde verteller te doen te hebben, iemand die net als Joe en Violet tot de zwarte gemeenschap van Harlem in 1926 behoort. De verteller kan de bal zelfs misslaan, zoals hij (of zij?) op een gegeven moment toegeeft. En wat te denken van deze passage aan het begin van de roman?

Ik heb heel lang, misschien wel te lang, in mijn eigen gedachten geleefd. Ik moet er meer uit komen, zeggen ze. Onder de mensen komen. Het klopt dat ik me hier en daar afsluit, maar als je, zoals ik, voor paal stond terwijl je partner een andere afspraak laat uitlopen, of hij belooft je dat hij na het avondeten één en al oor zal zijn maar hij valt in slaap als je net je mond hebt opengedaan, ja, daar kan je ongastvrij van worden als je niet oppast, en dat is wel het laatste wat ik wil. (p. 13)

Pas helemaal op het einde van de roman wordt een tip van de sluier gelicht. In een opvallende, cursief gedrukte passage op de allerlaatste bladzijde, schrijft de verteller de volgende bekentenis neer:

> Dat ik alleen van jou heb gehouden, mijn hele ik roekeloos heb uitge-leverd aan jou en niemand anders. Dat ik wil dat jij ook van mij houdt en dat ook aan mij toont. Dat ik hou van de manier waarop je me vast-houdt en dat ik zo dicht bij je mag zijn. Ik krijg maar geen genoeg van je vingers, die optillen en omslaan. Ik heb nu al heel lang naar je gezicht gekeken, en je ogen gemist als je bij me wegging. Tegen je praten en je horen antwoorden – dat is mijn stimulans. (p. 235)

Wie anders is hier aan het woord dan het boek zelf, dat zich direct tot de lezer richt en van deze laatste ook respons verwacht? Deze inter-actie tussen publiek en verteller is een typisch kenmerk van de orale verteltraditie, maar het komt ook voor bij een blues- of jazzoptreden. De reactie van het publiek stuurt de verteller of muzikant in een bepaalde richting. De verteller van *Jazz* wil ook dat de lezer parti-cipeert. Wanneer dat gebeurt, heeft de auteur haar doel bereikt, dan krijgt de roman een oraal en muzikaal karakter. De grenzen tus-sen het geschreven en gesproken woord, tussen muziek en literatuur zijn opgegeven. Het boek gaat dan niet alleen over jazz, maar *is* zelf jazz.

Paradise is het sluitstuk van de historische trilogie en overspant een groot deel van de twintigste eeuw. Geen enkele roman van Morrison is echt gemakkelijke lectuur, maar met *Paradise* vraagt ze wel erg veel van haar lezers. Het eerste hoofdstuk, met als titel "Ruby", begint op een vroege ochtend in 1926, wanneer negen mannen uit het exclusief zwarte stadje Ruby binnenvallen in een afgelegen landhuis dat het Klooster genoemd wordt, waar ze een handvol inwonende vrouwen "moeten verjagen of vermoorden":

> Ze schieten eerst het blanke meisje neer. Met de rest kunnen ze kalm aan doen. Haasten hoeft hier niet. Ze zitten achtentwintig kilometer van een stadje dat in een straal van honderd veertig kilometer het enige is. In het Klooster zijn natuurlijk schuilplaatsen genoeg, maar ze heb-ben de tijd en de dag is jong. (*Het paradijs*, p. 9)

De roman heeft een cyclische structuur. Na deze ochtendlijke inval neemt de verteller ons mee in de tijd en komen we op een fragmen-tarische wijze meer te weten over het stadje en het Klooster, tot de cirkel rond is en het boek eindigt waar het begon: bij de "raid" op het Klooster. Behalve het eerste hoofdstuk dragen alle volgende hoofdstukken als titel de namen van vrouwelijke figuren, inwoners van het Klooster of het dorp: Mavis, Grace, Seneca, Divine, Patricia, Consolata, Lone en Save-Marie. Hun geschiedenis wordt met mondjesmaat verteld terwijl we ondertussen ook kennis maken met de mannen, die zichzelf de grootste rol in de geschiedenis van het stadje toedichten. Deze mannen, allemaal afstammelingen van de legendarische stichters van Ruby, hebben zichzelf de taak opgelegd deze exclusief zwarte gemeenschap te beschermen tegen invloeden van buitenaf.

> Tien generaties lang wisten ze al wat Daarbuiten lag: de eens lokkende, vrije verten waren nu stuurloos, chaotisch, en vormden een leegte waar willekeurig en georganiseerd kwaad naar believen tot uitbarsting kon komen — achter elke boom, achter elke deur van elk huis, of het nu bescheiden was of deftig. Daarbuiten waren je kinderen het mikpunt, je vrouwen een prooi, ja, kon je bestaan in één klap worden uitgewist. (p. 22)

Kort na de Burgeroorlog trokken talloze ex-slaven met hun families weg uit de zuidelijke staten, op zoek naar een plek om zich te vestigen. De geschiedenis van Ruby gaat terug op een tiental van deze families, die in verschillende nederzettingen werden geweigerd door kleurlingen die een lichtere huidskleur hadden. Dat verklaart waarom ze uiteindelijk zelf een gemeenschap stichten waar enkel raszuivere zwarten toegelaten worden. Ook huwelijken met kleurlingen worden tegengewerkt, want alles wordt in het werk gesteld om de raszuiverheid te bewaren. Doorheen tijden van economische crisis en welvaart, oorlog en vrede slagen deze families erin hun zwarte gemeenschap bij mekaar te houden. Kort na de Tweede Wereldoorlog trekken ze zelfs met zijn allen weg uit hun eerste nederzetting, Haven, omdat de spoorweg zijn traject verlegt en het katoen niets meer opbrengt. In 1949 wordt dan Ruby gesticht. Aanvankelijk lijkt alles goed te gaan, er is meer welvaart en dus ook meer vrije tijd. Maar wat een paradijs zou moeten zijn, is voor sommigen een kooi. Vooral de vrouwen en de jongeren komen niet langer aan hun trekken in deze patriarchale gemeenschap. De pogingen van de leiders om alle invloeden van buitenaf te weren en het unieke karakter van het stadje te bewaren, moeten falen. Wat meer is, als het stadje een toekomst wil hebben, moet het openstaan voor vernieuwing. Want stilstand betekent onvermijdelijk achteruitgang. Dominee Misner vat het als volgt samen:

> Wat was het verlangen naar blijvend geluk diep menselijk, en wat kreeg de menselijke verbeeldingskracht in haar poging dat te bereiken een armzalig voorkomen. Binnen de kortste keren zal Ruby in niets van andere plattelandsstadjes verschillen: de jongeren dromend van elders, de ouderen vol nostalgie. (p. 290)

Het is alleen jammer dat men dat maar beseft wanneer het al bijna te laat is. Lange tijd zien de mannen met lede ogen toe hoe jonge mensen Ruby verlaten, hoe hun vrouwen bij het Klooster aankloppen. En wat er in Ruby ook verkeerd gaat, steeds schuift men de schuld in de schoenen van de bewoonsters van het Klooster. Zij hebben immers het kwade oog. Vooral de conflicten tussen ouders en kinderen schrijven ze toe aan de nabijheid van deze vrouwen. De ochtendlijke "raid" op het Klooster moet dan ook gezien worden als een futiele poging om de zwarte gemeenschap te zuiveren van alle externe invloeden. Uiteindelijk wordt het tegenovergestelde bereikt. Na deze zinloze daad van geweld moeten de inwoners van Ruby nederig toegeven dat het uitbannen van de vrouwen van het Klooster niet de oplossing voor hun probleem is: "Ze denken dat ze de blanke te slim af zijn geweest, terwijl ze hem in werkelijkheid imiteren" (p. 289).

De tegenstellingen tussen Ruby en het Klooster verbeelden ook het verschil tussen twee samenlevingsvormen. Ruby is patriarchaal, exclusief, xenofoob, racistisch, conservatief, traditioneel, gesloten. Het klooster is matriarchaal, inclusief, tolerant, multiraciaal, progressief, vernieuwend, open. Toni Morrison pleit er zeker niet voor dat het verleden zomaar opzij geschoven wordt, maar ze toont op een subtiele manier aan dat een maatschappij die niet openstaat voor nieuwe invloeden ten dode is opgeschreven. Vertaald naar de Afro-Amerikaanse samenleving wil dit ook zeggen dat de ideeën van "Nation of Islam", die een radicale afscheiding van de blanke Amerikaanse cultuur voorstaat, geen kans maken in een multicultureel en multiraciaal Amerika. Het principe van raszuiverheid, of het nu blank is of zwart, komt voort uit angst voor de Ander en leidt tot onverdraagzaamheid en zelfs geweld. Het is bovendien een principe dat onhoudbaar is, want in deze tijd kunnen invloeden van buitenaf onmogelijk geweerd worden.

Hoe verschillend de werken van Toni Morrison ook zijn, toch zijn er enkele thema's die in elke roman terugkeren. De relatie tot het verleden is daar ongetwijfeld één van. Voor de Afro-Amerikanen is dit een sterk geladen verleden, een geschiedenis van deportatie, slavernij, segregatie, racisme en ontworteling. Maar het is ook een geschiedenis van sterke gemeenschapsbanden en een rijke schat aan mythes en legenden. Sommige personages in haar oeuvre proberen dat verleden te vergeten, terwijl andere het koesteren, omdat ze beseffen dat je slechts echt weet wie je bent, als je weet waar je vandaan komt. Zonder in clichés te vervallen of zich aan goedkope romantiek over te geven, zijn Morrisons romans allemaal op de een of andere manier met Afro-Amerikaanse tradities verbonden: door de naamgeving, de *setting* binnen zwarte gemeenschappen, het gebruik van volksverhalen, taal en muziek. Volgens Toni Morrison bestaat de opdracht van de zwarte auteur erin de zwarte waarden uit het verleden over te leveren. Het ideaal is voor haar een synthese tussen verleden en heden, tussen Afro-Amerikaanse en Euro-Amerikaanse cultuur. Steeds weer blijkt dit de rijkste, maar moeilijkste keuze te zijn.

Beknopte bibliografie

Primaire literatuur

The Bluest Eye, London: Chatto and Windus, 1970. (*Het blauwste oog*, vert. Nettie Vink, Amsterdam: Bert Bakker, 1984.)

Sula, New York: Knopf, 1973. (*Sula*, vert. W.A. Dorsman-Vos, Utrecht: Bruna, 1975.)

Song of Solomon, London: Chatto and Windus, 1977. *(De hemelvaart van Solomon*, vert. Piet Verhagen en Ronald Beek, Amsterdam: Amber, 1979.)

Tar Baby, New York: Knopf, 1981. *(Zwarte lokvogel*, vert. Nettie Vink, Amsterdam: Bert Bakker, 1983.)

Beloved, London: Chatto and Windus, 1987. *(Beminde*, vert. Nettie Vink, Amsterdam: Bert Bakker, 1988.)

Jazz, New York: Knopf, 1992. *(Jazz*, vert. Nettie Vink, Amsterdam: Amber, 1992.)

Paradise, London: Chatto and Windus, 1998. *(Het paradijs*, vert. Christien Jonkheer, Amsterdam: Bert Bakker, 1998.)

Playing in the Dark. Whiteness and the Literary Imagination, Cambridge: Harvard UP, 1992. *(Spelen in het donker. De blanke literaire verbeelding*, vert. Anna Kapteijns-Bacuna, Amsterdam: Bert Bakker, 1994.)

Secundaire literatuur

COOPER-CLARK, Diana. "Toni Morrison", in *Interviews with Contemporary Novelists*, London: Macmillan, 1986, pp. 190-211.

DE LOOF, Kathleen. "Het dekolonisatieproces van de Afro-Amerikaanse literatuur", in Theo D'haen (red.), *Europa buitengaats. Koloniale en postkoloniale literaturen in Europese talen*, deel 2, Amsterdam: Bert Bakker, 2002, pp. 279-98.

FLUTZ, Lucille P. *Toni Morrison. Playing with difference*. Urbana: University of Illinois Press, 2003.

GATES, Henry Louis, Jr. & K.A. APPIAH (red.). *Toni Morrison. Critical Perspectives Past and Present*, New York: Amistad, 1993.

PEACH, Linden. *Toni Morrison*, London: Macmillan, 2000.

MICHAEL ONDAATJE
(1943-)

Eriks USKALIS

BANDEN SMEDEN

In 1996 verwierf Michael Ondaatje, toen al een gerespecteerd en bekroond auteur, ruime bekendheid dankzij de succesvolle filmadaptatie van zijn roman *The English Patient*. De film werd geregisseerd door Anthony Minghella en Ondaatje was bij de verfilming nauw betrokken. Dat Ondaatjes werk ooit verfilmd zou worden, was onvermijdelijk, aangezien hij een sterk visueel auteur is, een lyrisch producent van originele en soms adembenemende beelden. Kijken en zien zijn trouwens terugkerende motieven in zijn werk, die het verhaal vaart geven. Zijn schrijfpraktijk biedt vaak een perfecte illustratie van "fine writing": mooi gevormde passages, uitgepuurde frasen en motieven die resoneren als muzikale akkoorden, en beelden en metaforen die een direct en verhelderend licht werpen op de wereld van zijn personages.

Ondaatje schrijft al meer dan dertig jaar, en het is al lang duidelijk dat zijn werk wordt voortgestuwd door twee verwante drijfveren. De eerste drijfveer is het verlangen om grenzen af te tasten en uit te wissen – de grens tussen kunst en geschiedenis, feit en fictie, het zelf en de wereld, het individu en de gemeenschap, de ervaring en de herinnering van de wereld, alsook de grenzen tussen artistieke genres. De tweede drijfveer is het verlangen om verbanden te vinden en te leggen – om te ontdekken wat het is dat mensen verbindt met hun verleden, met elkaar, met bepaalde objecten, met het officiële en het officieuze. In een lyrische passage in *The English Patient*, bijvoorbeeld, worden drie van de personages met elkaar verbonden door een lieveheersbeestje dat van lichaam tot lichaam gaat. Ook het naamgeven en het gebruik van de taal staan centraal. Patrick, een Canadees en een sleutelfiguur in *In the Skin of a Lion*, treedt opnieuw in contact met zijn kindertijd en komt plots tot een voller begrip ervan wanneer hij, als volwassene, een naam kan geven aan de immigranten die hij dagelijks zag. Wanneer hij later in een gebied verblijft waar vooral Macedoniërs wonen, zet hij een grote stap naar integratie in de gemeenschap door de Macedonische benaming voor zijn tamme leguaan te leren: "gooshter". Taal is een organische en fysieke entiteit zowel voor Ondaatje als voor zijn personages, die vaak woorden ontdekken of grijpen als betrof het een nieuwe textuur of een nieuwe sensatie:

> *Libya.* Denk de politiek even weg, en het is het lieflijkste woord dat ik ken. Een seksueel, langgerekt woord, een verleidelijke bron. De *b* en de *y*. Madox zei dat het een van de weinige woorden is waarin je de tong een hoek hoort omgaan. (*The English Patient*, p. 257)

Hoewel Ondaatje zijn stokpaardjes heeft, dient te worden benadrukt dat dit hem er niet van weerhouden heeft om een oeuvre bij elkaar te schrijven dat heterogeen en enorm gevarieerd is qua stijl en thematiek – Ondaatje heeft er steeds naar gestreefd nieuwe vormen te ontwikkelen om zich uit te drukken, onder meer door verschillende genres te vermengen. Hij is een auteur van wie terecht mag worden gezegd dat zijn werk moeilijk in één vakje onder te brengen is. Zijn 'autobiografie', *Running in the Family*, is in zekere zin ook een roman, zijn gedichten bevatten stukken proza, zijn proza heeft poëtische kwaliteiten, en in veel van zijn werken komen journalistieke stukken, brieven, foto's, historische documenten en liederen voor.

Het migrant-zijn, de relocatie, het belang van de notie van plaats, en het verkennen van een persoonlijke geschiedenis en van familiale en gemeenschappelijke tradities zijn steeds terugkerende thema's in Ondaatjes werk, en het is moeilijk om aan de verleiding te weerstaan daar een reflectie van het leven van de auteur in te zien. Hij heeft op plaatsen gewoond met sterk verschillende culturen en een complexe geschiedenis. Hij werd geboren in 1943 in Colombo, Ceylon (het huidige Sri Lanka), in een geprivilegieerde koloniale gemeenschap met een mengeling van Nederlandse, Britse, Tamil en Singalese invloeden. Ondaatjes herinneringen aan zijn jeugd te midden van een excentrieke en vitale gemeenschap worden beschreven in *Running in the Family*. Zijn ouders gingen uit elkaar, deels ten gevolge van de alcoholproblemen van zijn vader, en in 1952 verhuisde

Ondaatje met zijn moeder naar Londen, waar hij een tijdlang studeerde. In een volgende beweging ging hij bij zijn broer wonen in Canada. De universitaire opleiding die hij daar volgde, tot op Masters-niveau, was toegespitst op geschiedenis en Engelse literatuur, en sinds 1971 is hij als docent verbonden aan het Department Engels van York University in Toronto. Hij begon poëzie te schrijven in de vroege jaren zestig, en hoewel hij daarmee onmiddellijk succes oogstte, zal ik het in dit essay alleen hebben over de drie romans waar hij zijn bekendheid vooral aan te danken heeft: *In the Skin of a Lion* (1987), *The English Patient* (1992) en *Anil's Ghost* (2000). Een korte samenvatting zal telkens worden gevolgd door een bespreking van de voornaamste thema's, waarbij enkele citaten een idee zullen geven van Ondaatjes schrijfstijl.

Algemeen gesproken zijn de hoofdthema's van Ondaatjes werk geschiedenis en identiteit. Zijn boeken onderzoeken de manier waarop mensen gedetermineerd worden door een veelheid van geschiedenissen evenals de wijze waarop ze verandering of een geografische dislocatie bewerkstelligen. Al zijn beste werken voeren ontheemde personages ten tonele, mensen die onderweg zijn of een migratie achter de rug hebben. Ondaatje is heel geïnteresseerd in de dynamiek van het migrantenbestaan, wat er gebeurt met iemands identiteit, de manier waarop mensen veranderen ten gevolge van de risico's en de compromissen die migratie – vrijwillige net zo goed als onvrijwillige – onvermijdelijk met zich meebrengt. Aan de hand van een enkel personage roept Ondaatje vaak een immens historisch spectrum op door het persoonlijke aan het politieke te koppelen en het historische aan het globale. In een interview zegt hij daarover het volgende:

> Het schrijven verbindt je eigen leven met de geschiedenis van onze tijd, die haar wortels kan hebben in de vierde eeuw. Je plaatst jezelf tegen de wand van een grot waarin honderden jaren kunst gegrift is, en dan probeer je jezelf daar op de een of andere manier mee te verbinden. (Wachtel, p. 257)

Het loont de moeite om bij deze uitspraak even stil te blijven staan. Het verband dat wordt gesuggereerd tussen kunst, geschiedenis, het zelf en het lichaam – elementen die in een veelheid van thema's en beelden samenklitten – is cruciaal voor een goed begrip van Ondaatjes werk. Met je rug tegen een met kunst overdekte rotswand gaan staan is een fysieke maar ook een intieme daad, een precaire en aarzelende poging om een band te scheppen. Een gelijkaardige passage vinden we ook terug in *The English Patient*. Wanneer Katharines echtgenoot met opzet een vliegtuig te pletter vliegt in de woestijn, laat hij daarbij het leven en raakt zij gewond. Samen met Almasy zoekt ze beschutting in een grot waar op de wanden zwemmers geschilderd zijn, overblijfselen uit een tijd waarin er overvloedig veel water was in die streek. Het streven naar delicate, aarzelende, persoonlijke, fysieke en intieme connecties is alomtegenwoordig. Almasy, explorator van de Noord-Afrikaanse woestijn in *The English Patient*, is gefascineerd door Herodotus, aan wie de uitvinding van de geschiedschrijving wordt toegeschreven, maar wil ook de naam achterhalen van een fragiel botje in de hals van zijn minnares Katharine. Hij is in dezelfde mate geïnteresseerd in historische gebeurtenissen die verschillende millennia bestrijken als in de complexiteit van een klein botje. Minuscule details van het menselijke lichaam zijn even belangrijk als, en staan op een of andere manier in verband met, de uitgestrektheid van de geografische ruimte en het verloop van de historische tijd. Het lichaam dient in kaart gebracht op dezelfde manier als landen in kaart worden gebracht en historische verhalen ontleed.

Ondaatje is ook sterk begaan met kunst en creativiteit – als proces en als metafoor – en zijn werken behandelen op zelfbewuste wijze de vreugdes, frustraties en verantwoordelijkheden inherent aan het creëren van een kunstvoorwerp. Het is hem menens: hij is wellicht meer begaan met de mogelijkheden hiervan en de bijbehorende verantwoordelijkheden dan de meeste hedendaagse artiesten. Of het nu gaat over grotschilderingen dan wel over Renaissancekunstwerken, over de bouw van boeddhistische standbeelden dan wel over de rol die het theater kan spelen in dissidente bewegingen, zijn werk is doordrongen van de notie dat kunst heilig is. In *In the Skin of a Lion* komt een belangrijke passage voor die kan worden gelezen als Ondaatjes intentieverklaring of geloofsbelijdenis: "Alleen de beste kunst kan orde scheppen in de chaotische warboel van gebeurtenissen. Alleen het beste kan chaos weer in lijn brengen om zowel de chaos te suggereren als de orde die zij zal worden". Hij beweert tevens dat de "eerste zin van elke roman zou moeten zijn: 'Vertrouw mij, dit zal even duren maar er is hier orde, heel zwak, heel menselijk'" (p. 146).

Ondaatjes engagement voor de literatuur als kunstvorm, voor zijn vak op zich en voor de esthetiek kan soms tot problemen leiden, vooral wanneer de geschiedenis en het effect dat zij op mensen sorteert, overgeësthetiseerd worden. Als schrijver die verborgen geschiedenissen aan het licht wil brengen, onder meer de niet-opgetekende historische verhalen van arbeiders, dreigt hij de effectiviteit van die verhalen en geschiedenissen in gevaar te brengen door volledig op te gaan in de creatieve daad. In *Running in the Family* verontschuldigt hij zich tegenover "de mensen die de fictionele tendens afkeuren" en verdedigt zich door te zeggen dat "in Sri Lanka een goed vertelde leugen duizend feiten waard is" (p. 206). Een dergelijke uitspraak zorgt wellicht voor enig onbehagen bij sommige lezers, en zet hen ertoe aan zich vragen te stellen omtrent de status van 'historische waarheid'. De auteur laat zijn verlangen naar esthetische totaliteit en taalschoonheid duidelijk blijken. Verscheidene pagina's van zijn korte autobiografie zijn gewijd aan de bespreking van een lokale mythe volgens welke eenieder die de tong van een hagedis opeet, de gave van de welsprekendheid te beurt zal vallen. De titel van een biografie van Ondaatje is ontleend aan een foto waarop de auteur naast een reclamebord staat met als opschrift: "express yourself beautifully". In zijn relaas over zijn familie heeft hij het over een hang naar dramatiek en in het dankwoord in *Running in the Family* schrijft hij dat "het boek geen geschiedenis is, maar een portret, of een 'gebaar'" (p. 206). Hij bezigt woordenschat afkomstig uit de kunstwereld om het globale ethos van zijn werk te suggereren en verkiest voortdurend esthetische boven andere representationele modellen. Ter verdediging van Ondaatje kan worden aangevoerd dat hij zich terdege bewust is van de gelijkenissen tussen geschiedenis en literatuur, die beide gebruik maken van narratieve elementen en talige creatieve constructies. Hij speelde met *Available Light* als alternatieve titel voor *In the Skin of a Lion* vanuit de overweging dat wat er wordt onthuld over een gebeurtenis of over een persoon, afhankelijk is van wie zijn of haar licht erop laat schijnen. Alles is een kwestie van perspectief. De geschiedenis is niet objectief, elke historische verklaring of representatie is een interpretatie. Waar sommige auteurs dit als een excuus gebruiken om fabels te vertellen en extravagante ironische spelletjes te spelen, is Ondaatje erg scrupuleus wat knoeien met de geschiedenis betreft.

INTIEME GESCHIEDENISSEN

Het motto van *In the Skin of a Lion*, ontleend aan John Berger, fungeert als sleutel voor een goed begrip van Ondaatjes werk: "Nooit meer zal een enkel verhaal verteld worden alsof het het enige is." Terwijl hij de verhalen van verschillende mensen vertelt, brengt Ondaatje geleidelijk de onderlinge connecties aan het licht. In deze specifieke roman, die zich afspeelt in de jaren twintig en het verhaal brengt van immigrantengemeenschappen die Toronto opbouwen, groeit de in een woeste Canadese regio geboren Patrick op te midden van immigranten wier nationaliteit hij niet kent, voor hij uiteindelijk naar Toronto verhuist. Net als duizenden anderen probeert hij geld te verdienen door op zoek te gaan naar Ambrose Small, een corrupte zakenman die verdwenen is. Patrick wordt verliefd op Smalls minnares Clara. Clara's beste vriendin is Alice Gull, die eerder in de roman een non was. Toen Alice van een brug werd geblazen door de wind, werd ze opgevangen door Nicholas Temelcoff, die als bouwvakker aan de slag was en later een bakkerij zou leiden. Alice verdwijnt, en duikt na verloop van tijd weer op als sleutelfiguur in de dissidente immigrantenbeweging. Patrick, die het contact met Clara verloren heeft, komt naar één van de dissidentenbijeenkomsten en ziet Alice op het podium, verkleed als pop. Hier ontmoet hij ook Temelcoff. Nadat Alice, die een bom met zich meedraagt, door een explosie om het leven is gekomen, besluit Patrick het reusachtige waterzuiveringsstation, ontworpen door commissaris Harris, op te blazen. De twee ontmoeten elkaar in Harris' kantoor. Patrick brengt zijn bom niet tot ontploffing en Harris laat hem niet arresteren. De roman eindigt met Patrick die samen met Alice' dochter Hana onderweg is naar Clara. Op cruciale punten in het verhaal duikt bovendien een dief op met de klinkende Italiaanse naam "Caravaggio".

In de roman probeert Ondaatje verbanden te leggen tussen ruimte, theatraliteit, het visuele en immigrantengemeenschappen en de manier waarop die elementen zich situeren tegen de achtergrond van de constante spanning tussen *insider* en *outsider*. Ruimtelijke en architecturale metaforen, mogelijk gemaakt door de focus op de bouw van Toronto in de jaren twintig, worden gerelateerd aan wat je een geografie van het lichaam zou kunnen noemen: verschillende lichamen en hun interactie met de ruimte worden in kaart gebracht en getraceerd in de roman. Visuele beelden worden geïntroduceerd door het gebruik van 'nieuwe' technologieën zoals fotografie en filmkunst, die hun eigen specifieke vormen en idiomen hebben. De immigrantencultuur is nauw betrokken bij het voorgaande doordat zij opgeofferd wordt voor de bouw van grote architecturale structuren die in feite monumenten zijn voor de officiële versie van de geschiedenis. De immigranten worden gemarginaliseerd op de foto's die de voortgang van deze monumenten documenteren doordat hun identiteit niet wordt vastgelegd en hun lichamen bijkomstig lijken en verkleind zijn door het perspectief. Die lichamen zijn nochtans weerstandsnesten: ze zijn niet compleet uitgewist en blijven aanwezig in de marge van de opnametechnologieën.

Ondaatjes gebruik van de nieuwe technologieën is fascinerend omdat die georganiseerd zijn rond metaforen van het theater en van de consumptiecultuur, en vooral omdat het aan de hand hiervan is dat hij het verzet van en de solidariteit onder de immigranten documenteert. Ter ontspanning komen de immigranten samen in de bioscoop. Patrick, een van de weinige protagonisten die geboren is in Canada maar die niettemin vaak als *outsider* wordt voorgesteld, woont die filmvertoningen bij, en op een keer:

> tijdens een film van Chaplin schaterde hij het uit, en zijn gelach voegde zich bij dat van de anderen. Hij keek recht in de ogen van iemand wiens lichaam voorover boog om naar hem te kunnen kijken, en die net hetzelfde besef had – dat dit wederzijdse gelach een gesprek was. (*In the Skin of a Lion*, p. 138)

Dat het hier om een stomme film gaat, is zeker relevant, aangezien het gebrek aan een gemeenschappelijke taal zo wordt omzeild. Het thema van de niet-verbale band klinkt overigens ook door in de scène van het dissidente marionettentoneel waarbij Alice betrokken is.

Hoewel Ondaatje erg veel aandacht heeft voor de slechte werkomstandigheden en voor het feit dat de arbeiders op velerlei wijzen uit de geschiedenis geweerd worden, brengt hij ook een soort hommage aan de verbeeldingskracht van de man die aan de basis ligt van de bouwprojecten, stadscommissaris Harris, over wie wordt beweerd dat hij "de plaats *rook* voor hij wist dat ze er was, elk beeld ervan even goed kende als zijn wapens" (p. 109). Een lange passage waarin de buitengewone logistieke aspecten van het bouwen van viaducten, bruggen en waterzuiveringsstations worden beschreven, eindigt met de zin: "Dit was choreografie in 1930" (p. 111). Eens te meer wordt een beeld uit de kunstwereld opgeroepen. Je zou Ondaatje kunnen vergelijken met de Russische regisseur Dziga Vertov, wiens vernieuwende films, in het bijzonder *The Man with the Moving Camera* (1929), niet zozeer arbeid verheerlijken, zoals in de gangbare interpretatie van deze en gelijkaardige films, maar wel de beweging. In *In the Skin of a Lion* komt deze focus erg duidelijk naar voren in enkele beschrijvingen van Nicholas Temelcoff, die de reputatie heeft de zwaarste bouwopdrachten aan te durven:

> Zelfs op archieffoto's is hij moeilijk terug te vinden. Telkens weer zie je een vergezicht, en het oog moet langs de muur van de lucht op zoek gaan naar de stip verbrand papier aan de overkant van de vallei die hij is, een uitroepteken, ergens in de verte tussen brug en rivier. Hij zweeft bij de drie scharnieren van de halvemaanvormige stalen bogen. Die houden de brug samen. Het moment van het kubisme. (p. 34)

Je kan Ondaatje verwijten dat hij de estethiek soms te zwaar benadrukt, iets wat ten koste kan gaan van zijn politieke bedoelingen. De context van de arbeider dreigt in het niets te verdwijnen wanneer de vormen die hij maakt, herleid worden tot de specifieke stijl die Ondaatje gebruikt om dit bevroren fotografische beeld te kaderen. De beschrijving krijgt voorrang op de politieke context en de politieke intentie, en stelt die enigszins in de schaduw.

Er zijn ook andere voorbeelden van de aandacht die de roman schenkt aan machtsrelaties die tot stand komen en worden gecontesteerd door menselijke interventies op het vlak van geografie en geconstrueerde omgevingen. Zowel Caravaggio en Patrick hebben een nauwe band met de ruimte waarin ze zich bevinden. Caravaggio, "getraind als een dief in een onverlichte kamer", heeft zichzelf geleerd de mogelijkheden van zijn omgeving onmiddellijk in zich op te nemen, en heeft "een impressie van de wereld [...] beperkt tot datgene wat zich in een straal van een zevental meter rondom hem bevindt" (p. 189). Als dief wil hij uiteraard geen confrontaties in de ruimte die hij controleert en waarin hij zich beweegt. Patrick memoriseert de inrichting van zijn hotelkamer zodanig dat hij zich er geblinddoekt tegen een hoge snelheid in kan voortbewegen. Wanneer hij zijn kunstjes echter opvoert voor Clara, komt het tot een pijnlijke botsing doordat zijzelf zich ook in de kamer begint te verplaatsen. Beide mannen beheersen hun omgeving, maar in wezen is het slechts een private en persoonlijke heerschappij die onmiddellijk wordt gecontesteerd en geproblematiseerd door ruimtelijke sociale interactie.

Voor Patrick verandert dit enigszins, en later, in een complexe passage waarin hij Alice terugziet op een clandestiene immigrantenvergadering die tegelijk dienst doet als een rituele en ceremoniële samenkomst, onderneemt hij zowel een persoonlijke als een publieke interventie in de ruimte. Alice staat op het podium in de gedaante van een reus en is omgeven door marionetten wier outfits "een mengelmoes van verschillende naties" vormen, en die hun weg proberen te vinden in "dit gevaarlijke nieuwe land van het toneel". De marionetten, die de ervaring van de immigranten representeren, spelen vervolgens gezagsfiguren die de reus, zelf gekleed in een "Fins hemd en een Siberische broek", omcirkelen. De reus wordt op zijn knieën gedwongen en kan alleen nog "met een hand op de grond slaan alsof hij om hulp roept – een vreselijk lawaai dat de stille voorstelling binnendringt" (p. 117). Het is op dat moment dat Patrick, die Alice nog niet herkend heeft, tussenbeide komt door het podium op te stormen en het pijnlijke geklop te doen stoppen. Deze passage, die cruciaal is in Patricks ontwikkeling, voert op complexe wijze de theatraliteit van de macht ten tonele, en raakt opnieuw het thema aan van het gebruik van de taal of van de afwezigheid ervan tijdens de identiteitsconstructie.

INTERNATIONALE SLECHTERIKKEN

Hana en Caravaggio zijn ook personages in *The English Patient*, dat zich afspeelt tijdens de Tweede Wereldoorlog. Hana, die als verpleegster in Italië werkt, bevindt zich aan het einde van de oorlog in een villa waar ze een zwaar verbrande patiënt verzorgt die iedereen voor een Engelsman houdt, maar die in feite een Hongaarse graaf is, Almasy. In het decennium dat voorafging aan de oorlog, was Almasy betrokken bij de verkenning van de woestijn. Ze blijven alleen achter in de villa omdat Almasy te zwaar gewond is om verplaatst te kunnen worden. Uiteindelijk krijgen ze het gezelschap van Caravaggio, die heeft vernomen waar Hana zich ophoudt. De voormalige dief heeft voor de veiligheidsdiensten gewerkt en lijdt zelf pijn doordat hij zijn duimen heeft verloren toen hij gefolterd werd door de Duitsers. Een vierde persoon doet zijn intrede: Kirpal Singh, een Indiase ontmijningsexpert die in de buurt werkzaam is. De vier zoeken wat aarzelend contact met elkaar. Almasy vertelt Hana, en later ook Caravaggio, over zijn liefdesrelatie met een getrouwde vrouw, Katharine Clifton. Haar echtgenoot had de affaire ontdekt en liet een vliegtuig te pletter storten met Katharine en hemzelf aan boord. Hij komt om in de crash, en Almasy, naar wie ze onderweg waren, gaat hulp zoeken voor Katharine, die zwaar gewond is. Hij wordt echter tegengewerkt door Britse soldaten die hem ervan verdenken een spion te zijn – "De zoveelste internationale smeerlap" – en uiteindelijk biedt hij het Duitse leger zijn diensten aan in de hoop de grot terug te vinden waarin Katharine zich schuilhoudt. Hij mislukt. De roman eindigt met Almasy die Hana vraagt hem uit zijn lijden te verlossen door hem een overdosis morfine toe te dienen, en met Kirpal die naar huis terugkeert, verbijsterd door de val van de atoombommen op Japan.

Een steeds terugkerende metafoor is die van het schrijven op teksten, als aanvulling op de verhalen die ze vertellen. Hana schrijft over Caravaggio op een pagina van *The Last of the Mohicans* en vult de lege plekken in poëziebundels op met de beschrijving van haar gevoelens voor Kirpal, terwijl Almasy's editie van Herodotus bol staat van zijn notities en er pagina's van andere boeken zijn ingekleefd.

> Zijn enige connectie met de wereld van de stad was Herodotus, zijn gids, antiek en modern, van vermeende leugens. Wanneer hij de waarheid achterhaalde van iets dat een leugen had lijken te zijn, haalde hij zijn lijmpot boven en kleefde er een kaart of krantenartikel in, of gebruikte een blanco gedeelte in het boek om mannen in hemden te tekenen met vage, onbekende beesten aan hun zijde. (*The English Patient*, p. 246)

Identiteiten worden gevormd en relaties komen tot stand door de ontmoeting en de omgang met teksten. Persoonlijke verhalen waar de wereld geen weet van heeft, worden ingeschreven in de marge als aanvulling op grotere verhalen. De notie van interventie, dialoog, is van cruciaal belang. Almasy, die beseft dat Caravaggio hem ervan verdenkt geen "Engelse patiënt" te zijn, eist dat het vraaggesprek geen eenrichtingsverkeer is: "Je moet met me praten, Caravaggio. Of ben ik alleen maar een boek? Iets om te lezen, een schepsel dat je uit zijn meer moet lokken en vol morfine spuiten, vol met gangen, leugens, losse plantengroei, hoopjes stenen" (p. 253). Het is veelzeggend dat Almasy verliefd begon te worden op Katharine toen ze luidop een verhaal voorlas uit Herodotus' *Geschiedenissen*. Wanneer hij zich er rekenschap van geeft dat hij verliefd is, vervagen en vermengen al zijn obsessies zich.

> Ik werkte aan mijn eigen boek [...] en kwam daarbij steeds dichter bij de tekst alsof de woestijn zich daar ergens op het papier bevond, zodat ik zelfs de inkt kon ruiken terwijl die uit de vulpen vloeide. En tegelijkertijd worstelde ik met haar nabijheid, steeds meer bezeten van haar mogelijke mond, de strakheid achter haar knie, de witte vlakte van haar buik, terwijl ik mijn korte boek schreef, zeventig pagina's lang, bondig en ter zake, reiskaarten inbegrepen. Ik kon haar lichaam niet van het papier af krijgen. (p. 235)

De woestijn is voor Ondaatje een bron van krachtige beelden die hem ertoe in staat stelt zijn voornaamste bekommernissen met elkaar te verweven. De metaforen houden verband met het karteren en met het identiteitsthema. Met name voor Almasy fungeert de woestijn als een plek waar identiteit niet zozeer ontdekt, maar handig uitgewist kan worden. "Wis de familienaam uit! Wis naties uit! Dat soort dingen heeft de woestijn mij geleerd", zegt hij tegen Caravaggio, en merkt op dat er velen waren die "de kleding van onze landen wilden verwijderen. Het was een plaats van geloof. We verdwenen in het landschap. Vuur en zand. We verlieten de oase van de haven" (p. 139). Identiteit en landschap worden ook metaforisch met elkaar verbonden wanneer Caravaggio Hana zijn vermoeden toevertrouwt dat "de Engelse patiënt niet Engels is." "Natuurlijk is hij dat, wat maak je anders van al die bloembedden in Gloucestershire?" werpt Hana tegen, maar tegelijk erkent ze dat hij ook over de woestijn praat, waarop Caravaggio antwoordt: "Maar tegenwoordig heeft hij het vooral veel over de woestijn. Er zit slijt op de Engelse tuin" (pp. 163-64). Deze ideeën hebben te maken met Ondaatjes interesse voor het thema van macht, nationale identiteit en imperium. De woestijnverkenners zijn gedegoûteerd door de manier waarop hun kaarten en hun kennis misbruikt worden door naties die oorlog voeren tegen elkaar, de manier waarop kennis brutaal wordt verbonden met macht en de in essentie artificiële en valse notie van nationale identiteit.

De bewering dat "er slijt zit op de Engelse tuin" is niet gespeend van ironie, gegeven het feit de Tweede Wereldoorlog het einde betekende van de positie van Groot-Brittannië als imperiale wereldmacht. Het thema van imperium en identiteit richt zich vooral op Kirpal die zich zelf bezighoudt met verschillende soorten kaarten, complexe diagrammen van de mechanismen van bommen en mijnen. Kirpal heeft bewust een meervoudige identiteit gezocht: "Ik ben opgegroeid met tradities van mijn land, maar later, en vaker, van jouw land" en hij heeft het advies van zijn broer in de wind geslagen: "Keer Europa nooit je rug toe. De zakenlui. De opstellers van contracten. De kartografen". Wanneer de atoombommen vallen op Japan, verbreekt Kirpal meteen de banden die hij met de andere villabewoners heeft opgebouwd. Het maakt niet meer uit wat de "ware" identiteit van de patiënt is: "Amerikaans, Frans, het kan me niet schelen, wanneer je de bruine rassen van deze wereld begint te bombarderen, dan ben je een Engelsman" (pp. 283-86). De hele roman is een bevraging van verschillende ideeën over identiteit: de dubbelzinnigheden ervan, de wisselwerking tussen nationaliteit en "ras", de loyauteiten die zij met zich meebrengt, wat zij uitwist en welke compromissen ze sluit.

GRAVEN IN IDENTITEIT

Zoals *The English Patient* eindigt met Kirpal die naar "huis", naar Azië, terugkeert, zo begint *Anil's Ghost* met Anil Tissera die naar Sri Lanka terugkeert. Anil die in Amerika en Londen gerechtspathologie gestudeerd, keert terug naar haar geboorteplaats als lid van een internationaal mensenrechtenteam dat moorden onderzoekt gepleegd tijdens de burgeroorlog die het land verscheurt. In Sri Lanka werkt ze samen met een archeoloog, Sarath Diyasena, en hun relatie is er aanvankelijk één van wantrouwen. Het onderzoek spitst zich toe op de vondst van een recent skelet in een gebied waar alleen regeringsfunctionarissen toegang tot hebben. Tests tonen aan dat het lichaam werd verbrand en twee keer werd begraven, wat wijst op een doofpotoperatie. Om de dode man (die ze de bijnaam "Sailor" geven) te kunnen identificeren, roepen ze de hulp in van Saraths oude spirituele leider, Palipana. Die verwijst hen door naar Ananda Udugama, die bedreven is in het reconstrueren van gezichten op basis van schedels. Ananda's reconstructie biedt echter geen uitkomst: hij lijdt onder het verlies van zijn vrouw, en het gereconstrueerde gezicht reflecteert haar persoonlijkheid en gelaatstrekken evenzeer als die van de dode. Anil wordt uiteindelijk aangehouden en ondervraagd, maar Sarath zorgt ervoor dat het skelet niet in handen van de autoriteiten valt.

Tijdens hun eerste ontmoeting vat Sarath de situatie als volgt samen: "Wekelijks duiken er lijken op. Het hoogtepunt van de terreur was in 1988 en 1989, maar ze is natuurlijk al veel langer aan de gang. Alle partijen pleegden moorden en verstopten de bewijzen. Alle partijen. Dit is een onofficiële oorlog: niemand wil de buitenlandse mogendheden van zich vervreemden" (*Anil's Ghost*, p. 17). In dat soort klimaat is het moeilijk te weten wie je kan vertrouwen, allianties zijn duister en verdacht, wat leidt tot algemene paranoia. Terwijl ze veldwerk aan het verrichten zijn, wijst Sarath Anil op het volgende: "Je bevindt je op zes uur van Colombo en je fluistert – kan je nagaan (p. 53).

Anil voelt zich ongemakkelijk bij haar terugkeer, ten dele omdat ze voelt dat de mensen die haar kennen – en zelfs het land Sri Lanka zelf – niet willen inzien dat ze met de jaren veranderd is, omdat ze geacht wordt zich te conformeren aan ideeën uit het verleden: "Als tiener was Anil een uitzonderlijk goede zwemster geweest, en de familie is dat nooit te boven gekomen; het talent zat aan haar vastgeklonken voor de rest van haar leven" (p. 10). Sarath vermeldt dit ook wanneer hij haar voor het eerst ontmoet, en vraagt tevens naar haar familie. Hoewel Anil ooit getrouwd is geweest – met een Sri Lankaan die ze had ontmoet in Londen – antwoordt ze kortaf: "Ongehuwd. Geen zwemster" (p. 17). Ze is vastbesloten het contact met het verleden op haar eigen manier te herstellen en verwerpt de opvattingen die andere mensen over haar hebben.

Hoewel er zich uiteindelijk een soort verstandhouding tussen beiden ontwikkelt, zijn er verscheidene redenen voor hun wederzijdse argwaan. Sarath staat wantrouwig tegenover Anils beweegredenen en haar terugkeer naar 'huis': "Je weet dat ik meer geloof zou hechten aan je argumenten als je hier woonde [...] Je kan niet zomaar even binnenglippen, een ontdekking doen en dan weer vertrekken" (p. 44). Zijn houding wordt milder wanneer hij haar op een gegeven moment tijdens een gesprek, waarin zij geacht wordt bewijsmateriaal te leveren van een doofpotoperatie, hoort zeggen: "'Ik denk dat jullie honderden van de onzen vermoord hebben.' *Honderden van de onzen.*

Dacht Sarath bij zichzelf. Vijftien jaar weg en eindelijk is ze *ons*" (p. 272). Anil heeft in zekere zin een omgekeerde migratie doorgemaakt, en begint het contact met het verleden te herstellen door opnieuw banden te smeden en zich te identificeren met de gemeenschap. De fragiele relatie tussen Anil en Sarath is ook typisch voor het gros van de relaties in Ondaatjes werk, waarin de notie van vertrouwen erg belangrijk is. Deze notie heeft een fundamenteel politieke en optimistische dimensie. Niemand, zo suggereert Ondaatje, bestaat op zichzelf – veel van zijn personages bestaan slechts door hun relaties met anderen – en het nemen van risico's is noodzakelijk wanneer een personage iemand anders voldoende moet vertrouwen om zijn of haar kwestsbaarheid te tonen. In de context van de breekbaarheid van menselijke relaties wordt een geloofssprong en een blijk van vertrouwen zo goed als altijd beloond in Ondaatjes werk.

Een andere belangrijke tegenstelling tussen Anil en Sarath betreft hun uiteenlopende ideeën omtrent waarheid: Anil wordt gedreven door een zuiver ideaal, terwijl Sarath het idee afweegt tegen andere 'waarheden' – bekendmaking en geheimhouding. Op een bepaald moment mijmert hij over de betekenis van de ontdekking, in oorlogstijd, van oude grotgravures:

> Het voelde aan alsof de halve wereld werd begraven, de waarheid verborgen door angst, terwijl het verleden zich openbaarde in het licht van een rododendronstruik.
> Anil zou dit oude en aanvaarde evenwicht niet begrijpen. Sarath wist dat de reis voor haar om het achterhalen van de waarheid ging. Maar waar zou de waarheid hen naartoe leiden? Het was een vlam bij een slapend oliemeer. Sarath had gezien hoe de waarheid werd opgesplitst in hapklare brokken en door de buitenlandse pers naast irrelevante foto's werd geplaatst. Een frivool gebaar tegenover Azië dat, als gevolg van deze informatie, tot nieuwe wraakacties en slachtpartijen kon leiden. Er waren gevaren verbonden aan het overmaken van de waarheid aan een onveilige stad in je buurt. (pp. 156-57)

Het problematische statuut van de waarheid is ook aan de orde met betrekking tot Palipana, "die gedurende een aantal jaar een centrale rol had gespeeld in een nationalistische groepering die er uiteindelijk in was geslaagd de archeologische autoriteit in Sri Lanka terug te winnen van de Europeanen" (p. 79). Hij krijgt internationale erkenning voor zijn werk en is in trek bij de studenten als een briljant maar moeilijk promotor. Zijn reputatie gaat echter aan diggelen wanneer hij rotsinscripties interpreteert die niet blijken te bestaan: "Niemand vond de zinnen terug die hij had geciteerd en vertaald van stervende krijgers" (p. 81). Dit incident roept vragen op over autoriteit en expertise, motivatie, toegelaten en officiële kennis, en leidt ook tot vragen omtrent de meest geschikte manier om 'de waarheid' te presenteren.

> Anderen kregen nu de indruk dat hij zijn hele carrière had georkestreerd [*choreographed*] met de bedoeling om de wereld deze ene streek te leveren. Maar misschien was het wel meer dan een streek, en niet zozeer een leugen in zijn geest; misschien was het voor hem geen valse stap maar een stap naar een andere realiteit, het laatste stadium van een lange, waarachtige dans. (p. 81)

In verschillende opzichten zijn we hiermee weer aanbeland waar we vertrokken zijn. Eens te meer, zoals zo vaak in Ondaatjes werk, worden de grenzen tussen verschillende zaken – in dit geval waarheid en fictie, ontdekken en uitvinden – uitgewist. Opnieuw wordt een woord uit de wereld van de kunst – "choreografie" – gebruikt om legitimiteit te verlenen aan pogingen om gangbare ideeën omtrent de notie van waarheid en geschiedenis te omzeilen. Kunst wordt eens te meer ingeroepen als iets wat bijna heilig is, een autonoom reservoir met al wat belangrijk is. Ondaatje gelooft dat kunst – "de beste kunst" – een representatievorm is die het potentieel heeft om te ontsnappen aan de vervormingen van de macht. Macht – koloniale macht, de macht van diegenen die de geschiedenis optekenen, de macht van de natiestaat om identiteit te misvormen ("We worden misvormd door natiestaten" (*The English Patient*, p. 138)) en de macht van de expert – wordt beschouwd als een bijna onvermijdelijk corrupt en corrumperend gegeven. Ondaatje insisteert op de speciale plaats van de kunst, die hij beschouwt als iets wat ons de mogelijkheid geeft om artificiële grenzen uit te wissen en verbanden te leggen die maar al te vaak onzichtbaar worden gemaakt door de operaties van de macht.

Beknopte bibliografie

Primaire literatuur
The Collected Works of Billy the Kid, Toronto: Anansi, 1970. (*De verzamelde werken van Billy the Kid*, vert. Hans Plomp, Weesp: Heureka, 1982.)
Rat Jelly, Toronto: Coach House Press, 1973.
Coming through Slaughter, Toronto: Anansi, 1976. (*Op weg naar stilte*, vert. Paul de Bruin, Amsterdam: Bert Bakker, 1989.)
There's a Trick With a Knife I'm Learning to Do: Poems 1963-1978, New York: Norton, 1979.
Running in the Family, Toronto: McClelland and Stewart, 1987. (*In de familie*, vert. Paul de Bruin, Amsterdam: Bert Bakker, 1984.)
In the Skin of a Lion, London: Secker & Warburg, 1987. (*In de huid van een leeuw*, vert. Graa Boomsma, Amsterdam: Bert Bakker, 1989.)
The English Patient, London: Bloomsbury, 1992. (*De Engelse patiënt*, vert. Jos den Bekker, Amsterdam: Bert Bakker, 1992.)
Anil's Ghost, London: Bloomsbury, 2000. (*De geest van Anil*, vert. Leo Huisman, Amsterdam: Bert Bakker, 2000.)

Secundaire literatuur
Heble, Ajay. "Michael Ondaatje and the Problem of History", *CLIO. A Journal of Literature, History and the Philosophy of History* 19,2 (1990), pp. 97-110.
Hutcheon, Linda. *The Canadian Postmodern*. Toronto: Oxford UP, 1988.
Jewinski, Ed. *Express Yourself Beautifully*. Toronto: ECW Press, 1994.
Penner, Tom. "Four Characters in Search of an Author Function: Foucault, Ondaatje and the 'Eternally Dying' Author in *The English Patient*", *Kunapipi* Summer (2000), pp. 78-83.
Wachtel, Eleanor. "An Interview with Michael Ondaatje", *Essays on Canadian Writing* 53 (1994), pp. 250-61.

vertaald door Stef Craps

THOMAS PYNCHON
(1937-)

Luc HERMAN

Thomas Pynchon kan nog steeds niet bogen op een ruime bekendheid in het Nederlandse taalgebied, en toch is hij één van de belangrijkste Amerikaanse schrijvers uit de tweede helft van de twintigste eeuw. Deze paradox valt enerzijds te verklaren door zijn hardnekkige reputatie als moeilijk auteur en anderzijds door zijn eigen onzichtbaarheid, die de vermarkting van de Nederlandse vertalingen aanzienlijk heeft belemmerd. Ze belandden vrijwel meteen in de ramsj, hetgeen uitgeverij Bert Bakker in weerwil van het originele plan deed besluiten twee romans onvertaald te laten. Nu is Pynchon inderdaad geen hapklare brok, en zelfs al zou hij welwillend naar Nederland en Vlaanderen gekomen zijn voor promotie, dan nog lagen verkoopsucces en naambekendheid daarom in zijn geval niet voor de hand. De culturele, wetenschappelijke en historische bagage die nodig lijkt voor de lectuur van zijn boeken vormt op het eerste gezicht een te hoge drempel. Maar het hangt er uiteraard van af hoe je die bagage bekijkt. Een aantal referentiepunten kunnen volstaan voor wie de uitdaging wil aangaan. Met een uitstekend naslagwerk als de *Encyclopedia Britannica* kom je immers veel verder dan met je individuele kennis. Als je er dan nog een woordenboek bijneemt voor de ontrafeling van de vaak lange Engelse zinnen, dan zit je zonder meer goed voor de lectuur van Pynchons soms weerbarstige maar immer fascinerende teksten.

Zeker in academische middens werd de behandeling van Pynchon ook lange tijd belast door de centrale plaats die één van zijn romans, *Gravity's Rainbow* (1973), vanaf de jaren tachtig in de canon van het postmodernisme innam. Pynchon ondermijnt wel degelijk voortdurend de zekerheden van de lezer, maar deze strategie vormt slechts een deel van zijn aanpak. Pynchons teksten cirkelen rond twee concepten die ook vandaag nog centraal staan in vele visies op mens en maatschappij: entropie en paranoia. Het begrip entropie stamt uit de warmteleer, waar het als een maat fungeert voor de hoeveelheid warmte die *niet* in bruikbare mechanische energie kan worden omgezet. Het begrip wordt ook gebruikt in de communicatietheorie, waar het verwijst naar het onvermijdelijke informatieverlies bij de overdracht van een boodschap. Meer algemeen verwijst entropie naar het feit dat elk organisme langzaam maar zeker op zijn definitieve ondergang afstevent. Bij uitbreiding betekent dit dat de hele aarde (als superorganisme) gedoemd is te verdwijnen. Het individu vervalt hierbij onherroepelijk in achtervolgingswaanzin. Dit is namelijk de enige manier waarop toch nog enige orde kan aangebracht worden in de steeds toenemende chaos. Wie een complot vermoedt, definieert zichzelf meteen als een tamelijk homogeen subject ten overstaan van de rest van de (vijandige) wereld. Pynchons beeld van de mens op zoek naar (behoud van) eenheid en zin is kenmerkend voor het literaire modernisme. Het gebruik van het prefix "post" voor zijn werk is dus niet zo vanzelfsprekend. Algemeen kan misschien worden gesteld dat de overgang van modernisme naar postmodernisme in feite neerkomt op een verschil in graad. Voor Pynchon in het bijzonder kan dan gelden dat hij prozaconventies als personage, plot en vertelstandpunt weliswaar in vraag stelt en tot op zekere hoogte afbouwt, maar dat hij niettemin talig, thematisch en motivisch zijn eigen dammetjes opwerpt tegen de postmoderne betekenisondermijning. Om deze laatste metafoor even aan te houden en Pynchon zo een overtuiging toe te dichten die ontypisch is voor de Pynchonkritiek en bovendien aansluit bij het belang dat door modernistische auteurs aan de esthetische ervaring werd toegekend: deze dammetjes kunnen het een tijdje uithouden – tenminste even lang als de lectuur van de tekst – en dat is gezien het alarmerende waterpeil ongetwijfeld een reden tot optimisme.

Niet zo onzichtbaar

Ook met Pynchons onzichtbaarheid valt het eigenlijk best mee. Het is wel degelijk zo dat hij zich na de publicatie van zijn eerste roman, *V.* (1963), uit het openbare leven terugtrok, ook nu nog uit de schijnwerpers wenst te blijven en zelfs angstvallig tracht de informatie over hemzelf te controleren, maar dat neemt niet weg dat er zeer veel over

hem geweten is. Er staat zelfs een biografie op stapel. Voldoende redenen dus om, in weerwil van een onhebbelijke gewoonte, Pynchon
niet aan te grijpen als een illustratie van de theorie die de schrijver
wilde schrappen uit de onderwerpenlijst van de literatuurwetenschap.
Thomas Ruggles Pynchon werd geboren op 8 mei 1937 in Glen Cove,
Long Island, een residentiële streek in de buurt van New York. Hij
bezocht de Oyster Bay High School, waar hij meewerkte aan de
schoolkrant. Pynchon was een uitstekend leerling, met een bijzonder
talent voor wiskunde. Dankzij een studiebeurs kon hij als *undergraduate* studeren aan Cornell University. Hij wilde eerst ingenieur worden, maar na een onderbreking van twee jaar voor een dienst bij de
Navy behaalde hij uiteindelijk in 1959 een Bachelor of Arts met als
major Engels. Aan de universiteit werkte hij ook mee aan een literair
tijdschrift, *The Cornell Writer*, waarin hij zijn eigen verhaal "The Small
Rain" publiceerde. Veel later bundelde Pynchon deze tekst samen met
vier andere kortverhalen uit zijn beginperiode ("Low-lands", "Entropy",
"Under the Rose" en "The Secret Integration") tot *Slow Learner*
(1984), en voorzag het geheel van een uitermate revelerende inleiding.
Daarin kijkt hij enigszins denigrerend maar tegelijk nostalgisch terug
op zijn vroege werk en gaat zelfs zover zijn veelgeroemde verwijzingen naar de wetenschap, althans voor de kortverhalen, te relativeren.
Entropie bijvoorbeeld was voor hem toen nog gedeeltelijk een raadsel, bekent Pynchon ootmoedig, ook al schreef hij dan een verhaal
met die titel.

Na zijn studie woonde hij een tijdje in Greenwich Village en trok
daarna naar Seattle, waar hij als tekstschrijver werkte voor Boeing.
In Seattle voltooide hij ook zijn eerste roman. Uit de briefwisseling met
zijn *editor* bij Lippincott, Corlies Smith, blijkt heel duidelijk dat
Pynchon, in tegenstelling tot wat de titel van zijn verhalenbundel doet
vermoeden, een heel snelle leerling was. Het typoscript van *V.* bevat
ongeveer 100 extra pagina's die Pynchon, wellicht ingaand op de luttele wenken van Smith, heeft gesnoeid. De titelfiguur van de roman
is hoogstwaarschijnlijk een vrouw. Zij neemt diverse identiteiten aan
in een serie historische hoofdstukken, die zich op verschillende plaatsen afspelen (van het huidige Namibië over Alexandrië, Parijs en
Florence tot Malta) en als het ware geïnjecteerd zijn in een vertelling
over een zekere Benny Profane en The Whole Sick Crew in het New
York van de jaren vijftig. Jazz, de Beat Poets en het existentialisme zijn

de kapstokken voor de beschrijving van een milieu dat nu enigszins oudmodisch overkomt. Profane heeft vele kennissen. Een ervan is Herbert Stencil, wiens obsessie voor V. de historische hoofdstukken motiveert. Vooral de uitwerking van de verhaallijn over de jaren vijftig liet in het originele typoscript te wensen over. Eén hoofdstuk was integraal gewijd aan een goedkope persiflage op de familieseries die toen al populair waren op de Amerikaanse televisie. Een ander leek zonder aanwijsbare reden geënt op *Das Schloss* van Franz Kafka. Bovendien liet Pynchon zijn personages bijwijlen zo oeverloos emmeren over zichzelf dat de tekst uitermate vervelend werd. In de uiteindelijke versie bestaat er echter zowel een knap evenwicht als een subtiel verband tussen heden en verleden, en dringt het concept geschiedenis zelf zich prachtig aan de lezer op als een centrale problematiek.

Na Seattle wordt het iets moeilijker om Pynchon te volgen. Hij woonde op diverse plaatsen in Mexico en Californië, soms in een goedkoop pension, maar meestal als *house sitter* in ruil voor kost en inwoon. Veel geldelijke inkomsten kunnen er immers niet geweest zijn, want Pynchon werkte aan een kanjer die uiteindelijk *Gravity's Rainbow* werd. In 1965 spendeerde hij naar eigen zeggen slechts enkele weken aan het schrijven van zijn bekendste en tot nu toe meest toegankelijke roman, *The Crying of Lot 49* (1966). In dit tegelijk grappige en ontroerende boekje wordt de Californische huisvrouw Oedipa Maas belast met de uitvoering van een belangrijk testament. Deze opdracht brengt haar in contact met een geheimzinnig postbedrijf dat misschien wel de hele Amerikaanse samenleving in zijn greep houdt. Net als *V.* drijft *Lot 49* op allerlei onzekerheden. In *Lot 49* doet Pynchon de vraag ontstaan of het cruciale postorderbedrijf daadwerkelijk bestaat dan wel een projectie is van de hoofdfiguur. Belangrijker dan een sluitend antwoord op deze vraag is de suggestie dat je als lezer, net als Oedipa, verstrikt zit in een epistemologische situatie die nog het best met de Engels uitdrukking "now you see it, now you don't" kan worden omschreven. Het verlangen naar een definitief inzicht wordt echter in stand gehouden. *Lot 49* eindigt namelijk net voor de veiling van nummer 49, met daarin belangwekkende informatie die misschien wacht op een koper met een mogelijk onthullende identiteit.

Toch blijft de lezer niet helemaal op zijn of haar honger. De suggestie van een oplossing is op zich reeds waardevol, aangezien ze in de toenemende chaos misschien wel overtuigender oogt dan de oplossing zelf. Een modicum aan denkcomfort bestaat dus wel degelijk in deze barre epistemologische tijden, en je hoeft je ervoor als lezer nauwelijks te onderscheiden van Oedipa. De verschijning van de veilingmeester is voor haar namelijk een spiritueel moment: "Passerine breidde zijn armen uit in een gebaar dat leek te behoren bij de priesterkaste van een verre cultuur, misschien bij een op aarde neerdalende engel". De intensiteit van deze scène voor Oedipa onderlijnt het belang van de mogelijkheid. Tegelijk verwijst het woord "crying" uit de titel dankzij zijn dubbele betekenis – 'veilen' en 'huilen'– naar de zeldzame momenten in het boek waarop Oedipa huilt. Huilen is voor Oedipa duidelijk een vorm van inzicht, zodat de lezer aan het einde van het boek begrijpt hoezeer emotionaliteit kan bijdragen tot een mogelijke oplossing voor het kennisprobleem.

Het gebruik van een dubbele betekenis geeft aan dat Pynchon de taal inzet als motor van leesplezier en begrip. De taal zelf vormt een belangrijk thema in *Lot 49*. Bij Oedipa ontstaat een besef omtrent taal dat nog het best kan vergeleken worden met een vereenvoudigde versie van de taaltheorie bij de Duitse romanticus Friedrich Hölderlin. Transcendentale communicatie is volgens hem verlorengegaan, misschien komt ze echter ooit wel terug. Ondertussen zitten we in het donker van de communicatieproblemen, maar als dichter, denkt Hölderlin verder, kan ik deze situatie zo esthetiseren dat er toch een paar taalkaarsjes blijven branden. Oedipa beschrijft de terugkeer van perfecte communicatie dan ook wellicht niet toevallig met het woordje "cry": "[...] the direct, epileptic Word, the cry that might abolish the night". Nu moet gezegd dat Oedipa's aandacht voor taal misschien wel deel uitmaakt van een poging om het Californische spiritualisme uit de jaren zestig ironisch voor te stellen, maar dat is niet zeker. Hoe dan ook, Pynchon heeft een feilloze neus voor een aantal leuke overdrijvingen uit deze periode. Op deze manier zou *Lot 49* eerder een satirisch tijdsdocument zijn dan een filosofische roman, en alszodanig vormt het een vervolg op de afbeelding van New York in de jaren vijftig uit *V*. Pynchons interesse voor sociale aspecten van het leven in Californië blijkt overigens ook uit "A Journey Into the Mind of Watts", een artikel dat bijna gelijktijdig met *Lot 49* uitkwam in *The New York Times Magazine*, en waarin Pynchon de rassenrellen in L.A. (1965) herbekijkt met veel begrip voor de houding van de Afro-Amerikanen.

Hoe lees je een encyclopedie?

Pynchon had *Lot 49* voor een deel geschreven om zijn contractuele verplichtingen ten aanzien van Lippincott na te komen. Dit liet hem toe zijn *editor* Corlies Smith te volgen naar Viking. Smith en zijn collega's bij Viking stonden zo versteld toen het typoscript van *Gravity's Rainbow* binnenliep dat ze na enige tijd beslisten om er nauwelijks wat aan te doen. Ze vonden het boek in elk geval te lang, maar slaagden er niet in te suggereren wat er precies uit moest. Alleen Pynchons ex-vriendin Faith Sale, die ook al bij de herschrijving van *V.* betrokken was, zou hieromtrent een concreet voorstel hebben gedaan, maar het is niet zeker of Pynchon dit heeft aanvaard.

In 1973 kreeg *Gravity's Rainbow* de National Book Award. Pynchon huurde in overleg met zijn uitgeverij een acteur in om de prijs in ontvangst te nemen. In *Thomas Pynchon – A Journey into the Mind of P.* (2001), een boeiende film van Fosco en Donatello Dubini, vertelt Irwin Corey hoe hij de hoge literatuurpieten (inclusief Ralph Ellison) voor de gek hield. Pynchons roman werd ook voorgedragen door de fictiejury voor de Pulitzer Prize, maar werd uiteindelijk niet bekroond. De Pulitzer Advisory Board liet weten dat *Gravity's Rainbow* tegelijk onleesbaar en obsceen was. In 1975 werd het boek onderscheiden met de Howells Medal, maar Pynchon weigerde botweg: "Please don't impose on me something I don't want", schreef hij terug.

Lot 49 vertoont met zijn vele verwijzingen naar kunst, wetenschap en geschiedenis duidelijk een encyclopedische tendens. In dat opzicht was het een voorproefje van *Gravity's Rainbow*, een boek van 760 bladzijden dat garant staat voor een unieke leeservaring. Een samenvatting doet hieraan steeds onrecht. Zo verdwijnt Pynchons humor erbij in het niets. Soms is deze humor zo puberaal dat je er ongemakkelijk van wordt, maar meestal is Pynchon zo ontwapenend hilarisch dat je het lachen niet kan laten. Elke samenvatting van *Gravity's Rainbow* zal bovendien belast zijn door het onvermogen te bekennen dat dit boek eigenlijk aan uiteindelijke lezercontrole ontsnapt. Het staat zo vol dat een coherente voorstelling ervan een bijna groteske illustratie vormt van de pathologie die inherent is aan bepaalde vormen van waargenomen of opgedrongen orde. Paranoia is niet voor niets een hoofdthema van deze roman. Maar de lezer – en a fortiori: de criticus – kan niet anders. Om niet te verzinken in het moeras van de tekst moet hij of zij enige coherentie doen ontstaan. *Gravity's Rainbow* is een ongewone historische roman over de betekenissen van de Tweede Wereldoorlog en als zodanig een apotheose van Pynchons bijzondere aandacht voor geschiedenis, die ook al bleek uit *V.* en *The Crying of Lot 49*, waarin hij in het heden graaft om bij het verleden uit te komen.

De Amerikaan Tyrone Slothrop wordt er naar het einde van de oorlog toe op uit gestuurd om in het bezette Duitsland de geheimen van de V-2 te gaan doorgronden. Hij dankt deze missie aan het feit dat zijn erecties in het Londen van 1944 een zeker verband lijken te houden met de komst en de inslagplaats van deze raketbom. Slothrop verdwijnt uiteindelijk spoorloos in "the Zone" (zoals Duitsland in 1945 in deze roman wordt genoemd), maar hij verdrinkt eerder al figuurlijk in de tientallen personages die het universum van *Gravity's Rainbow* bevolken. Met enige goede wil kunnen er twee kampen worden onderscheiden. Enerzijds zijn er *they* of *the Firm*, een controlerende instantie die grensoverschrijdend opereert en de oorlog op touw zet om het kapitalisme aan te zwengelen. Anderzijds is er een groep die aan 'hun' controle wil ontsnappen en allerlei vormen van subversie nastreeft. Deze *counterforce* wil al eens op de tafel urineren bij een officieel banket, maar misschien tracht ze evengoed *the other Side* te bereiken, een staat waarmee de in moderne tijden verloren gegane transcendentie lijkt te worden aangegeven. Maar 'zij' zijn ook op zoek naar transcendentie, met name via de raket, hetgeen meteen al aangeeft dat de opsplitsing in twee personagekampen niet zo duidelijk is. De Duitse ingenieur Franz Pökler vormt wellicht het beste voorbeeld van deze verwarring. Hij realiseert zich uiteindelijk dat de idealistische zoektocht naar transcendentie een verwerpelijke machtsgreep inhoudt.

De geometrische figuur in het boek die aan deze transcendentie vorm geeft is de cirkel, en de circulariteit van leven en dood lijkt dan ook te worden aangeboden als een alternatief voor de lineariteit van de vooruitgang. Dat alternatief vindt Pynchon bij andere culturen: alweer in het huidige Namibië, waar de Herero's hun dorpen in een cirkel bouwden, en in het Verre Oosten, dat zo belangrijk was voor de alternatieve bewegingen in de jaren zestig. Ook de circulariteit van de lectuur behoort tot de mogelijkheden van *Gravity's Rainbow*. Aan het einde van de roman bevinden we ons plots in een bioscoop in Los Angeles, en dreigt er een vliegende bom die in 1945 werd gelanceerd

te gaan neerkomen, misschien in de vorm van een nucleair tuig. Net
voor de bom haar doel treft, eindigt de roman, en wie terugkeert naar
het begin kan daar naadloos aanpikken: "Een gil komt gierend door
de hemel. Dat is al eerder gebeurd, maar deze laat zich met niets vergelijken./Het is te laat. De Evacuatie is nog in gang, maar het is allemaal theater." Deze evacuatie speelt zich af in Londen, waar de lezer
vrij snel geconfronteerd wordt met een andere zeer belangrijke cirkel,
die van de regenboog. Van op aarde wordt de regenboog echter nooit
als een cirkel waargenomen, maar als een parabool – tevens de figuur
voor de vlucht van de V-2. De titel van de roman zou daarom kunnen gelezen worden als een verwijzing naar de onmogelijkheid om de
transcendentie te bereiken. De regenboog zoals hij wordt gezien door
wie zich op aarde bevindt, lijdt onder de zwaartekracht, het is "gravity's rainbow". Elke raket komt naar beneden. Pynchon zou Pynchon
niet zijn als hij het motief van de cirkel ook geen negatieve lading zou
meegeven. Zo zorgt hij ervoor de ontdekking van de polymeren, volgens het boek een stap in de richting van de raketbom, te beschrijven
met verwijzing naar de droom over de slang die in haar eigen staart
bijt. Deze droom zou hebben bijgedragen tot de polymeerformule,
die ook circulair is.

Wie behoefte heeft aan een meer ideologisch getinte boodschap,
kan ook bij *Gravity's Rainbow* terecht. Onder de duizenden encyclopedische verwijzingen en de honderden personages van *Gravity's Rainbow* zit immers een relatief eenduidige kijk op de Tweede Wereldoorlog verborgen, die duidelijk schatplichtig is aan de pacifistische
ideologie van de jaren zestig. Pynchon benadrukt dat het conflict
eigenlijk een schijnvertoning vormt, waardoor de geglobaliseerde eco-
nomie op volle toeren kan draaien. De vervaardiging van de raketbom is een symptomatische uiting van de manier waarop het kapitalistische systeem de mens aan zich ondergeschikt maakt en vernietigt.
Om te beginnen is de ontwikkeling van de bom het resultaat van een
aantal ontdekkingen voor de industrie, of – om het iets abstracter te
formuleren – van de logica van de economische vooruitgang. Voor de
eigenlijke productie van de bom in een berg vlakbij Nordhausen werd
gebruikt gemaakt van gevangenen uit het naburige concentratiekamp
Dora. Zowel in Duitsland als in de getroffen landen maakten de bommen dus een groot aantal slachtoffers. Met Wernher von Braun, de leider van de hele bommenoperatie, kan Pynchon uitstekend aantonen

dat de logica van het kapitalisme de schijnconflicten ontstijgt. Von Braun zette zijn werk immers gewoon verder in de Verenigde Staten. Eerst was hij betrokken bij de aanmaak van de atoombom en daarna werd hij een vooraanstaand ingenieur bij de NASA, waar hij bijdroeg tot het succes van het Apollo-programma. Samengevat: zijn jongensdroom van een reis naar de maan werd werkelijkheid ten koste van vele mensenlevens. Of nog anders geformuleerd: transcendentie (van zwaartekracht) is dodelijk. Dit is wat Franz Pökler beseft wanneer hij kamp Dora bezoekt nadat het bevrijd is door de Amerikanen.

Als historische roman neemt *Gravity's Rainbow* zeer vaak een loopje met de geschiedenis zoals wij ze menen te kennen uit historisch materiaal en historiografische teksten, maar uiteindelijk opent Pynchons verbeeldingskracht deuren die in een klassiek geschiedenisboek gesloten bijven. Voor Nederlandstalige lezers komt deze roman soms echter verrassend dichtbij, hetgeen een interessante compensatie vormt voor de vervreemding die een gevolg kan zijn van de buitengewone historiografische methode. In Den Haag spelen twee belangrijke personages, Katje en Gottfried, onder leiding van de SS-officier Blicero/Weissmann het oerduitse sprookje van Hansje en Grietje na in de vorm van een sadomasochistische fantasie. De oven uit het sprookje doet uiteraard denken aan de uitroeiing van de Joden door de Nazi's. Ook Antwerpen komt in *Gravity's Rainbow* aan bod, want Katjes broer Louis verblijft er een tijdje. De paginalange voorstelling van Antwerpen is een prachtige illustratie van de manier waarop Pynchon zijn talloze motieven verweeft. Bovendien is de deportatie van een deel van de Joodse bevolking uit Antwerpen zo manifest afwezig uit de bladzijde over de stad dat ze om een verklaring vraagt. Pynchon heeft blijkbaar beslist de Holocaust niet voortdurend in de schijnwerper te plaatsen, wellicht met het idee dat het effect van deze beperkte aandacht groter kan zijn dan wanneer het onderwerp voortdurend aan de orde wordt gesteld.

GENIAAL

Naast de eerder vermelde verhalenbundel *Slow Learner* publiceerde Pynchon in 1984 ook een kort essay in *The New York Times Book Review*, "Is It O.K. to Be a Luddite?", over de groep Engelse arbeiders die in het begin van de negentiende eeuw protesteerden tegen de Industriële Revolutie door machines te vernielen. Pynchons aandacht voor deze anarchistische aanpak continueert zijn vrees omtrent het kapitalisme, die in *Gravity's Rainbow* het duidelijkst tot uiting komt. In het midden van de jaren tachtig huwde Pynchon met Melanie Jackson, de assistente van de beroemde literaire agente die hem vanaf het begin van zijn carrière had begeleid, Candida Donadio. Prompt liet Pynchon Donadio als agente vallen ten voordele van Jackson. *Slow Learner* was eigenlijk ook een manier om Jackson als agente vooruit te helpen. Voor Donadio betekende dit alles het einde van een langdurige vriendschap met Pynchon. Ze ging zelfs zover haar briefwisseling met de auteur te verkopen aan een particulier. Toen deze persoon na de dood van Donadio in 2001 de briefwisseling op zijn beurt verkocht aan de Pierpont Morgan bibliotheek in New York, greep Pynchon in en liet zijn advocaten alles blokkeren, hetgeen nog maar eens aangeeft hoezeer hij op zijn privacy gesteld is. Een ander belangrijk gegeven uit deze periode is het feit dat Pynchon in 1987 een Mac-Arthur Foundation Award kreeg. Aan deze zogenaamde *genius grant* is geen enkele voorwaarde verbonden. Als Pynchon al financiële problemen had in de jaren zestig, dan zat hij nu bepaald op rozen.

Zeventien jaar na *Gravity's Rainbow* publiceerde Pynchon eindelijk nog eens een roman. In de plaats van de verwachte kanjer over de Amerikaanse Burgeroorlog leverde hij in 1990 zijn tweede Californische roman af, *Vineland*. Het verhaal speelt zich af in 1984, maar via allerlei vertelstrategieën wordt er teruggekeerd naar de jaren zestig. De nasleep en herinterpretatie van deze periode vormen het onderwerp van de roman. Pynchon laat zijn personages kwistig inzichten over de *flower-power* om zich heen strooien. Zo ziet één van hen in dat het anarchisme van toen eigenlijk de uiting was van de wijd verbreide wens om eeuwig kind te blijven. Bovendien wordt er gesteld dat de jongerenrevolte onvermijdelijk een sterke conservatieve reactie moest uitlokken, die er al snel kwam met de verkiezing van Nixon in 1968. Dat was het begin van het einde, impliceert Pynchon. Verderop laat hij Nixon, Reagan en ook Bush Senior ontmaskeren als de corrupte leiders van neo-fascistische regeringen die Amerika om zeep hebben geholpen of (in het geval van Bush) daar nog mee bezig waren. Daarbij legt Pynchon sterk de klemtoon op de rol van televisie als verdovingsmiddel bij uitstek. De buis maakt van de kijkende massa een gewillige groep en bepaalt sommige personages zo sterk dat ze hun eigen gedrag en dat van anderen duiden met verwijzing naar populaire programma's. Pynchon wil zelf overigens niet aan deze determinatie ontkomen, want zijn vaak onwaarschijnlijke verhaal lijkt maar al te zeer op een doordeweekse *prime time movie*. De hoofdpersonages van *Vineland* zijn Zoyd Wheeler, Frenesi Gates, hun dochter Prairie en Brock Vond. In de jaren zestig was Frenesie lid van een radicale verzetsbeweging, die zich onder meer de verfilming van politiegeweld tot doel had gesteld. Daarbij werd ze zelf voortdurend gadegeslagen, hetgeen enig contact met de overheid opleverde. Frenesi verloor prompt haar hart aan Brock, een geobsedeerde openbare aanklager die haar kon overtuigen om voor de FBI te gaan werken. Ze raakte betrokken bij moord, dook onder, huwde Zoyd (een hippiemuzikant), kreeg een dochter van hem, verliet hem en Prairie wanneer Brock weer opdook, huwde later een andere man en kreeg van hem haar tweede kind. De achtergebleven Zoyd kwam op vele manieren aan de kost, met als uitschieter zijn jaarlijkse 'transfenestratie'. Met deze sprong door een raam wist hij zijn vergoeding als mentaal gehandicapte steeds weer te vernieuwen. Na de sprong in 1984, waarmee de roman begint, gaat de bal weer aan het rollen: Brock zit Prairie achterna, die zich als veertienjarige begint te interesseren voor haar verdwenen moeder. De bossen van *Vineland*, een fictief district in Californië, vormen de plaats waar op het einde van de roman de belangrijkste personages en verhaallijnen samenkomen tijdens de jaarlijkse reünie van de familie waartoe Frenesi, Zoyd en Prairie behoren. De familie als losvast samenlevingsverband lijkt een onderkomen te bieden voor de hardheid van het leven. Deze suggestie wordt uiteraard gerelativeerd door de tranerige TV-associaties die het oproept, maar dat maakt ze niet helemaal waardeloos.

Het district Vineland wordt terloops verbonden met Vinland, de naam die Leif Eriksson gaf aan het beboste stuk van Noord-Amerika waar hij omstreeks het jaar 1000, lang voor Columbus dus, voet aan wal zette. Pynchon suggereert op die manier misschien dat zijn stukje Amerika een oorspronkelijkheidswaarde bezit die elders in de Verenigde Staten totaal verloren is gegaan, ook al blijkt Vineland zelf niet immuun voor de krachten van het verval. *Vineland* werd algemeen afgewezen door de critici, maar wellicht waren de verwachtingen na *Gravity's Rainbow* en het lange wachten te hoog gespannen. Toch is dit weer een bijzonder leuk en knap geschreven boek, waarin het belang en misschien ook wel de macht van de vrouwelijke personages een terecht correctief vormt op de door machogedrag aangedreven 'revolutie' van de jaren zestig.

VRIENDEN VAN HET WERK

Een van de titels voor de verwachte roman over de Amerikaanse Burgeroorlog die de ronde deden in het geruchtencircuit was *The Mason-Dixon Line*. Tijdens het conflict vormde de Mason-Dixon-lijn, nog voor de onafhankelijkheid getrokken als de definitieve grens tussen Pennsylvania en Maryland, immers de scheidingslijn tussen de liberale noordelijke staten en het conservatieve zuiden, waar de slavernij nog steeds de verhoudingen tussen blank en zwart bepaalde. In *Mason & Dixon* (1997), de roman waarmee Pynchon zich definitief profileerde als historisch romancier, verplaatst hij zijn aandacht van de negentiende naar de achttiende eeuw, en meer bepaald naar de opmeting van de cruciale lijn zelf. De astronoom Charles Mason en de landmeter Jeremiah Dixon vormen het zoveelste onweerstaanbare duo uit de wereldcultuur: minder hilarisch weliswaar dan Laurel en Hardy, minder burgerlijk-wijsneuzerig dan Bouvard en Pécuchet, minder het resultaat van een filosofisch uitgebouwde tegenstelling dan Don Quichote en Sancho Panza, maar niettemin een prachtig voorbeeld van *male bonding* in extreme omstandigheden. In het begin van het boek, tijdens een van de expedities die het project in Amerika voorafgaan, komt hun schip onder vuur te liggen en krijgen ze zoveel angst te verduren dat alle vormelijkheden eens en voorgoed uit hun omgang met elkaar verdwenen zijn. Dixon is de wat springerige ondergeschikte, Mason is de wellicht net iets te melancholische leider die voortdurend rouwt om zijn overleden echtgenote, maar met zijn tweeën krijgen ze de klus steeds geklaard.

Dit positieve beeld van de twee heldjes ontstaat mede door toedoen van de verteller, dominee Wicks Cherrycoke, die tijdens een zeer lange decembernacht in 1786, na de onafhankelijkheid dus, aan een kleine groep familieleden en kennissen verslag uitbrengt over zijn belevenissen met Mason en Dixon. Cherrycoke en zijn gehoor bevinden zich niet toevallig in Philadelphia, een stad vlakbij de lijn, want daar wint de vertelling aan het belang dat Pynchon haar graag wil toekennen. De vertelsituatie krijgt haar specifieke relevantie door een passage die Pynchon als motto aan een hoofdstuk heeft toegevoegd en waarin hij Cherrycoke zelf laat beweren dat geschiedschrijving het midden moet houden tussen chronologie en herinnering. Opdat deze veelbelovende combinatie van een objectieve en een subjectieve voorstelling kan ontstaan, moet de historicus zich ontpoppen als bemoeial, roddelaar, spion en kampioen van de cafépraat. Alleen zo kunnen verschillende 'lijnen' het heden verbinden met wat voorbij is en lopen we niet het risico het contact met het verleden te verliezen. Het kluwen van interpretaties ("a great disorderly Tangle of Lines") voorkomt de verarmende rechtlijnige weergave.

Cherrycoke benadert mooi zijn eigen ideaal. Vanuit zijn knusse zetel in Philadelphia, toen een zeer belangrijke haven voor de transatlantische handel, gooit de dominee tientallen kromme lijntjes uit naar die ene rechte Mason-Dixon-lijn, verzint hij details bij gebeurtenissen die hij zelf niet heeft meegemaakt, vermoedt hij motivaties waar ze niet echt vast te stellen waren, laat hij de personages geregeld uitbarsten in een lied – een techniek bekend uit *Gravity's Rainbow*, waarnaar Pynchon overigens voortdurend verwijst – en zorgt hij er bovenal voor dat het verhaal blijft fascineren. Er valt dan ook weer behoorlijk wat af te lachen met deze roman, wellicht ook omdat Cherrycoke zijn publiek kost wat kost wakker wil houden. Op basis van de net geschetste theorie van de geschiedschrijving lijken de eerste 250 bladzijden van het boek, waarin Amerika nauwelijks wordt vermeld maar integendeel wordt uitgeweid over de avonturen van Mason en Dixon in Kaapstad en over het verblijf van Mason op het barre Sint-Helena, bovendien essentieel voor Pynchons procedure. Het belang daarvan blijkt tevens uit de titel. In plaats van het rechte koppelteken in de gebruikelijke benaming van de lijn waaraan ze hun onsterfelijkheid danken, worden de hoofdpersonages Mason en Dixon in *Mason & Dixon* verbonden door de krullende ampersand. Op de cover dijt het teken uit tot een stijlvolle arabesk, een fraaie aanwijzing van het feit dat Pynchon tegen de rechte lijn wil ingaan.

Mason & Dixon hoort net als *Gravity's Rainbow* duidelijk thuis in de ondertussen vrij lange rij van postmoderne historische romans zoals ook Umberto Eco ze schrijft. Maar bij alle fabuleerlust die auteurs als Eco en Pynchon verbindt mag uiteraard niet uit het oog worden verloren dat ze elk een specifiek betekenisaanbod produceren waarmee de lezer in een min of meer bepaalde richting wordt geduwd. Pynchons verzet tegen de rechte verhaallijn maakt deel uit van een kijk op de Britse kolonisatie van Amerika. Net zoals het geval was met Afrika in *Gravity's Rainbow* en *V.*, wordt Amerika hier enerzijds voorgesteld als een droomgebied, waar de Europeaan zijn driften kan bevredigen op een manier die op het oude continent zelf gewoonweg uit den boze was. Belangrijker nog dan deze vorm van uitleving – in Amerika voornamelijk ten koste van de Indianen – is het idee van mogelijkheid op zich, de kans om onontgonnen, paradijselijk terrein te betreden en achter elke zonsondergang een nieuwe hoop op geluk te ontwaren. Mason en Dixon brengen anderzijds de achttiende-eeuwse rede mee – een term die Pynchon zijn verteller meer dan eens laat gebruiken – en trekken de lijn die deze verwachtingen doorkruist. Zij leggen vast wat nog alle kanten op kon, zij omsluiten een plek die vanwege haar openheid de transcendentie, waarover al een en ander te doen was in *Gravity's Rainbow*, nog lijkt te kunnen toelaten.

Het pleit voor Pynchon dat hij deze allegorie niet met ijzeren hand aan zijn verhaal oplegt. Hoe meer Mason en Dixon in westelijke richting evolueren bij het trekken van de lijn, hoe problematischer hun rationele aanpak wordt. Naar het einde van hun tocht toe komen ze in een sprookjesland terecht, waar een man bij volle maan in een bever verandert en reusachtige groenten voor niet aflatende verbazing zorgen. Pynchon heeft eerder al een loopje genomen met de beperkingen van het realisme, want Cherrycoke vergast zijn gehoor onder meer op een pratende en bijzonder intelligente hond, een mechanische eend, twee sprekende klokken en een Chinese kapitein die voortdurend zijn theorie van mystieke energieën spuit. Deze fantastische elementen impliceren geenszins dat Pynchon geen aandacht zou hebben besteed aan research. Vooral de gedetailleerde evocatie van godsdienstige doctrines en van wetenschappen zoals astronomie en fysica zorgt ervoor dat de historische voorstelling wordt verbreed. De indruk die de lezer van deze voorstelling krijgt wordt echter grotendeels bepaald door het idioom dat Pynchon Cherrycoke laat gebruiken, een pseudo-achttiende eeuws Engels met een onbegrijpelijk hoofdlettersysteem, doorspekt met anachronistische termen (zoals *pizza*, *sex* in de betekenis van vrijen, en natuurlijk ook de colavariant Cherrycoke) en formuleringen die duidelijk de laat-twintigste-eeuwse oorsprong van deze tekst illustreren. De hitsige dochters van de familie waar Mason en Dixon in Kaapstad logeren, bedienen zich van een taaleigen dat herinnert aan het anti-Engels van hedendaagse Amerikaanse pubers.

De keuze van Cherrycoke als verteller zorgt er ook voor dat Pynchon een belangrijk thema kan aansnijden zonder het uitvoerig ter sprake te brengen. Voor de blanke dominee-verteller en de zijnen is de slavernij niet echt een punt, maar tegelijk wordt ze zo vaak aangestipt dat je er als hedendaagse lezer niet naast kan kijken. Tegen het einde van het boek zegt de Chinese kapitein tegen Mason en Dixon bovendien dat in Amerika iedereen slaaf is, en de meeste mensen zonder dat ze het zelf weten. Daarmee wil Pynchon wellicht niet het element ras uit de voorstelling van slavernij verwijderen – gedurende de vroege episodes in Kaapstad fungeren zwarte slaven duidelijk als een voorafspiegeling van de latere apartheid in Zuid-Afrika – maar veralgemeent hij de behandeling van het gegeven eerder tot een kenmerk van de menselijke situatie zoals ze zich in het tijdsgewricht van de hoofdpersonages voordoet.

Mason en Dixon voelen zich inderdaad de speelbal van hun werkgevers, vrije wil bestaat niet, iedereen zit altijd in de greep van een ander, en de mens is een schakeltje in Gods raderwerk. Deze nieuwe, mildere versie van de paranoia uit Pynchons vroege werken vormt niet echt een onoverkomelijk probleem. Net zoals in *Vineland* de losvaste familie een uitweg bood, komt nu de vriendschap tussen Mason en Dixon over als een bestendige bron van affectie die de pijn van het bestaan behoorlijk kan verzachten. Nadat ze van hun gezamenlijke reizen zijn teruggekeerd, ontmoeten de twee mannen elkaar nog eens, en aan het einde van die ontmoeting lijken ze elkaar te omhelzen, maar dan zonder elkaar aan te raken. Ze hebben dan wel Pennsylvania en Maryland uit elkaar gehouden, maar wat henzelf betreft is het idee van een scheiding slechts een indruk van de oppervlakkige, rechtlijnige waarnemer.

In 1993 had Pynchon met een essay over traagheid, "Nearer, My Couch, to Thee", bijgedragen tot een dossier over de zeven hoofdzonden in *The New York Times Book Review*, maar ook in de periode tussen *Vineland* en *Mason & Dixon* bleef hij nog steeds onzichtbaar. Hij werd vader van een zoon, Jackson, en hij woonde wellicht in of in de buurt van New York, aangezien zijn echtgenote daar haar kantoor heeft. Maar veel meer was er niet geweten. Daar kwam enige

verandering in toen *Mason & Dixon* ging uitkomen, en het zou best
kunnen dat dit spel met de raadselachtigheid van de auteur een onderdeel vormde van de publiciteitscampagne voor het nieuwe boek. Eerst
verscheen er een stuk in *New York Magazine* (december 1996), met
een foto van Pynchon en zijn zoontje, op de rug genomen. Dan was
er een segment op CNN (februari 1997), waarin Pynchon volgens de
nieuwsomroep te zien is in de straten van Manhattan. Na het verschijnen van de roman kwam er dan een stuk uit in de Londense
Times (juni 1997) met een grote foto waarop Pynchon, weer met zijn
zoontje, duidelijk herkenbaar is. Vele Pynchonlezers waren onthutst en
sommigen wilden de foto liefst niet zien omdat de onzichtbaarheid
van de auteur bijdraagt tot hun leesplezier. Zij wachten in stilte op de
volgende roman.

BEKNOPTE BIBLIOGRAFIE

Primaire literatuur
V., Philadelphia: Lippincott, 1963.
The Crying of Lot 49, Philadelphia: Lippincott, 1966. (*De veiling van nr 49*, vert. Ronald Jonkers, Bussum: Agathon, 1978.)
"A Journey Into the Mind of Watts", *New York Times Magazine*, 12 juni 1966, pp. 34-35, 78, 80-82, 84.
Gravity's Rainbow, New York: Viking, 1973. (*Regenboog van zwaartekracht*, vert. Peter Bergsma, Amsterdam: Bert Bakker, 1992.)
Slow Learner, Boston: Little, Brown, 1984. (*Een trage leerling: vroege verhalen*, vert. Irma van Dam, Amsterdam: Bert Bakker, 1985.)
"Is It O.K. to Be a Luddite?", *New York Times Book Review*, 28 oktober 1984, pp. 1, 40-41.
Vineland, Boston: Little, Brown, 1990. (*Vineland*, vert. Jan Fastenau, Amsterdam: Bert Bakker, 1991.)
"Nearer, My Couch, to Thee", *New York Times Book Review*, 6 juni 1993, pp. 3, 57.
Mason & Dixon, New York: Henry Holt, 1997.

Secundaire literatuur
BERRESSEM, Hanjo. *Pynchon's Poetics: Interfacing Theory and Text*, Urbana: U of Illinois P, 1993.
BERUBE, Michael. *Marginal Forces/Cultural Centers: Tolson, Pynchon, and the Politics of the Canon*, Ithaca: Cornell UP, 1992.
DUGDALE, John. *Thomas Pynchon: Allusive Parables of Power*, New York: St. Martin's Press, 1990.
GREEN, Geoffrey, Donald J. GREINER en Larry MCCAFFERY (red.). *The* Vineland *Papers: Critical Takes on Pynchon's Novel*, Normal: Dalkey Archive Press, 1994.
MCHALE, Brian. "Modernist Reading, Post-Modern Text: The Case of *Gravity's Rainbow*", *Poetics Today* 1, 1-2 (1979), pp. 85-110.
MOORE, Thomas. *The Style of Connectedness:* Gravity's Rainbow *and Thomas Pynchon*, Columbia, U of Missouri P, 1987.
O'DONNELL, Patrick (red.). *New Essays on The Crying of Lot 49*, Cambridge, Cambridge UP, 1991.
SCHAUB, Thomas (red.). *Approaches to Teaching* The Crying of Lot 49 *and Other Books by Thomas Pynchon*, New York: Modern Language Association, 2004.
SEED, David. *The Fictional Labyrinths of Thomas Pynchon*, Iowa City: U of Iowa P, 1988.

WEISENBURGER, Steven. *A* Gravity's Rainbow *Companion: Sources and Contexts for Pynchon's Novel*, Athens: U of Georgia P, 1988.

PHILIP ROTH
(1933-)

Kristiaan Versluys

Biografie

Philip Roth werd geboren in 1933 in Newark, New Jersey als zoon van Bess Finkel en Herman Roth, een hardwerkende verzekeringsagent. Hij ging naar de overwegend joodse Weequahic High School in zijn geboortestad en later naar de lokale afdeling van Rutgers University. Newark is het decor van een groot deel van zijn werken. Het is tijdens zijn jeugd, toen hij rondzwierf door de straten van zijn wijk en zich vermaakte op de geïmproviseerde sportveldjes, dat hij vertrouwd raakte met de joods-Amerikaanse zeden en met het typische joods-Amerikaanse taalgebruik dat hij in zijn werken tot literair medium heeft omgesmeed.

Tussen 1951 en 1954 studeerde Roth aan de Bucknell University in Pennsylvania, waar hij schitterende resultaten behaalde. Hij deed zijn Master of Arts in de Engelse Letterkunde aan de University of Chicago in 1955. In datzelfde jaar werd hij voor een korte periode opgeroepen voor legerdienst. In 1956 werd een van zijn kortverhalen geselecteerd voor opname in het prestigieuze *Best American Short Stories*, maar hij verwierf als schrijver pas echt bekendheid toen zijn eerste verhalenbundel, *Goodbye, Columbus*, in 1960 bekroond werd met de Daroff Award en vooral met de zeer gegeerde National Book Award. Roth was toen nauwelijks 26 jaar. Nog in 1960 ontving hij een Guggenheimbeurs, die hem in staat stelde een tijdlang in Rome te verblijven. In 1996 kreeg hij een tweede National Book Award voor *Sabbath's Theater* en in 1997 de Pulitzer Prize voor *American Pastoral*.

Naast zijn werkzaamheden als schrijver heeft Roth ook vaak tijd geïnvesteerd in het doceren van literatuurcursussen. Zo was hij, onder andere, tijdelijk verbonden aan Princeton University, de University of

Pennsylvania, Hunter College en de Iowa Writers' Workshop. De jongste tijd leeft hij afgezonderd in een landhuis in Connecticut, waar hij zich onverdroten aan zijn creatief werk wijdt en erin slaagt met verbluffende regelmaat de ene grote roman na de andere te produceren.

NESTBEVUILER EN HUMANIST

Philip Roth is ongetwijfeld een van de grootste levende auteurs in de Verenigde Staten. Toch torst hij de last mee van zijn reputatie – opgedaan reeds tijdens zijn debuutjaren – als *enfant terrible* van de joods-Amerikaanse literatuur. Hij heeft de neiging en ook een ongewoon talent om uit te dagen en te schofferen. "Ik werd al als een heethoofd beschouwd toen ik nog in luiers rond liep", schrijft hij zelf. Hij schuwt de confrontatie en zelfs de platvloersheid of de wansmaak niet. Hij houdt van het buitenissige, van het uit de band gaan. Creativiteit en excessiviteit zijn voor hem synoniem. Vandaar dat hij door een deel van de Amerikaanse kritiek beschouwd wordt als een beroepsprovocateur, tuk op goedkope effecten. De protagonisten van Roth schreeuwen hun verontwaardiging en ontreddering uit – meestal in een onstuitbare woordenstroom, in monologen van duizend decibel. Ze gaan soms zo fel te keer dat het schelden alle nuance doodt. Vooral in een aantal van zijn vroege werken verwart Roth onfatsoen met complexiteit. Zijn grove humor stijgt nauwelijks uit boven het niveau van de vaudeville en het burleske. Roth is de auteur van een aantal meesterwerken, maar ook van een aantal ongemeen flauwe boekjes vol platte farce. De curve gaat wild op en neer. Roth die zo kritisch is voor anderen ontbreekt het soms aan alle zelfkritiek. Het beste wisselt af met het slechtste. Zijn talent, zo constateerde de gezaghebbende criticus Irving Howe reeds dertig jaar geleden, wordt geschaad door verregaande vulgariteit.

Maar Roth heeft uiteraard ook zijn verdedigers. Voor hen is hij een fascinerend en gedreven *poeta faber*, een ernstig beroepsschrijver die dag na dag acht uur lang gekluisterd aan zijn schrijftafel zinnen aan elkaar rijgt, ze schrapt, ze eindeloos herschrijft. Zijn boeken, vierentwintig in totaal al, worden in die kringen beschouwd als indringende en door medeleven geïnspireerde getuigenissen over lief en leed van de jood in Amerika. Voor zijn medestanders is Roth geen veelschrijvende vuilschrijver, maar een hoogst gewetensvol auteur, die waarheidsgetrouw en zonder valse schaamte doet wat een schrijver hoort te doen: de zaken zeggen zoals ze zijn.

Het intrigerende bij dit alles is dat Roth zelf zich zeer actief met deze polemiek heeft ingelaten, op een uiterst intelligente en – hoe kan het anders – provocerende manier. Hij heeft de vraag rond de moraliteit van zijn geschriften zelfs tot deel gemaakt van zijn eigen schrijversprofiel. Daarbij geeft hij toe een gespleten persoonlijkheid te zijn, volgeling van zowel Dionysos als Apollo. Hij is de goede en de slechte jood, de nestbevuiler en vuilbek aan de ene kant, de geëngageerde humanist aan de andere.

In zijn meer recente werken is Roth zelfs een stap verder gegaan. Hij constateert niet alleen de innerlijke verdeeldheid bij zichzelf, hij celebreert ze. Aangewakkerd door de tijdgeest, die vaak het schizoïde tot een vorm van authenticiteit verheft, en gebruik makend van een aantal postmodernistische romantechnieken, trekt hij van leer tegen de geïntegreerde persoonlijkheid. De jood, zo postuleert hij, de ware jood is een geestelijk ontheemd wezen, zonder vaste bestaansgrond, een improviserend iemand, wars van alle ideologische zekerheden, steeds in conflict met zichzelf, steeds in de clinch met zijn omgeving.

Door de jaren heen heeft Roth die zelfcontradictie gecultiveerd, zodat ze zich nu manifesteert op alle terreinen van zijn schrijverschap. Om te beginnen bij de thematiek waaraan hij zijn grootste beruchtheid heeft te danken: seks. Iedereen die *Portnoy's Complaint* (1969) heeft gelezen, bloost jaren na de lectuur nog als hij of zij zich de masturbatorische hoogstandjes van het hoofdpersonage herinnert. Wat misschien minder bijblijft is dat de titel van het boek verwijst naar een pathologisch syndroom: "Een ziekte waarbij sterke ethische en altruïstische gevoelens voortdurend strijd leveren met extreme seksuele verlangens, vaak van een perverse soort." Er is geen standje of variatie of Portnoy moet het uitproberen. Deze hedonistische instelling stoot echter op sterke psychische weerstand. Portnoys aangeleerd schaamtegevoel maakt het hem onmogelijk van zijn uitspattingen te genieten. De pathologie waaraan hij lijdt bestaat uit het feit dat hij opgezadeld zit met "verlangens die walgelijk zijn voor zijn geweten en een geweten dat weerzinwekkend is voor zijn verlangens".

De reden voor deze innerlijke verdeeldheid hangt samen met een tweede Rothiaanse contradictie. Als kind van zijn tijd, grootgebracht in een Amerikaans stedelijk milieu, verzet Portnoy zich tegen de oubollige strikt joodse moraal van zijn ouders. Maar hij blijft met alle vezels van zijn wezen aan de joodse familie gehecht. Roth heeft dezelfde dubbelzinnige houding tegenover de traditie waarvan hij deel uitmaakt. Door zonder gêne de joden voor het blok te zetten, heeft hij zich bij herhaling de banvloek van het joodse establishment op de hals gehaald. Toch blijft hij beweren dat hij de joden in de ogen van het *goyische* Amerika humaniseert door ook hun kleine kanten te beschrijven.

Het argument waarmee hij zijn tegenstanders bestrijdt, is dat van de creatieve vrijheid. Bij de meeste ad-hominem aanvallen die hij te verduren kreeg, wordt geen onderscheid gemaakt tussen schrijver en geschrift. Steeds wordt zijn eigen levenswandel verward met de immoraliteit van zijn hoofdpersonage. Ook die thematiek heeft Roth hoogst ingenieus ingebed in zijn romans. In steeds ingewikkelder taalconstructies legt hij de lezer op na te denken over de tweespalt persoon-persona, realiteit en verbeelding. Het grootste deel van zijn oeuvre sluit dicht aan bij de autobiografie, maar is terzelfder tijd een poging om door de fantasie (de soms roekeloze, ongebreidelde, losgeslagen fantasie) het leven te ver-dichten en de persoonlijke verbondenheid met de tekst te verzwakken. In boek na boek blijft Roth schaduwboksen met de lezer door het biografisch en historisch verifieerbare te vermengen met het louter fictieve. Wie is die Philip Roth, vraagt de verbouwereerde lezer zich af. Dat zal ik je lekker niet vertellen, zegt Roth. Maar het niet-vertellen is juist zijn verhaal, een verhaal dat hij vertelt en dan nog eens vertelt om het een derde keer over te doen in weer een andere versie.

De stijlmiddelen die hij gebruikt getuigen op hun beurt van een diepgewortelde tweespalt. De ernstige kant van zijn schrijverspersoonlijkheid heeft veel te danken aan Henry James. Zoals James tracht Roth de subtielste roerselen van de ziel te vatten in slang- of octopusachtige zinnen, waarvan de ingewikkelde cadansen een weerspiegeling zijn van de onvatbaarheid van de menselijke motivatie. Maar zoveel fijnzinnigheid wordt onveranderlijk afgewisseld door dialogen en vooral monologen die qua grofheid niet moeten onderdoen voor de meest burleske 'acts' uit de joodse vaudevilletraditie. Is de late Henry James de mentor die men herkent in de ernstige passages, dan heeft Roth, naar eigen zeggen, evenveel geleerd van Jake the Snake, een kennis uit zijn jeugd, meester in het vloeken en tieren, begiftigd met een onuitputtelijk repertoire schunnigheden. Zodra het even ernstig wordt, kruipt Roth in zijn Jake the Snake-huid en wordt zijn proza gekruid met een flinke dosis ironie en eloquente ondeugendheid.

Men kan zich natuurlijk afvragen in hoeverre het nooit aflatende zelfonderzoek, hoe virtuoos het ook wordt ingekleed of hoe komisch de contradicties ook worden voorgesteld, romanstof kan blijven leveren. In bijna alle romans van Roth kan men sporen zien van narratieve uitputting of epische bloedarmoede. Dat Roth, ten bewijze van zijn hyperluciditeit, zelfs zijn gebrek aan stof tot stof van zijn romans maakt, bewijst alleen dat de fictieve autobiografie – het verdichten van het eigen leven – niet eindeloos interessant kan worden gemaakt.

Het is dan ook geen toeval dat de beste boeken van Roth in de jongste jaren romans zijn geweest waarin hij zijn typische thematiek heeft weten te verbreden. In *The Counterlife* (1986), bijvoorbeeld, is Roth erin geslaagd de hele problematiek van het zijn en het weten te enten op de politiek zwaar geladen kwestie van Israël. Het resultaat is een uiterst onthutsende en bevragende roman – de ultieme provocatie. Iedereen – zowel progressief als reactionair – spreekt met dezelfde overredingskracht. Iedereen heeft blijkbaar in dezelfde mate gelijk. Door het spel van argument en tegenargument, van scène en contrascène, komen we terecht in een volledig relativistisch verhaaluniversum, waarin alle zekerheden worden neergehaald.

In *I Married A Communist* (1999) is de hele postmoderne armatuur van zelfbevraging achterwege gebleven. Toch is ook deze meer rechtlijnig realistische roman een indringende schets van de publieke zeden, meer bepaald van de mentaliteit in het conformistische Amerika van de jaren vijftig. Het boek is terzelfder tijd een historische en psychologische roman, een huwelijksdrama en een *ars poetica*. Gedragen door weergaloze dialogen (de protagonisten zijn onverzadigbare praatvaren), door ingenieuze plotwendingen en door een overtuigend detailrealisme, is *I Married a Communist* zowel een fascinerende ontwikkelingsroman als een indringende reflectie op de McCarthy-periode en de Communistenjacht van die tijd.

Nog meer recent, in het jaar 2000, heeft Roth inspiratie gevonden in het Monica Lewinsky-schandaal om aan te tonen hoe conservatief Amerika zich schaamteloos wentelt in vermeende deugdzaamheid en hypocrisie. Zoals Bill Clinton, wordt het hoofdpersonage van

The Human Stain het slachtoffer van de kleingeestigheid van de moraalridders onder zijn collega's, de lafheid van zijn vroegere vrienden, de bekrompenheid van de goegemeente. Maar hij gaat ook ten onder aan zijn eigendunk en zijn gebrek aan relativeringsvermogen. Roth doet wat alleen de meest getalenteerde romanciers lukt: hij toont de veelzijdigheid van de menselijke ervaring en dus de dwaasheid van de botte afkeuring of het categorieke oordeel. De logica van zijn visie verplicht hem tot het schrijven van een veelkantig verhaal, waarbij zelfs lafheid en huichelarij begrijpbaar worden. Zowel protagonist als zijn onuitstaanbare antagonisten zitten gevangen in hun eigen beperkte verklaringstrategie. En iedere strategie lijkt logisch, onontkoombaar en toch volledig fout.

AMERIKAANSE PASTORALE

Een dergelijke epistemologische problematiek ligt ook aan de basis van wat gerust als Roth's absoluut meesterwerk kan worden beschouwd. *American Pastoral* (1997) is terzelfder tijd een ontroerend portret van de tragische onschuld en een bijzonder gesofisticeerde (zelf-)reflectie over de beperkingen van het weten en de drijfveren van het schrijverschap. Het verhaal schetst de voorwaarden van zijn eigen bestaan als imaginatieve constructie en ensceneert op een bijzonder vindingrijke manier de condities waaronder weten tot stand komt.

Het verhaal wordt verteld door Nathan Zuckerman – een personage dat voor het eerst in het Roth-oeuvre verschijnt in 1974 en als sinds 1979 fungeert als het alter ego van de auteur. Alles samen treedt Zuckerman op in tien romans. Hij is even oud als de auteur en in de zogenaamde eerste Zuckerman-trilogie (*The Ghost Writer* (1979); *Zuckerman Unbound* (1981); *The Anatomy Lesson* (1983)) wordt die parallellie maximaal uitgebuit. Zoals Roth is Zuckerman een auteur die zich door zijn eerste verhalen de woede van zijn vader en van het hele joodse establishment op de hals heeft gehaald. En zoals Roth met *Portnoy's Complaint* een *succès de scandale* behaalde, zo is Zuckerman beroemd en vooral berucht geworden door de publicatie van een seksueel expliciete roman. Deze analogie tussen auteur en personage wordt nog aangedikt door het feit dat in zijn boeken ook Zuckerman een fictief alter ego, een zekere Carnovsky, in het leven roept. Door

het scheppen van deze drievoudige parallellie maar ook door te insi-
steren op het verschil tussen personage en auteur (want Roth heeft
vaak beklemtoond dat hij niet met zijn romanfiguren verward mag
worden, zoals ook Zuckerman zich distantieert van Carnovsky) – door
dit ingewikkeld dooreenweven van feit en fictie ontstaat een werve-
lend spel, vol verrassende wendingen, rond de relatie tussen schijn en
werkelijkheid, realiteit en verbeelding, waarbij de hamvragen zijn: wie
ben ik? Waar pas ik bij? Wat is voor een auteur de relatie tussen schrijven en leven?

In de tweede Zuckerman-trilogie, waarvan *American Pastoral* deel
uitmaakt samen met *I Married a Communist* (1999) en *The Human
Stain* (2000), is Zuckerman (alweer naar analogie van Roth zelf) een
heel stuk ouder geworden. Hij is de zestig voorbij. Door een pro-
staatoperatie is zijn tot dan toe erg turbulent liefdesleven stil gevallen. Hij heeft zich als een soort heremiet teruggetrokken in het landelijke Massachusetts om zich geheel te kunnen wijden aan zijn
schrijverschap. Hij is dan ook niet zozeer de protagonist meer van
deze romans, maar eerder de verteller van andermans verhaal. Hij is
luisteraar, observator en creator geworden. De verhalen komen tot
ons via Zuckerman als editorialiserende tussenpersoon. Het is die rol
als verhaalschepper die op een onnavolgbare manier gedramatiseerd
wordt in *American Pastoral*. Het detailrealisme wordt op een subtiele
manier geduid als *effect*, als resultaat van een bewuste verbeeldings-
daad. Om de verhaalstructuur op te bouwen rond deze zelfreflectie
heeft Roth geen nood gehad aan postmodernistische hoogstandjes of
spitsvondige narratieve trucs. Het uitspinnen van een verhaal wordt
op de meest ongekunstelde (bijna onopvallende) manier voorgesteld
als de onvermijdelijk foutieve, maar enig mogelijke vorm van ken-
nisverwerving. De waarheid is ongrijpbaar en de romancier weet op
voorhand dat zijn giswerk geen uitsluitsel kan bieden over de intieme
roerselen van de ziel. Maar het omgaan met deze nooit aflatende
onzekerheid is net de essentie van het leven en de motivatie voor het
schrijverschap. "Van schrijven", zegt Nathan, "word je juist iemand
die altijd ongelijk heeft" (*American Pastoral*, p. 72). En ook: "Het
niet-begrijpen is het leven, mensen niet begrijpen en eindeloos niets
van ze begrijpen en dan, na zorgvuldige heroverweging, weer niets van
ze begrijpen. Op die manier weten we dat we leven: we begrijpen er
niets van" (p. 44).

Vertrekkende van de premisse dat elk verhaal niets meer is dan de formulering van een min of meer geloofwaardige maar noodzakelijkerwijze incorrecte hypothese, probeert Nathan Zuckerman, als verteller van het boek, het leven (het zielenleven) te reconstrueren van Seymour Levov, iemand die hij in zijn jeugd slechts van op afstand heeft gekend. Daarbij beschikt Nathan over bijzonder weinig concrete gegevens: een paar zaken die hij zich herinnert uit zijn middelbare schooltijd, een paar zaken die de broer van Seymour hem meedeelt, een paar feitelijke gegevens die hij kan verifiëren in de lokale pers. Maar voor de rest moet hij het hebben van de verbeelding en de speculatie. "Ik droomde een realistische kroniek", schrijft hij (p. 100). Verbeelding en realiteit zijn door mekaar gevlochten. De roman munt uit door het fijn gedetailleerde realistische relaas en door overtuigende plaatsbeschrijvingen, of het nu over het vervallen Newark dan wel over het idyllische dorpje Old Rimrock gaat. Daarnaast zijn de personages (ook de minder belangrijke figuranten) geloofwaardig getekend. Het verhaal wordt gekenmerkt zowel door documentatierealisme als door scherp psychologisch inzicht. Maar de leefwereld van Levov (hoe werkelijkheidsgetrouw die ook overkomt) is puur verzinsel. Het is Nathan die zijn verbeelding de vrije loop laat, die het leven van Seymour (het leven van een ander dat per definitie geheim blijft) ten tonele voert, "op het podium" tilt (p. 98). De onkenbare essentie van een vreemde wordt ten aanschouwe gebracht als een soort theaterstuk, zodanig dat de geheimzinnige 'andere' potentieel kenbaar wordt.

Om de leefwereld van 'de ander' te openbaren bedient Nathan zich van de enige kennismiddelen die hem ten volle ter beschikking staan: de introspectie en de projectie. De romanstructuur illustreert hoe elke interpretatie gebaseerd is op de overheveling van de inzichten van de verteller op de vertelstof. Nathan zelf is fel gedesillusioneerd; zijn levensvisie is er één van existentiële eenzaamheid. Het is op die grond en uitgaande van zijn eigen ervaringen dat Nathan het wedervaren van Seymour gaat duiden – waarbij hij er zich van bewust blijft dat het leven van een ander enkel ontsloten kan worden door het te vervalsen.

Wat Nathan zo intrigeert en wat hem aanzet de levensloop van Seymour imaginatief te verbeelden, is het feit dat Seymour zo onaantastbaar lijkt. Reeds toen hij als jongeman excelleerde in de verschillende sportteams van zijn middelbare school, belichaamde hij sereniteit en zelfvertrouwen. Hij leeft zonder innerlijke verscheurd-heid; hij is onironisch, onsceptisch. Hij is "de bron [...] van alle orde", van jongs af aan doordrongen van een groot verantwoordelijkheids-gevoel (p. 248). Na zijn schooljaren laat hij zich uit patriottisme inlij-ven bij een keurkorps van het leger. De familiezaak (gestart door zijn vader en verrezen uit het niets) bouwt hij nadien uit tot een interna-tionaal concern. Hij trouwt met een beeldschone vrouw, de gewezen Miss New Jersey, een katholieke daarenboven. Als jood ontworstelt hij zich aan al het negatieve, het bekrompene dat met joodszijn wordt geassocieerd. Hij is een post-etnische Amerikaan, opgenomen in de smeltkroes van de middenklasse. Hij ziet er ook niet meer joods uit: groot van gestalte, met blond haar en blonde ogen. Hij is zo geïnte-greerd in Amerika dat hij "the Swede", de Zweed, genoemd wordt. Zijn welvaart stelt hem tenslotte in staat een oud stenen huis te kopen ergens op een idyllisch plekje in landelijk New Jersey. Van dat moment af lijkt hij onomkeerbaar opgenomen te zijn in een gevestigde en solide orde. Als vijftig jaar nadat hij van de middelbare school afkwam, Seymour plots een brief stuurt naar Nathan en om een afspraak vraagt, vertrekt Nathan nog steeds van het idee dat voor iemand als Seymour het leven pijnloos is verlopen: "met het residu van mijn puberale fan-tasie was ik er nog altijd van overtuigd dat het voor de Zweed alle-maal van een leien dakje was gegaan" (p. 28).

Tijdens een persoonlijk gesprek met Nathan, volgend op de brief, laat Seymour niet in zijn kaarten kijken. Onverstoorbaar zingt hij de lof van zijn drie zonen, wat Nathan doet concluderen: *Het leven van Zweed Levov was,* voorzover ik wist, *heel eenvoudig en heel gewoon, en daardoor ronduit grandioos geweest, geheel volgens de Amerikaanse tradi-tie*" (p. 39). Zo ongecompliceerd en succesvol (en dus prototypisch Amerikaans) is het leven van Seymour dat er niets interessant lijkt over te melden. De Zweed is ondoordringbaar, "alsof je iets aan de weet probeert te komen over de David van Michelangelo" (p. 38). De Zweed stelt zichzelf voor als de incarnatie van de Amerikaanse Droom, de derdegeneratie immigrant die zich door zijn hard werken en dat van zijn (voor)ouders aan de tragiek van het joodse fatum heeft onttrok-ken en opgenomen is in de grote, gastvrije Amerikaanse *mainstream.*

Nathan blijft echter vermoeden dat onder de ogenschijnlijke per-fectie van Seymour een verborgen substraat schuil gaat. Hij blijft gis-sen naar de tragische kant van zijn bestaan. Het is echter pas nadat hij toevallig Seymours broer, Jerry, heeft ontmoet dat hij ten volle beseft dat Zweed Levov een dubbelleven leidt en dat de rol van gezette, voldane burger enkel gespeeld is. Van Jerry verneemt Nathan dat Seymours pastorale geluk bruusk tot een einde is gekomen toen zijn zestienjarige dochter als protest tegen de oorlog in Vietnam het plaatselijk postkantoor dynamiteerde en er daarbij een dodelijk slachtoffer viel. Het is op dat moment dat Nathan zijn Seymour-verhaal in een definitieve plooi legt: hij concipieert het leven van de Zweed als een soort Bildungsroman, waarbij de Zweed zijn pastorale onschuld verliest en geïnitieerd wordt in "het kwaad dat onuitroeibaar is in het menselijke handelen" (p. 92). De Zweed ontdekt de geschiedenis. Door haar roekeloze daad, waarbij ze alles verwerpt waarvoor de Levovs gedurende drie generaties hebben gestreden, voert zijn dochter, Merry, "hem uit de begeerde Amerikaanse pastorale [...] naar alles wat er het tegengestelde en de vijand van is: de razernij, het geweld en de wanhoop van de contrapastorale – de typisch Amerikaanse waanzin" (p. 97).

Eens Nathan te weten is gekomen welke persoonlijke tragedie de Zweed verbergt achter zijn ogenschijnlijk tevreden uiterlijk, begint hij zich af te vragen: wie is de Zweed eigenlijk? Wie houdt er zich schuil achter het masker van goelijke burger? Hoe kan zijn individualiteit begrepen worden? Hoe kunnen zijn tragische ervaringen en zijn levensvisie worden voorgesteld zodanig dat ze toegankelijk worden voor derden? Binnen deze worsteling om de ware aard van de Zweed te definiëren tekent zich een tweede probleemstelling af. Vanaf het moment dat de bom afgaat en Merry voortvluchtig wordt, vraagt de Zweed zich voortdurend af wat er mis is gegaan en vooral wat hij heeft mis(ge)daan. Hij zit "dag en nacht te verdrinken in ontoereikende verklaringen" (p. 165). De roman ontleent zijn onthullende complexiteit aan het feit dat de vertelstof dubbel geplooid is en bestaat uit Nathans speculaties over Seymours speculaties. Nathan tracht te begrijpen hoe Seymour de plotse ommekeer in zijn leven verwerkt; welke kennisstrategieën hij hanteert, welke hypothesen hij uitprobeert om het onvattelijke toch te vatten. Binnen dit kader krijgt het personage van de Zweed meer en meer diepgang; het wordt interessanter, complexer. De Zweed (in Nathans versie) begint te begrijpen dat het leven in essentie tragisch is, anti-pastoraal; en chaotisch, een niet-orde: een gegeven dat geen coherentie verdraagt.

De indringendheid van *American Pastoral* heeft veel te maken met het feit dat Roth erin slaagt de theoretische vraagstelling rond de aard van het weten naadloos te doen aansluiten bij de diepmenselijke tragiek van de gebeurtenissen. De ingenieuze romanopbouw plaatst alle gebeurtenissen tussen aanhalingstekens. Alles wat we lezen over de Zweed is geen weergave van de werkelijkheid – wat die ook moge zijn – maar het product van Nathans verbeelding, het resultaat van Nathans poging om de werkelijkheid door de kracht van de imaginatie gestalte te geven. Deze *mise-en-abyme* doet echter op geen enkele manier afbreuk aan de existentiële inhoud van het verhaal: de pijn die de Zweed ondergaat, het bedrog waarvan hij het slachtoffer is, zijn onuitspreekbare eenzaamheid. Op bepaalde sleutelmomenten zijn het precies de Zweeds kennisstrategische manoeuvres die ten volle zijn peilloze wanhoop verraden.

Zo komt de Zweed kort na Merry's verdwijning in contact met de twintigjarige Rita Cohen, die beweert door Merry gezonden te zijn. Ze wordt door Seymour ervaren als een "misselijk ettertje", "het duiveltje van de ontreddering, de geest des onheils" (pp. 157, 159). Ze is een radicaal heethoofd, die losbarst in een onstuitbare diatribe tegen het kapitalisme in het algemeen en het entrepreneurschap van Seymour in het bijzonder. Dat belet haar niet een grote som geld van hem af te persen. Nog pakkender is de scène waarin ze Seymour tracht te verleiden door op een obscene manier haar genitaliën aan hem bloot te stellen. De bedoeling van deze vertoning is aan de Zweed diets te maken dat de werkelijkheid een jungle is en een moeras. Ze vertegenwoordigt het omgekeerde van de ordelijkheid waarin de Zweed gelooft en die hij zelf belichaamt. Ze staat voor a-moraliteit en wetteloosheid, een nefaste vorm van nihilisme en de pure haat. Haar schokkend exhibitionisme is erop gericht de Zweed van zijn menselijkheid te ontdoen, hem zijn zelfbeheersing te doen verliezen en hem te herleiden tot dierlijke lust.

Binnen de narratieve structuur van de roman heeft deze aangrijpende aanslag op Seymours integriteit een complex statuut. De emotioneel geladen scène is uiteraard (zoals de rest van het verhaal) een verzinsel van Nathan. Ze past binnen zijn algemene hypothese, waarbij hij het leven van de Zweed ziet als de ontdekking van de ontreddering, de confrontatie met de niet-orde, met een soort van kwaadwilligheid en gebrek aan fair play, waar de Zweed als model atleet, model-Amerikaan, model-vader en model-echtgenoot, het bestaan niet eens van vermoedde. De passage dient, met andere woorden, om Nathans gelijk te staven, zijn interpretatie kracht bij te zetten en zijn geprojecteerde levensvisie te bevestigen. Maar wanneer Merry later het bestaan van Rita Cohen formeel ontkent, krijgt de kennisproblematiek nog een verdere wending. Misschien ontspruit Rita Cohen aan Seymours eigen verbeelding. Misschien is ze de veruiterlijking van een duistere destructieve drang in Seymour zelf, de belichaming van zijn zelfafkeer. De mogelijkheid dient zich aan dat Rita Cohen een verzinsel is van de Zweed, dat op zijn beurt verzonnen wordt door Nathan, die op zijn beurt verzonnen is door Philip Roth. Op sleutelmomenten in de roman wordt de verhaalstof niet dubbel, maar driedubbel geplooid.

Ook in een andere episode wordt duidelijk dat het psychisch lijden van de Zweed ingebed is in een veelduidige taalstrategie en dat zijn radeloosheid door Nathan verbeeld wordt als een nooit eindigende heuristische zwerftocht. De marteling die Seymour ondergaat speelt zich af op het kentheoretisch niveau. Hij kan maar niet begrijpen wat er gebeurd is en vooral waarom. In zijn wanhopig streven naar antwoorden begint hij ingebeelde gesprekken te voeren met de bekende burgerrechtenactiviste Angela Davis. In zijn verbijstering begint hij te geloven dat Davis hem naar de geheime schuilplaats van zijn dochter zal voeren. Maar bovenal zijn de denkbeeldige conversaties een gedramatiseerde interne dialoog – een poging van Seymour om met zichzelf in het reine te komen. De Zweed wijst Davis op zijn sociaal vooruitstrevende ideeën en zijn acties ter bescherming van zijn overwegend zwarte werknemers. Op die manier probeert hij zichzelf ervan te overtuigen dat Merry's radicale opstand in geen geval het gevolg kan zijn van zijn eigen politieke stellingname. De verschijningen van Angela Davis vervullen een rol als autojustificatie en zijn een deel van de Zweeds wanhopige pogingen om voor het onverklaarbare toch een verklaring te vinden.

In de loop van zijn gepieker begint Seymour stilaan te beseffen dat Merry alle waarden verloochent waarmee ze is opgevoed en dat alle pogingen om haar tot andere gedachten te brengen averechts zijn uitgedraaid. Als Merry zich tijdens de puberteit bijzonder lastig gedraagt, is Seymour het toonbeeld van begrip en verdraagzaamheid. Hij tracht haar door lange gesprekken tot rede te brengen. Maar de Zweed moet constateren dat ondanks zijn eindeloos geduld en vaderliefde ze de familiegeschiedenis (een gestage klim van armoede naar welstand) in de wind slaat. Zijn patriottisme (gevoed door de beproeving van de Tweede Wereldoorlog) beantwoordt ze met haar bewondering voor de Vietcong en de Noord-Vietnamezen. Het landgoed, waaraan hij verknocht is als pastoraal oord (ver van de verwoestingen van de geschiedenis), verlaat ze om zich over te geven aan het onzekere lot van de vluchtelinge, die leeft in de meest erbarmelijke en gevaarlijke omstandigheden (ze wordt tweemaal verkracht). De pijnlijke ironie, waardoor de Zweed zijn onschuld verliest en hij geïnitieerd wordt in de tragiek van de ervaring, bepaalt dat het juist zijn tolerantie is, zijn drang naar perfectie en zijn altruïsme die Merry er eerst toe drijven zich bij de gewelddadige anti-Vietnam ondergrond aan te sluiten om zich daarna te bekeren tot het jainisme, een radicaal pacifistische Hindoeïstische godsdienst. Haar politiek en religieus fanatisme zijn beide een voortzetting en een intensifiëring van Seymours eigen idealisme en verdraagzaamheid, zijn bewonderswaardige bekommernis om goed te doen en niemand te schaden.

Wat Nathan via het verhaal over Seymour op een gedramatiseerde wijze aantoont is dat iedere deugd ook een vorm is van ondeugd en omgekeerd. Jerry (Seymours broer) is een zelfzuchtig geweldenaar, die er niet voor terugschrikt uit egoïsme zijn eigen familie uiteen te rijten. Maar juist deze meedogenloosheid maakt hem tot een bekwaam chirurg, die nooit ten prooi valt aan onbeslistheid of twijfel. Seymour, daarentegen, is de zachtheid zelve. Door zijn natuurlijke charme wordt hij een succesrijk zakenman, maar (althans volgens Jerry) is zijn bereidheid om zich weg te cijferen een vorm van zwakte, waarvan zijn dochter (en later ook zijn vrouw) op een schaamteloze manier profiteren. Door zijn lichtgelovigheid en zijn geduld wordt de Zweed het slachtoffer van zijn eigen goedheid.

Op die manier stelt Nathan de pastorale visies van zijn hoofdpersonages aan de kaak. Wie niet kan leven in chaos, wie de zelfcontradictie niet aankan, wie hunkert naar een zuiver bestaan, ontkent volgens hem de essentie van de menselijke conditie en betaalt hiervoor vroeg of laat de prijs. Het onironisch bestaan is een vals bestaan, een inauthentieke zijnswijze, die eindigt in een catastrofe. Dawn, Seymours vrouw, bijvoorbeeld, bouwt letterlijk een pastoraal bestaan op. Om niet voor eeuwig en altijd door het leven te moeten

gaan als enkel de gewezen Miss New Jersey en op die manier gereduceerd te worden tot haar uiterlijke schoonheid, begint ze prijsrunde-
ren te fokken. Deze vlucht in de idylle stelt haar echter niet in staat
het hoofd te bieden aan de verwoesting die Merry aanricht. Na diens
verdwijning stort Dawn psychisch in mekaar en voor jaren worstelt ze
met steeds terugkomende depressies. Ze kan zich enkel herstellen door
de Zweed, die haar met eindeloos geduld heeft verzorgd, te bedriegen
en te verstoten.

Ook Merry's religieuze bekering wordt door Nathan omschreven als
een vlucht voor de complicaties van het bestaan. Haar godsdienstige
overtuiging doet hij af als de

> monotone zangerige toon van de geïndoctrineerde, van top tot teen ide-
> ologisch geharnast – die monotone, bezeten, zangerige toon van men-
> sen wier onrust alleen gekooid kan worden in het verstikkende dwang-
> buis van een ultracoherente droom. (p. 262)

Haar fanatisme leidt tot algehele zelfverloochening. Ze bewaart de
eenheid van haar bestaan door het bestaan zelf te negeren.

Maar het is natuurlijk vooral Seymour zelf die door Nathan beschreven wordt als een pastoraal karakter, dat bruusk uit een (Amerikaanse)
droom ontwaakt. Seymour dacht dat de knusheid van het Amerikaanse familieleven en de bescherming die materiële welstand biedt,
hem immuun maakten voor de typisch joodse tragische lotsbeschik-
king. In Nathans versie ontdekt de Zweed tot zijn eigen verbazing de
disintegratie van de orde en de eenzaamheid van het bestaan. Op die
manier herwint de *all-American* Zweed zijn joods-zijn. Hij ondervindt
aan de lijve wat alle joden door de geschiedenis heen hebben geleerd:
er zijn geen zekerheden, op elk moment kan men worden geconfronteerd met een ondoorgrondelijk en onoverwinnelijk kwaad.

BEKNOPTE BIBLIOGRAFIE

Primaire literatuur

Goodbye, Columbus, Boston: Houghton Mifflin, 1959. (*Vaarwel, Columbus en vijf korte verhalen*, vert. Nico Polak et al., Amsterdam: Querido, 1978.)

Portnoy's Complaint, New York: Random House, 1969. (*Portnoy's klacht*, vert. Else Hoog, Amsterdam: Meulenhoff, 1976.)

My Life as a Man, New York: Holt, Rhinehart and Winston, 1974.

The Professor of Desire, New York: Farrar, Straus & Giroux, 1977. (*Professor in de begeerte*, vert. Else Hoog, Amsterdam: Meulenhoff, 1979.)

The Ghost Writer, New York: Farrar, Straus & Giroux, 1979. (*De ghostwriter*, vert. Else Hoog, Amsterdam: Meulenhoff, 1981.)

Zuckerman Unbound, New York: Farrar, Straus & Giroux, 1981. (*De eenzaamheid van Zuckerman*, vert. Bartho Kriek, Amsterdam: Meulenhoff, 1982.)

The Anatomy Lesson, New York: Farrar, Straus & Giroux, 1983. (*Les in anatomie*, vert. Bartho Kriek, Amsterdam: Meulenhoff, 1984.)

The Counterlife, New York: Farrar, Straus & Giroux, 1986. (*Het contraleven*, vert. Rob van der Veer, Amsterdam: Meulenhoff, 1988.)

Patrimony. A True Story, New York: Simon and Schuster, 1991. (*Patrimonium. Een waar verhaal*, vert. Else Hoog, Amsterdam: Meulenhoff, 1991.)

Operation Shylock, New York: Simon and Schuster, 1993. (*Operatie Shylock: een bekentenis*, vert. Else Hoog, Amsterdam: Meulenhoff, 1993.)

Sabbath's Theater, Boston: Houghton Mifflin, 1996. (*Sabbaths theater*, vert. Babet Mossel, Amsterdam: Meulenhoff, 1996.)

American Pastoral, Boston: Houghton Mifflin, 1997. (*Amerikaanse pastorale*, vert. Else Hoog, Amsterdam: Meulenhoff, 1997.)

I Married a Communist, Boston: Houghton Mifflin, 1999. (*Ik was getrouwd met een communist*, vert. Else Hoog, Amsterdam: Meulenhoff, 1999.)

The Human Stain, Boston: Houghton Mifflin, 2000. (*De menselijke smet*, vert. Else Hoog, Amsterdam: Meulenhoff, 2000.)

Secundaire literatuur

MILBAUER, Asher Z. en Donald G. WATSON. *Reading Philip Roth*, London: Macmillan, 1988.

BAUMGARTEN, Murray en Barbara GOTTFRIED. *Understanding Philip Roth*, Columbia, S.C.: University of South Carolina Press, 1990.

HALIO, Jay L. *Philip Roth Revisited*, New York: Twayne Publications, 1992.

COOPER, Alan. *Philip Roth and the Jews*, Albany, N.Y.: State University of New York Press, 1996.

MILOWITZ, Steven. *Philip Roth Considered. The Concentrationary Universe of the American Writer*, New York: Garland, 2000.

Dit essay is gedeeltelijk gebaseerd op recensies die eerder verschenen in het Nieuw Wereldtijdschrift

ALICE WALKER
(1944-)

Elisabeth BEKERS

ZWARTE VROUWEN NIET LANGER ONZICHTBAAR

Wie de naam Alice Walker hoort, denkt meteen aan *The Color Purple* (1982). Met deze roman won Walker in 1983 als eerste zwarte vrouw in de geschiedenis van de Amerikaanse literatuur de prestigieuze Pulitzer Prize voor fictie. Meer dan een jaar lang prijkte het boek in de bestsellerlijst van *The New York Times*, en in 1985 kwam er een even succesrijke verfilming door Steven Spielberg met Whoopi Goldberg in de hoofdrol. Twintig jaar na de publicatie van *The Color Purple* is Walker uitgegroeid tot één van de meest productieve en veelzijdige hedendaagse Amerikaanse auteurs. Sinds de verschijning van haar eerste dichtbundel *Once* in 1968, publiceerde ze meer dan 25 boeken, waaronder zes romans, zes poëzie-, vier kortverhalen-, en drie essaybundels, die ondertussen verkrijgbaar zijn in meer dan twintig talen inclusief het Nederlands. Walkers indrukwekkende oeuvre heeft niet alleen een sterke autobiografische inslag, maar getuigt bovendien van de diepe affiniteit van de schrijfster met Amerika's zwarte bevolking.

Dankzij het internationale succes van *The Color Purple* geldt Walker als het populaire boegbeeld van de generatie Afrikaans-Amerikaanse schrijfsters die rond 1970 doorbreekt en waartoe ook Toni Morrison, Maya Angelou en Toni Cade Bambara behoren. In hun werken treedt – in navolging van Ralph Ellisons *Invisible Man* (1952) – eindelijk ook de 'onzichtbare *vrouw*', de zwarte Amerikaanse vrouw, op het voorplan. De schrijfsters zetten zich af tegen de stereotiepe manier waarop Afrikaans-Amerikaanse vrouwen gewoonlijk worden afgebeeld in de Amerikaanse literatuur, zowel door blanke auteurs als door mannelijke zwarte schrijvers. De personages die Walker en haar collega's in het leven roepen zijn individueel getekende, zwarte vrouwen van vlees en bloed, vrouwen die zich vaak ook verzetten tegen hun verdrukking. Hun verhalen, zo verklaart Alice Walker in 1975 in haar literair manifest "Saving the Life That Is Your Own: The Importance of Models in the Artist's Life", behandelen "alle dingen waarover [ze hadden] moeten kunnen lezen", maar die ze niet hadden teruggevonden in de canonieke teksten die ze op school voorgeschoteld kregen (*In Search*, p. 13). In dit opzicht is Walker niet alleen teleurgesteld door het overwegend blanke Sarah Lawrence College in New York waar ze in 1965 afstudeerde, maar ook door Spelman College, de school voor zwarte meisjes in Atlanta waar ze de eerste twee jaar van haar hogere studies doorbracht.

In *In Search of Our Mothers' Gardens*: *Womanist Prose* (1983), een verzameling autobiografische essays en literaire recensies uit de periode tussen 1967 en 1983, diept Walker een hele reeks creatieve en ondernemende zwarte Amerikaanse vrouwen op die als inspirerend voorbeeld kunnen dienen: Phillis Wheatley, die al in 1772 naam maakte als eerste Afrikaans-Amerikaanse dichteres, de rondtrekkende predikster Sojourner Truth, die rond het midden van de negentiende eeuw pleitte tegen de slavernij en de verdrukking van vrouwen, Harriet Tubman, die rond dezelfde tijd talloze slaven hielp ontsnappen naar het vrije Canada langs de "Underground Railroad", evenals literaire voorgangsters uit de twintigste eeuw zoals Gwendolyn Brooks, Margaret Walker, en in het bijzonder Zora Neal Hurston. Deze antropologe, folkloriste en romanschrijfster (*Her Eyes Were Watching God*, 1937) uit de Harlem Renaissance wordt door Alice Walker herontdekt wanneer ze materiaal zoekt voor een verhaal over voodoorituelen in de zuidelijke Amerikaanse staten. Met haar bloemlezing van Hurstons vergeten werken, *I Love Myself When I Am Laughing... And Then Again When I Am Looking Mean And Impressive: A Zora Neale Hurston Reader* (1979), levert Walker een belangrijke bijdrage tot de erkenning van de vrouwelijke zwarte literaire traditie binnen de Amerikaanse letteren. Twintig jaar later zal ze met terechte trots vaststellen dat Hurston opgenomen is in de verplichte leeslijst van haar aan Yale studerende dochter Rebecca.

Walker brengt in haar beroemde essay "In Search of Our Mothers' Gardens: The Creativity of Black Women of the South" (1974) tevens een ontroerende hommage aan gewone zwarte vrouwen als haar grootmoeders en haar moeder, bij wie artistiek talent tot uiting komt in op het eerste gezicht alledaagse bezigheden als quilten, tuinieren en verhalen vertellen. Ze plaatst haar eigen literaire activiteit dan ook in het verlengde van haar moeders horticulturele creativiteit en van de Afrikaans-Amerikaanse orale traditie. Creativiteit en spiritualiteit zijn bovendien onlosmakelijk met elkaar verbonden voor Walker, die *The Color Purple* opdraagt "aan de Geest, zonder wiens hulp dit boek noch ik zouden zijn geschreven". Deze spiritualiteit vindt de feministische schrijfster niet bij de geïnstitutionaliseerde godsdiensten, die volgens haar te patriarchaal gestructureerd en te dogmatisch zijn. Het spirituele is voor haar alomtegenwoordig, een kijk op de wereld die de heidense visies van haar Afrikaanse en indiaanse (Cherokee) voorouders weerspiegelt (*In Search*, p. 252), maar in recentere werken soms zweverige 'New Age' allures krijgt.

Schrijven als een levensreddend engagement

Typisch voor Alice Walker is dat het heel vaak persoonlijke belevenissen zijn die haar tot schrijven aanzetten. Eén van de aangrijpendste ervaringen in het leven van de schrijfster, de jongste telg uit een gezin met acht kinderen, is wanneer ze op achtjarige leeftijd in het oog wordt geraakt door een kogel uit het speelgoedpistooltje van één van haar cowboy-broertjes. Talrijke verwijzingen in haar essays en memoires geven aan hoezeer deze gebeurtenis haar in het geheugen gegrift staat, net zoals de reactie van haar familie. Wat voor Walker een traumatische ervaring blijkt, wordt door hen afgedaan als "een ongelukje", "*Alices* ongelukje" (*Warrior Marks,* p. 16). Niet alleen verzwijgen ze de rol van haar broers in het hele voorval, ze ontkennen ook de dramatische psychische gevolgen voor de kleine Alice. "Je veranderde niet", zeggen ze wanneer Walker jaren later vraagt of ze dan niks hadden gemerkt van de pijn, de onzekerheid en de eenzaamheid die het blinde oog bij haar veroorzaakt had (*In Search*, pp. 388-90). Vanuit haar isolement begint het jonge meisje de wereld rondom zich te bestuderen en haar observaties te noteren. Deze gewoonte zal haar er later toe brengen het menselijk leed in al zijn vormen (dood, krankzinnigheid, verkrachting, zelfmoord, armoede) te ontleden. Als volwassene zal ze er zelfs niet voor terugdeinzen om in haar fictie controversiële onderwerpen als abortus, homo- en biseksualiteit, incest en vrouwenbesnijdenis aan bod te laten komen. Bovendien zal ze in haar artikels herhaaldelijk haar ongezouten mening geven over een brede waaier van binnen- en buitenlandse politieke en sociale aangelegenheden, zoals de precaire situatie van vele niet-blanke Amerikanen, de Palestijnse kwestie, de communistische revolutie op Cuba, kernwapens, milieuvervuiling. In de jaren zeventig is ze zelfs actief als redacteur van het feministische maandblad *Ms.* en het zwarte politieke tijdschrift *Freedomways*.

Merkwaardig genoeg leidt Walkers verontwaardiging nooit tot zwartgalligheid en blijven in haar verhalen de drang om te overleven en de hoop op een betere toekomst steeds overeind. De enige uitzondering is haar allereerste kortverhaal "The Suicide of an American Girl", dat ze weigert te publiceren juist omdat het zo pessimistisch is. Het verhaal kent zijn oorsprong in een hele zwarte periode in het leven van de schrijfster. In het laatste jaar van haar studies raakt ze zwanger en, de wanhoop nabij, slaapt ze weken lang met een scheermesje onder haar hoofdkussen, tot ze uiteindelijk abortus pleegt. Net als met haar kindertrauma vindt Walker ook nu een uitlaatklep voor haar verdriet door te schrijven. Het cathartisch moment, zo vertelt de schrijfster in haar essay "The Old Artist" (1987), komt wanneer ze het kortverhaal "To Hell With Dying" neerpent. Deze optimistische, zij het ietwat sentimentele, vertelling spruit voort uit haar dierbare herinnering aan de oude Mr. Sweet uit haar kinderjaren. Deze arme zwarte gitarist en blueszanger had ondanks zijn persoonlijke tegenslagen nooit opgehouden al zingend zijn levensinzichten te delen met de mensen rondom hem. "To Hell With Dying" (1967) is het eerste verhaal dat Walker publiceert, en dit dankzij de tussenkomst van de Afrikaans-Amerikaanse dichter Langston Hughes, aan wie ze enkele jaren later een biografie voor jongeren wijdt (*Langston Hughes, American Poet*, 1974).

Tijdens haar depressie en de erop volgende herstelperiode schrijft de studente Walker een hele reeks gedichten, die gebundeld worden in *Once* (1968). De gedichten worden, net als Walkers latere poëzie, gekenmerkt door een eenvoudige stijl en heldere taal. Ook de thema's van dit eerste boek – racisme, seksisme, abortus, Afrika – duiken regelmatig weer op doorheen haar oeuvre. Walkers schrijven is gericht op "het redden van levens" (*In Search*, p. 14). "Dichten", zo vertelt ze in een interview in 1973, is "mijn manier om met de wereld te vieren dat ik de avond tevoren geen zelfmoord gepleegd heb". Toch gaat het haar om méér dan fysiek zelfbehoud, en legt ze zich ook toe op "het spirituele voortbestaan, het *volwaardige* voortbestaan [*the survival whole*] van mijn volk" (*In Search*, pp. 249-50). Walkers bekommernis om het lot van haar zwarte medeburgers, en in het bijzonder van zwarte vrouwen, blijkt uit de vele werken die haar eerste dichtbundel in snel tempo opvolgen. Toch houdt de schrijfster het in haar romans, waarvoor ze veruit het meeste bekendheid geniet, niet bij een naturalistische beschrijving van de maatschappelijke wantoestanden waaronder haar personages te lijden hebben. Integendeel, haar positieve ingesteldheid getrouw, toont ze steeds de grootste sympathie voor die protagonisten die erin slagen zich te ontwikkelen tot rijpere, meer volwaardige individuen. Persoonlijke groei is dan ook een thema dat als een rode draad door haar romans loopt.

Het dubbele juk van racisme en seksisme in de zuidelijke V. S.

In haar eerste roman *The Third Life of Grange Copeland* (1970), een qua structuur vrij conventioneel boek over drie generaties van de zwarte familie Copeland uit Georgia, beschrijft Alice Walker een wereld die haar niet onbekend is. Geboren in 1944 in Eatonton (Georgia), groeide ze zelf op in het landelijke, racistische zuiden van de Verenigde Staten en maakte ze mee hoe in het midden van de twintigste eeuw arme zwarte deelpachters, "landloze boeren" zoals haar ouders en grootouders, nog steeds worden uitgebuit, "de opbrengst van hun arbeid regelmatig [...] gestolen" (*Living*, p. 177). In *The Third Life of Grange Copeland* toont Walker hoe de katoenplukker Grange en zijn zoon Brownfield hun frustraties over de wantoestanden in hun gesegregeerde maatschappij afreageren op hun vrouwen, die bezwijken onder het dubbele juk van racisme en seksisme. De echtgenote van Grange pleegt zelfmoord wanneer ze door haar man in de steek gelaten wordt; haar schoondochter Mem wordt vermoord door de dronken Brownfield. In het derde en ultieme stadium van zijn leven neemt de oude Grange echter zijn verantwoordelijkheid op voor de fouten die hij gemaakt heeft – "Ik weet hoe gevaarlijk het is een ander alle schuld te geven voor het feit dat je je leven verknoeid hebt [...] Je wordt zo slap als water" (*The Third Life*, p. 207) – en offert zijn leven op om zijn kleindochter Ruth te redden. Ondanks alle tragiek brengt Walker in *The Third Life of Grange Copeland* een vrij optimistisch relaas over een gekwetste, haatdragende man die zich ontpopt tot iemand die spirituele survival mogelijk maakt, voor zichzelf en voor anderen.

Meridian (1976) begint waar *The Third Life of Grange Copeland* eindigt, met de opkomst van de Amerikaanse burgerrechtenbeweging in de tweede helft van de jaren vijftig. Aan de basis van deze tweede roman liggen de ervaringen van Walker en andere jongeren die zich, naar het voorbeeld van Martin Luther King, inzetten om een einde te maken aan wat Walker de "Amerikaanse Apartheid" noemt. In 1967 concludeert Walker in haar essay "The Civil Rights Movement: What Good Was It?" dat de burgerrechtenbeweging haar vertrouwen in de mensheid vernieuwde: "Ze schonk ons hoop voor morgen. Ze riep ons tot leven" (*In Search*, p. 129). Datzelfde jaar verhuist Walker samen met haar echtgenoot, de in burgerrechten gespecialiseerde blanke advocaat Melvyn Leventhal, naar Mississippi, één van de zwartste staten van Amerika. Hun gemengd huwelijk wordt er nauwelijks getolereerd en was er tot kort voor hun komst zelfs illegaal. Terwijl ze er lesgeeft – een activiteit die Walker tot op heden blijft combineren met schrijven en het geven van publieke voordrachten – pent ze haar aanklacht tegen de zuiderse segregatie neer in *The Third Life of Grange Copeland* en *Meridian*. Walker, die reeds in haar gedicht "Once" haar bewondering uitte voor de moedige zwarte jonge man "die probeerde/ alle barrières/ tegelijk/ te breken,/ die wou/ zwemmen/ Aan een blank/ strand (in Alabama)/ Naakt" (*Her Blue Body*, p. 79), gaat in haar tweede roman dieper in op de belevingen van drie jonge burgerrechtenactivisten: de zwarte Meridian, haar zwarte vriend Truman en diens blanke vriendin Lynn. Vanuit wisselend perspectief beschrijft de auteur (in de derde persoon) de persoonlijke offers die de jongelui brengen en hun groeiend inzicht in zichzelf en de wereld. Uiteindelijk lukt het hoofdpersonage Meridian erin door complete onthechting haar "spirituele degeneratie" tegen te gaan en "gelouterd" haar bijna mystieke strijd tegen rassenongelijkheid voor te zetten (*Meridian*, pp. 88, 227).

Een alternatieve feministische visie

Van meet af aan besteedt Alice Walker veel aandacht aan de ervaringen van Afrikaans-Amerikaanse vrouwen, zowel in haar eerste twee romans als in de autobiografische gedichten over haar jeugd in het zuidelijke Georgia in haar tweede dichtbundel *Revolutionary Petunias & Other Poems* (1973). Hetzelfde jaar verschijnt bovendien haar eerste verzameling kortverhalen *In Love & Trouble: Stories of Black Women*. Hierin brengt ze een reeks indringende portretten van zwarte vrouwen, zoals de alleenstaande moeder Roselily, die tijdens haar huwelijksceremonie "touwen, kettingen, handboeien" door het hoofd ziet flitsen (*In Love*, p. 4), Rannie Toomer, die te arm is om een dokter te roepen bij haar doodzieke baby, en Hannah Kemhuff, die wraak neemt op de blanke vrouw die tijdens de Depressie het uitgehongerde zwarte gezin een voedselpakket weigerde.

In het begin van de jaren tachtig neemt Walkers carrière als feministische zwarte auteur nog duidelijkere vormen aan. Eerste in een rij van drie belanghebbende publicaties is *You Can't Keep a Good Woman Down* (1981). In deze tweede kortverhalenbundel behandelt de schrijfster op haar gebruikelijke subjectieve manier een aantal omstreden thema's uit de emancipatiebeweging. Zo rechtvaardigt ze in "The Abortion" de abortus van het hoofdpersonage (een alter ego van de schrijfster) door het te omschrijven als een overgangsrite, als "een ultieme volwassenwording en een controlename over haar leven" (*You Can't*, p. 67). Deze bundel bevat ook het onthutsende "Advancing Luna – and Ida B. Wells", dat het relaas brengt van een interraciale verkrachting en als het ware een toelichting vormt bij een gelijkaardige passage in *Meridian*.

Seksueel geweld, maar dan binnen de zwarte gemeenschap, is ook één van de centrale thema's van Walkers derde en meest gelezen roman, die een jaar later verschijnt en naast een Pulitzer ook een National Book Award en een American Book Award wegkaapt. "Lieve God, Ik ben veertien jaar. ~~Ik heb~~ Ik ben altijd 'n zoet meisje geweest. Misschien kan u me laten weten wat er toch met me gebeurt", zo luidt de openingszin van *The Color Purple* (*De kleur paars*, p. 7). De briefschrijfster is het arme, zwarte plattelandsmeisje Celie. Ze is het slachtoffer van incest en verkrachting, wordt gedwongen haar twee kinderen onmiddellijk na de geboorte af te staan en te huwen met een weduwnaar met vier kinderen die haar fysisch en psychisch mishandelt. Toch kan ze, dankzij de liefde en steun die ze krijgt van enkele vrouwen uit haar omgeving, de vicieuze cirkel van verdrukking doorbreken. Walkers magistrale zet om de vertwijfelde Celie zelf haar aangrijpende levensverhaal te laten vertellen in brieven aan God, en later aan haar zus Nettie, maakt dat de lezer uit eerste hand verneemt hoe haar bewustzijn en zelfvertrouwen toeneemt. Celies volkse spreektaal en haar impressionistische, meeslepende vertelstijl zorgen er bovendien voor dat haar stem blijft nazinderen.

De briefroman is een praktische illustratie van de alternatieve feministische visie die Walker nauwelijks een jaar later formuleert in *In Search of Our Mothers' Gardens: Womanist Prose* (1983) en waarvoor ze zelf liever de term "womanisme" gebruikt. In de inleiding van het boek omschrijft ze een "womanist" als een vrouw die strijdt om het dubbele juk van seksisme én racisme af te werpen: "Een zwarte feministe of een niet-blanke feministe. [...] Toegewijd aan het voortbestaan en de ongeschondenheid van hele volkeren, mannen *en* vrouwen. [...] Houdt van strijd. [...] Houdt van zichzelf. *Wat er ook gebeurt.* [...] 'Womanist' verhoudt zich tot feminist zoals paars tot lavendel" (*In Search*, pp. xi-xii). Met deze "womanistische" theorie lijkt Walker ook een antwoord te geven aan de lezers die aanstoot namen aan haar negatieve representatie van Afrikaans-Amerikaanse mannen in *The Color Purple* en eerder in *The Third Life of Grange Copeland*. (In één van de hoofdstukken van haar autobiografie *The Same River Twice: Honoring the Difficult* (1996) bundelt Walker een aantal reacties op haar derde roman en Spielbergs filmadaptatie.) Toch is het net in deze twee romans dat Walker ook twee mannelijke hoofdpersonages, Grange en Celies echtgenoot Albert, toestaat zich op een volwaardiger, spiritueler leven toe te leggen.

Een andere struikelblok voor recensenten van *The Color Purple* is de vrij didactische en monotone reeks brieven waarin Celies zus Nettie verslag uitbrengt over haar missie naar West-Afrika. Terwijl de Afrika-gedichten in *Once* enthousiaste maar vrij stereotiepe toeristische impressies zijn van Walkers studiereis naar Kenia en Oeganda, komen in *The Color Purple* de Afrikaans-Amerikaanse zendelingen voor een zware ontgoocheling te staan. Nettie, de dominee Samuel en zijn vrouw Corrine – toevallig ook de adoptieouders van Adam en Olivia, de kinderen die Celie moest afstaan – zijn getuige van de nefaste gevolgen van de Westerse kolonisatie voor de Olinka (een fictief Afrikaans volk). Al levert het Afrikaanse fragment geen wezenlijke bijdrage tot het verhaal van Celie, toch is deze digressie niet onbelangrijk in Walkers literaire carrière. Enerzijds illustreert het de geografische verruiming van haar drie volgende romans, waarin het Noord-Amerikaanse actieterrein van *The Third Life of Grange Copeland* en *Meridian* aangevuld wordt met Afrikaanse, Europese en Zuid- en Centraal-Amerikaanse locaties. Anderzijds duikt de Afrikaanse wereld die Walker in *The Color Purple* creëert weer op in haar twee volgende romans, samen met enkele personages.

In *The Temple of My Familiar* (1989) is Celies kleindochter Fanny, die op zoek gaat naar haar Afrikaanse vader, één van de zes hoofdpersonages en één van de vele vertelstandpunten die de roman rijk is. Walkers vierde en langste roman is een uitermate ambitieus boek dat zich niet alleen op verschillende continenten afspeelt maar ook een enorme tijdspanne overbrugt: van de prehistorie tot nu. In plaats van een verhaal krijgt de lezer een kleurrijke kosmologie gepresenteerd, waarin spiritualiteit en medeleven centraal staan en iemands huidskleur en karakter geen onveranderlijke gegevens blijken te zijn. Al kent *The Temple of My Familiar* niet de populariteit van zijn voorganger, toch brengt ook dit boek een sterk pleidooi voor een betere behandeling van vrouwen. In één van de nieuwe gedichten in haar compilatiebundel *Her Blue Body Everything We Know: Earthling Poems 1965-1990 Complete* (1991) wijst Walker erop dat "een vrouw [...] geen/ gepotte plant [is]/ haar wortels gebonden/ door de begrenzingen/ van haar huis" (*Her Blue Body*, p. 454). Dezelfde boodschap weerklinkt ook in de recentste werken van Walker, waarin de schrijfster haar campagne tegen de patriarchale verdrukking van de Afrikaans-Amerikaanse vrouw in een ruimere context plaatst.

In de jaren negentig richt Walkers engagement zich heel specifiek op de afschaffing van vrouwenbesnijdenis, een praktijk die vooral (doch niet uitsluitend) in Afrika wordt toegepast en die wereldwijd zo'n 130 miljoen vrouwen hebben ondergaan. Ze kaart hiermee geen nieuw thema aan, want reeds in *The Color Purple* laat ze Nettie melding maken van de vrouwelijke initiatierite van de Olinka en benadrukt ze dat het besnijden van vrouwen geen fysische gelijkenis vertoont met de gelijknamige operatie bij mannen waarbij "alleen een beetje huid [wordt] weggehaald" (*De kleur paars*, p. 211). Daarvoor nog, in haar essay "*One* Child of One's Own" (1979), noemt Walker "een einde brengen aan clitoridectomie en 'vrouwelijke circumcisie'" als eerste in een lijst van "werk, van feministische aard, dat moet gedaan worden" (*In Search*, p. 379). Dertien jaar later maakt de schrijfster van haar bekendheid gebruik om de vrouwenbesnijdenisproblematiek onder de aandacht te brengen bij het grote publiek. De praktijk wordt zowel het onderwerp van een roman (*Possessing the Secret of Joy*, 1992), een documentaire film (*Warrior Marks*, 1993, gerealiseerd met de royalties van de roman, in samenwerking met de bekroonde cineaste Pratibha Parmar), een boek over het maken van die film (*Warrior Marks: Female Genital Mutilation and the Sexual Blinding of Women*, 1993), als van verschillende essays in *Anything We Love Can Be Saved: A Writer's Activism* (1997). Al scheren de meeste critici deze werken over dezelfde kam, toch formuleert Walker haar scherpe aanklacht tegen het besnijden van vrouwen in haar roman niet helemaal op dezelfde manier als in haar non-fictie.

EEN WOMANISTISCHE STRIJD TEGEN VROUWENBESNIJDENIS

Met vrouwenbesnijdenis maakt Alice Walker een heel uitzonderlijke thematische keuze voor haar vijfde roman. Ze is niet alleen de eerste Amerikaanse auteur die het aandurft een literair werk te creëren rond het delicate onderwerp, ze behoort bovendien tot een uitermate beperkt groepje schrijvers. Hoewel het thema ook aan bod komt in de fictie van o.a. de Keniaan Ngugi wa Thiong'o en de Egyptische Nawal El Saadawi, en zelfs in de roman *Bailey's Cafe* (1992) van de Afrikaans-Amerikaanse schrijfster Gloria Naylor, stelt Walker als enige de praktijk helemaal centraal. Op meesterlijke wijze verwerkt ze in *Possessing the Secret of Joy* de feitelijke gegevens die ze vindt in antropologische werken en mensenrechtenrapporten in het persoonlijke levensdrama van de besneden Tashi, de jonge Afrikaanse vrouw van Celies zoon Adam. Ze integreert in Tashi's verhaal contrasterende visies op vrouwenbesnijdenis, inclusief het traditionele argument dat de genitale operatie van wezenlijk cultureel belang is omdat een onbesneden meisje nooit aanzien wordt als een volwassen vrouw. Bovendien beklemtoont Walker, in *Possessing the Secret of Joy* meer nog dan in *The Color Purple*, dat Tashi het initiatieritueel ondergaat uit protest tegen de toenemende kolonisatie van de Olinka.

Deze traditionele en anti-koloniale argumenten vóór vrouwenbesnijdenis maakt Walker echter ondergeschikt aan haar feministische aanklacht tegen de praktijk. Ze doet dit door in de roman de phallocratische grondslag van de rite in de verf te zetten en Tashi's onderneming af te schilderen als een mislukte verzetspoging, een rebelse daad die dehumaniserend in plaats van bevrijdend werkt: *"Het is alsof mijn eigen wezen zich achter een ijzeren deur verschuilt. Ik ben net een vastgebonden kip op weg naar de markt"* (*Het geheim*, p. 55). De geestelijke verwarring die deze vaststelling teweegbrengt bij Tashi wordt weerspiegeld in de chaotische structuur van de roman. Terwijl in *The Color Purple* het aantal vertellers nog beperkt blijft tot de twee zussen en hun brieven in chronologische volgorde worden aangeboden, wordt de lezer van *Possessing the Secret of Joy* geconfronteerd met een versnipperde reeks getuigenissen van een heterogene groep ik-vertellers uit Tashi's naaste omgeving, waaronder de mentaal labiele Tashi zelf. Al bemoeilijkt Walker hierdoor de reconstructie en interpretatie van Tashi's levensverhaal, toch laat ze, in tegenstelling tot Naylor in *Bailey's Cafe*, de stem van de besneden vrouw duidelijk horen. Meer nog, ze dwingt zo haar lezers om zich, net als haar hoofdpersonage, een weg te banen door een chaos van verdrongen herinneringen.

Tashi's moeizame geestelijke herstelproces culmineert in de moord op haar besnijdster M'Lissa. Deze persoonlijke wraak heeft echter ook een publieke en politieke betekenis, omdat de vrouw door de patriarchale machthebbers gelauwerd wordt voor haar (besnijdenis)prestaties tijdens de onafhankelijkheidsoorlog. Aan het einde van de roman bevestigen Tashi's vrienden en familieleden dat niets minder dan "VERZET" het geheim van de vreugde is, zodat Tashi's ziel "tevreden" de wereld verlaat op het ogenblik waarop ze terechtgesteld wordt voor de moord (p. 278). Deze militante boodschap vormt niet alleen een passend einde voor een protestroman als *Possessing the Secret of Joy*. Ze kadert bovendien perfect in Walkers womanistische strijd om "het voortbestaan en de ongeschondenheid van volkeren".

Alice Walker is de enige romanschrijver die het besnijden van vrouwen niet voorstelt als een uitsluitend Afrikaanse praktijk. Een verbouwereerde Tashi krijgt te horen dat zelfs Amerikaanse vrouwen gedwongen werden een genitale operatie te ondergaan als remedie tegen masturbatie of hysterie. Walker, die hier haar verbeelding niet de vrije loop laat maar zich beroept op studies van o. a. G. J. Barker-Benfield (1976), slaat zo Tashi's droombeeld van Amerika aan diggelen, maar ook de illusie van culturele superioriteit die de Westerse lezer misschien wel koestert. In het nawoord van *Possessing the Secret of Joy* benadrukt de schrijfster bovendien haar verbondenheid met de Afrikaanse etnische groep die ze in haar roman voorstelt: "Ik weet niet uit welk deel van Afrika mijn Afrikaanse voorouders kwamen en dus maak ik aanspraak op het hele continent. Ik zal Olinka wel als mijn dorp en de Olinka als een van mijn vroege, in stamverband levende oervolkeren hebben gecreëerd. Tashi zie ik in ieder geval als mijn zuster" (p. 281). Toch weerhoudt deze solidariteitsuiting Afrikaanse critici er niet van om Walkers aanklacht tegen het besnijden van vrouwen te verwerpen als een ongewenste inmenging in hun cultuur.

Ook het filmproject van de auteur krijgt deze kritiek te verduren. Walkers aanpak van het besnijdenisthema in *Warrior Marks* is dan ook een stuk problematischer dan in *Possessing the Secret of Joy*. In de documentaire worden interviews met vrouwen uit Senegal, Gambia, Burkino Faso, Engeland en de V.S. die op één of andere manier met de praktijk te maken hebben, afgewisseld met Walkers eigen reflecties over het besnijden van vrouwen. Terwijl in de roman het besneden hoofdpersonage centraal staat én Tashi's stem het verhaal domineert, overheerst in *Warrior Marks* Walkers stem. Voor de schrijfster staat vrouwenbesnijdenis symbool voor de wereldwijde repressie van vrouwen. Wat mensen ertoe beweegt de praktijk toe te passen of te ondergaan, wordt in haar documentaire en het begeleidende boek niet echt onderzocht. In plaats daarvan wijst Walker er in het hoofdstuk "Like the Pupil of an Eye: Genital Mutilation and the Sexual Blinding of Women" op dat ze zowel haar eigen oogblessure als de genitale letsels beschouwt als "patriarchale wonde[n]", veroorzaakt door seksistische maatschappelijke structuren die vrouwen verdrukken en vervolgens hun lijden ontkennen (*Warrior Marks*, p. 17). De schrijfster zet besneden vrouwen ertoe aan om, net als zij dat deed, hun blessures te herdefiniëren als "strijderslittekens", de "warrior marks" uit de titel:

"Wat de strijdster leert als ze gewond raakt als kind, zelfs voor ze kan vatten dat er een oorlog woedt tegen haar, is dat je kan terugvechten, zelfs nadat je gewond bent geraakt. Je wonde zelf kan je gids zijn" (p. 18). Deze optimistische strijdlustige opdracht herinnert weliswaar aan *Possessing the Secret of Joy*, maar in de film en het bijhorende boek schenkt Walker beduidend minder aandacht aan de culturele dimensie van de praktijk dan in de roman.

... WORDT VERVOLGD

In haar recentste roman *By The Light of My Father's Smile* (1998), die inhoudelijke en vormelijke eigenschappen gemeen heeft met verschillende van zijn voorgangers, toont Walker hoe de vrouwelijke seksualiteit ook op andere manieren onderdrukt wordt. De toenemende narratieve complexiteit van Walkers romans bereikt haar – voorlopig – hoogtepunt in *By The Light of My Father's Smile*, waarin verschillende stemmen te horen zijn, waaronder die van reeds overleden personages. In tegenstelling tot *Possessing the Secret of Joy* staat niet één personage in de schijnwerpers, maar onderzoekt Walker hoe een kleine groep van personages omgaat met seksualiteit. Net als in *The Color Purple* staan twee zussen centraal, Magdalena en Susannah Robinson, dochters van een koppel antropologen van Afrikaans-Amerikaanse afkomst die in Mexico de Mundo indianen gaan bestuderen. Cruciaal in het verhaal is de aframmeling die Magdalena als tiener krijgt van haar vader als straf voor haar eerste seksuele ervaring. Robinson wordt na zijn dood verplicht in een soort tussenwereld boete te doen voor zijn hypocriete gedrag tegenover zijn oudste dochter Magdalena, die het gebrek aan vaderliefde compenseert door vraatzucht. De biseksuele Susannah – een mogelijk alter ego van Walker die na haar huwelijk en haar relatie met Robert Allen een lesbische relatie aangaat – daarentegen verkent volop haar eigen seksualiteit. Walker gaat in *By The Light of My Father's Smile* nog een stap verder dan een streven naar genitale integriteit en stelt seksueel genot voor als een toegangspoort tot zelfkennis en zelfs spiritualiteit – "een lichtbron" noemt ze het in één van de epigrafen van de roman. Deze les leert de familie Robinson van de Mundo, bij wie het initiatierritueel, in tegenstelling tot de overgangsrite van de Olinka, een complete ontplooiing van de seksualiteit vereist.

Relaties, tussen familieleden en minnaars, zijn ook het thema van *The Way Forward Is With a Broken Heart* (2000), Walkers recentste collectie verhalen. In de pro- en epiloog blikt de schrijfster bovendien voor de eerste maal – met uitzondering van enkele verwijzingen in *Good Night, Willie Lee, I'll See You in the Morning* (1979), de dichtbundel die ze enkele jaren na haar scheiding en verhuis naar New York schreef – uitgebreid terug op haar huwelijk met Rebecca's vader. Een jaar later maken haar essaybundels uit de jaren tachtig – *Horses Make a Landscape Look More Beautiful* (1984) en *Living by the Word: Selected Writings 1973-1987* (1988) waarin Walker overpeinzingen over haar privéleven combineert met haar sociaal en milieu-activisme – plaats voor een poëtischer geformuleerde reflectie in haar jongste publicatie *Sent by Earth: A Message from the Grandmother Spirit after the Attacks on the World Trade Center and the Pentagon* (2001). Deze twee nieuwe boeken tonen hoe zowel persoonlijke ervaringen als maatschappelijke en politieke kwesties Walkers schrijven in het derde millennium blijven beïnvloeden.

Het teruggetrokken en gekwetste meisje uit Georgia heeft zich op vijftig jaar tijd ontwikkeld tot een succesvolle schrijfster en geëngageerde werelburger die zonder aarzelen haar kritiek spuit op allerhande wantoestanden en geen taboe of dilemma schuwt. Al geeft Alice Walker niet altijd een genuanceerde kijk op de gevoelige onderwerpen die ze behandelt, het is wel haar verdienste dat ze een publiek debat op gang weet te brengen rond thema's die anders niet zo openlijk besproken zouden worden.

BEKNOPTE BIBLIOGRAFIE

Primaire literatuur

The Third Life of Grange Copeland, New York: Harcourt, 1970. (*Het derde leven van Grange Copeland*, vert. Cecilia Tabak, Haarlem: In de Knipscheer, 1987.)

In Love and Trouble. Stories of Black Women, New York: Harcourt, 1973. (*Verliefd en verloren*, vert. Irma van Dam, Haarlem: In de Knipscheer, 1984.)

Revolutionary Petunias, New York: Harcourt, 1973.

Langston Hughes, American Poet, New York: Cromwell, 1974.

Meridian, New York: Harcourt, 1976. (*Meridian*, vert. Marijke Emeis, Haarlem: In de Knipscheer, 1979.)

I Love Myself When I am Laughing...: A Zora Neale Hurston Reader, Old Westbury, NY: Feminist Press, 1979.

You Can't Keep a Good Woman Down, New York: Harcourt, 1981. (*Een vrouw een vrouw, een woord een word*, vert. Irma van Dam, Amsterdam: In de Knipscheer, 1993.)

The Color Purple, New York: Harcourt, 1982. (*De kleur paars*, vert. Irma van Dam, Haarlem: In de Knipscheer, 1983.)

In Search of Our Mothers' Gardens: Womanist Prose, New York: Harcourt, 1983. (*De tuinen van onze moeders, een zoektocht*, vert. Ank van Wijngaarden, Amsterdam: Feministische Uitgeverij Sara, 1986.)

Horses Make a Landscape Look More Beautiful, New York: Harcourt, 1984.

Living by the Word: Selected Writings 1973-1987, New York: Harcourt, 1988. (*Onder Woorden*, vert. Cecilia Tabak, Amsterdam: In de Knipscheer, 1990.)

The Temple of My Familiar, New York: Harcourt, 1989. (*De tempel van mijn gezel*, vert. Irma van Dam, Amsterdam: In de Knipscheer, 1989.)

Her Blue Body Everything We Know: Earthling Poems 1965-1990 Complete, New York: Harcourt, 1991.

Possessing the Secret of Joy, New York: Harcourt, 1992. (*Het geheim van de vreugde*, vert. Irma van Dam, Amsterdam: In de Knipscheer, 1992.)

Warrior Marks: Female Genital Mutilation and the Sexual Blinding of Women, New York: Harcourt, 1993

The Same River Twice: Honoring the Difficult, New York: Scribner, 1996.

Anything We Love Can Be Saved: A Writer's Activism, New York: Random House, 1997.

By The Light of My Father's Smile, New York: Random House, 1998. (*Bij de glimlach van mijn vader*, vert. Irma van Dam, Amsterdam: In de Knipscheer, 1998.)

The Way Forward Is With a Broken Heart, New York: Random House, 2000.
Sent by Earth: A Message from the Grandmother Spirit after the Attacks on the World Trade Center and the Pentagon, New York: Seven Stories Press, 2001.

Secundaire literatuur
BLOOM, Harold (red.). *Alice Walker*, New York: Chelsea House, 1990.
CHRISTIAN, Barbara T. (red.). *Everyday Use: Alice Walker*, New Brunswick, NJ: Rutgers UP, 1994.
GATES, Henry Louis, en K. A. APPIAH (red.). *Alice Walker: Critical Perspectives Past and Present*, New York: Amistad, 1993.
DIEKE, Ikenna (red.). *Critical Essays on Alice Walker*, Westport, CT: Greenwood, 1999.
LAURET, Marie. *Alice Walker*, Houndmills: Palgrave Macmillan, 2000.

OVER DE AUTEURS

Elisabeth BEKERS is doctorassistent Engelse letterkunde aan de Universiteit Antwerpen. In 2002 promoveerde ze op een proefschrift over het beeld van vrouwenbesnijdenis in Afrikaanse en Afrikaans-Amerikaanse literaire teksten. Sinds 1996 doceert ze jaarlijks verschillende cursussen voor het vak Engelse Teksten, voornamelijk over Britse auteurs en literaire stromingen.

Kathleen DE LOOF promoveerde in 1994 aan de Katholieke Universiteit Leuven met een proefschrift over Toni Morrison. Ze is als research fellow verbonden aan de Katholieke Universiteit Leuven, campus Kortrijk en publiceert over postkoloniale, en vooral Afrikaanse, literatuur.

Marc DELREZ doceert Engelstalige literatuur aan de Université de Liège. Zijn boek over Janet Frame, *Manifold Utopia: The Novels of Janet Frame* verscheen bij Rodopi in 2002.

Theo D'HAEN doceert Amerikaanse letterkunde aan de Katholieke Universiteit Leuven, en Engelse en Amerikaanse Letterkunde aan de Universiteit Leiden. Hij publiceert regelmatig over literatuur in Europese talen, vooral op het gebied van het (post)modernisme, het postkolonialisme en de populaire literatuur. Recente publicaties van zijn hand zijn *Contemporary American Crime Fiction* (Macmillan, 2001), *Europa buitengaats* (Bert Bakker, 2002), *Configuring Romanticism* (Rodopi, 2003).

Luc HERMAN doceert Amerikaanse letterkunde en narratologie aan de Universiteit Antwerpen. Hij is de auteur van *Concepts of Realism* (1996) en de co-auteur (met Bart Vervaeck) van *Vertelduivels. Handboek verhaalanalyse* (2001). Luc Herman publiceerde diverse essays over Thomas Pynchon, bezorgde een speciaal nummer over diens roman *Gravity's Rainbow* voor het Amerikaanse tijdschrift *Pynchon Notes* (1998), en bereidt een serie artikelen voor over het typoscript van Pynchons *V.* Hij recenseert Amerikaanse literatuur voor *Standaard der Letteren*.

Jean Pierre KHANDI MAKOSO is docent Engelstalige literatuur aan het Institut Pédagogique National in Kinshasa, Congo.

Anneleen MASSCHELEIN is momenteel doctorassistent aan de afdeling Algemene en vergelijkende literatuurwetenschap van de Katholieke Universiteit Leuven. Ze promoveerde op een proefschrift over de conceptualisering van het *unheimliche*. Haar onderzoeksinteresses gaan van twintigste-eeuwse literatuurtheorie, conceptualisering, intellectuele geschiedenis, psychoanalyse tot literair modernisme, Amerikaanse literatuur, film en architectuur.

Hilde STAELS doceert Engelse literatuur aan de Katholieke Universiteit Leuven, Campus Kortrijk. Zij is de auteur van *Margaret Atwood's Novels: a Study of Narrative Discourse* (Tübingen, 1995). Verder publiceerde zij artikels over Margaret Atwood, T.S. Eliot en Virginia Woolf.

Ludo TEEUWEN promoveerde in 1992 aan de Katholieke Universiteit Leuven met een proefschrift over J.M. Coetzee. Hij is departementshoofd Toegepaste Taalkunde aan de Hogeschool voor Wetenschap & Kunst, Campus Vleko. Hij recenseert ook Afrikaanse Literatuur voor *Standaard der Letteren*.

Eriks USKALIS is docent aan de Université de Liège, waar hij ondermeer lesgeeft over postkoloniale Afrikaanse Literatuur, representaties van Londen en de literatuur van het lichaam. Hij heeft verscheidene artikels gepubliceerd over postkoloniale literatuur en literaire theorie.

Kristiaan VERSLUYS is gewoon hoogleraar aan de vakgroep Engels van de Universiteit Gent en deeltijds hoofddocent aan de Vrije Universiteit Brussel. Hij doceert en publiceert hoofdzakelijk over joods-Amerikaanse literatuur en de Amerikaanse stadsroman. Hij is directeur van het Ghent Urban Studies Team (GUST), een interdisciplinaire onderzoeksgroep die de hedendaagse stad bestudeert zowel in zijn fysische als culturele aspecten. Hij is ook lid van de Koninklijke Vlaamse Academie van België voor Wetenschappen en Kunsten

Jasmine VERVENNE is als aspirant van het Fonds voor Wetenschappelijk Onderzoek – Vlaanderen werkzaam aan de Universiteit Antwerpen. Ze bereidt een proefschrift voor met als werktitel *Modes of Sublimity in the Novels of Don DeLillo.*